LA VIOLENCIA
EN EL DEPORTE

LA VIOLENCIA EN EL DEPORTE

DR. OVIDIO FERNÁNDEZ MARTÍN

SEPTIEMBRE 2007

ACTUALIZADO, AMPLIADO Y MODIFICADO
EN
OCTUBRE 2012

Para realizar pedidos de este libro, contacte con:
Palibrio
1663 Liberty Drive
Suite 200
Bloomington, IN 47403
Gratis desde España al 900.866.949
Gratis desde EE. UU. al 877.407.5847
Gratis desde México al 01.800.288.2243
Desde otro país al +1.812.671.9757
Fax: 01.812.355.1576
ventas@palibrio.com
125151

ÍNDICE

CAPÍTULO 4: EL FUTURO 107

CAPÍTULO 5: ESTADÍSTICAS SOBRE VIOLENCIA EN EL DEPORTE.....119

CAPÍTULO 6: EL PERIODISMO Y LA VIOLENCIA EN EL DEPORTE 149

CAPÍTULO 7: CAUSAS DE LA VIOLENCIA EN EL DEPORTE...............154

DEDICATORIA

A María Teresa Castanedo Sierra, mi esposa.

A mis padres, aunque mi difunto padre no podrá verlo, salvo que exista otra vida después de ésta que, como creyente, tengo fe en su existencia.

A la Escuela de la Especialidad de Medicina de la Educación Física y el Deporte de la Universidad Complutense de Madrid, donde me especialicé como Medico Deportivo.

Muy especialmente al Prof. Dr. D. Francisco de Miguel Tobar, Médico Especialista en Medicina Deportiva, Profesor y actual Director de la antedicha Escuela, quien en sus clases nos transmitió el gusto por la Sociología Deportiva, y **despertó mi interés por el estudio de la violencia en el deporte** *cuando asistí como alumno suyo a las lecciones magistrales que impartió sobre este tema, dentro del programa de su asignatura (además, en una ocasión cito en esta monografía a dicho profesor como referencia en la materia).*

Al Prof. Dr. D. Julio César Legido Arce director de la mencionada Escuela hasta 2009 (actualmente director emérito), pues a él debemos agradecer la existencia de la misma, gracias a la cual hemos tenido el lujo de conocer a la persona de la categoría humana, científica y docente que es el Profesor Legido, importante referente, no sólo de la Medicina del Deporte, sino también de la Educación Física en España. También ha sido Decano de la Facultad de Medicina de la Universidad Complutense de Madrid, catedrático de Fisiología del Ejercicio en dicha facultad, entre otros múltiples cargos que no cito por motivos de espacio.

Al resto de los profesores de la Escuela, por los interesantes conocimientos que nos transmitieron.

A todos los que luchan porque el juego limpio impere en el Deporte.

A la Ciencia y a la Tecnología en general, por el gozo intelectual que producen sus interesantes avances en todos los campos, pese a que aún falta un camino increíblemente largo por recorrer, e incomparablemente mayor que el minúsculo e insignificante recorrido hasta ahora en términos relativos. En ese sentido, la Ciencia y la Tecnología están aún "en mantillas". ¡El futuro será inimaginablemente espectacular!…

A la memoria de:

El Barón Pierre de Coubertin, fundador de los Juegos Olímpicos modernos, y gran impulsor de la idea de que "lo importante es participar".

(Si bien, como comento más adelante, fue el obispo estadounidense Etherbert Talbot quien primero expresó este pensamiento, no obstante, Coubertin fue el gran difusor de la idea).

EL AUTOR

 **Ovidio Fernández Martín,** nació en Valladolid, aunque siempre se ha considerado también muy vinculado, y por triple motivo, a Santander, donde vivió durante más de 16 años consecutivos, siendo su esposa de dicha ciudad, y, en tercer lugar, fue asiduo veraneante en Santander desde la infancia. Actualmente reside en Madrid por motivos profesionales.

Entre otras cosas, es:

- Licenciado en Medicina y Cirugía por la Universidad de Valladolid
- Médico Deportivo: Médico Especialista en Medicina de la Educación Física y El Deporte, vía M.I.R., por la Universidad Complutense de Madrid.
- Especialista en Medicina Legal y Forense, vía M.I.R. por la Universidad Complutense de Madrid.
- Especialista Universitario en Psiquiatría Forense por la Fundación UNED.
- Titulado en Medicina Aeronáutica por la Universidad Camilo José Cela de Madrid.

"Lo importante es participar"

Dicho deportivo derivado de la frase del obispo estadounidense **Ethelbert Talbot: "Lo importante no es vencer, sino participar"**. Esta máxima después la parafraseó el fundador de los Juegos Olímpicos modernos, **el Barón Pierre de Coubertin,** en su discurso de los Juegos Olímpicos de 1908 en Londres:

"Lo más importante en los Juegos Olímpicos
no es ganar sino participar,
porque lo esencial en la vida no es lograr el éxito
sino esforzarse por conseguirlo"
Pierre de Coubertin

ANÉCDOTA

Para los interesados en conocer más detalles sobre el origen de la frase de Pierre de Coubertin, transcribo literalmente las palabras de Etherbert Talbot en su idioma original para comprenderlas en todo su contexto:

"We have just been contemplating the great Olympic Games. What does it means? It means that young men of robust physical life have come from all parts of the world. It does mean, I think, as someone has said, that this era of internationalism as seen in the Stadium has an element of danger. Of course, it is very true, as he says, that each athlete strives not only for the sake of sport, but for the sake of his country. Thus a new rivalry is invented. If England be beaten on the river, or America outdistanced on the racing path, or that American has lost the strength which she once possessed. Well, what of it? The only safety after all lies in the lesson of the real Olympia - that **the Games themselves are better than the race and the prize**. St. Paul tells us how insignificant is the prize. Our prize is not corruptible, but incorruptible, and though **only one may wear the laurel wreath, all may share the equal joy of the contest**. All encouragement, therefore, be given to the exhilarating - I might also say soul-saving - interest that comes in active and fair and clean athletic sports."

(He escrito con negrita lo que las crónicas históricas comentan que expresó con énfasis añadido).

TRADUCCIÓN LIBRE DEL AUTOR

"Acabamos de contemplar los grandiosos Juegos Olímpicos. ¿Qué quiere decir esto? ¿Qué significado tiene ello? Quiere decir que han venido jóvenes fuertes de todas partes del mundo. En mi opinión, ello significa que, como alguien ha dicho, esta era de internacionalismo, como se ha visto en el estadio, tiene un elemento de peligro. Por supuesto, es muy cierto que, como se dice, cada atleta no sólo se esfuerza por el bien del deporte, sino también por el bien de su país. De este modo se ha inventado una nueva rivalidad. Si Inglaterra fuera vencida en el río, o si América se quedara atrás en las carreras, o que Estados Unidos perdiera la fuerza que poseía, bueno ¿y qué?... Después de todo, la única seguridad se encuentra en la lección de la verdadera Olimpia –que en sí mismos, **los Juegos están por encima de la carrera y el premio**–. San Pablo nos habla de la insignificancia del premio. Nuestro premio no es corruptible, sino incorruptible, y aunque **sólo uno puede llevar la corona de laurel, todos pueden compartir la misma alegría por la competición.** Por eso, todo ese entusiasmo se entrega al estimulante interés –podría también decir salvador de almas– que se transforma en actividad y honra, y limpia el deporte del atletismo".

(Lo escrito en negrita indica que lo dijo con énfasis añadido, según testimonio histórico)

LEMA DE LOS PRIMEROS JUEGOS OLÍMPICOS
DE LA ERA MODERNA
CELEBRADOS EN ATENAS EN 1896:

**"LO ESENCIAL NO ES VENCER,
SINO LUCHAR BIEN"**

ESTE LEMA ES
EL ORIGEN DEL MOVIMIENTO OLÍMPICO MODERNO

Conocidos y ya clásicos son los comentarios populares relativos al rugby y al fútbol en materia de modales (dicho sea de paso con todos los respetos hacia en mundo futbolístico, pues los tópicos no siempre son correctos, ya que no se puede generalizar):

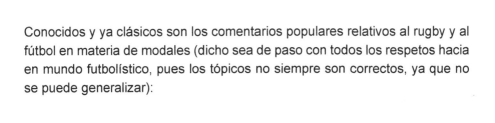

"El rugby es un deporte de animales jugado por caballeros y, en cambio, el fútbol es un deporte de caballeros jugado por animales"

PRÓLOGO

Como el propio título de este libro indica, en esta obra abordo el estudio de la violencia en el deporte, desagradable problema que afecta a una parte de las competiciones deportivas.

Es posible que a primera vista a alguno quizá pudiera parecerle una obra excesivamente multidisciplinar, pero el abordaje del tema objeto de este estudio requiere dicho tratamiento. Los diferentes temas los he tratado **de modo divulgativo** para intentar hacerlos lo más amenos posible, dentro de la seriedad que la materia implica.

Aprovecho para puntualizar lo siguiente: al hablar de la influencia de la opinión pública y los medios de comunicación en la lucha contra la violencia en el deporte (apartado "Influjo de la opinión pública" perteneciente al capítulo denominado "Discusión") ilustré con dos ejemplos dicha idea relativa al poder que tienen las corrientes de opinión: un ejemplo de carácter deportivo (de signo positivo) y otro referente al mundo científico.

El ejemplo de carácter deportivo es el siguiente:

Tras los gravísimos incidentes ocurridos en el partido Palermo-Catania de la Liga Italiana celebrado el 2 de febrero de 2007, **hubo en Italia un clamor popular pidiendo la suspensión definitiva de los partidos de fútbol.**

En respuesta a este estado general de opinión se suspendió temporalmente la totalidad de los partidos de fútbol en todo el país transalpino, incluidos los encuentros internacionales.

Cuando al cabo de un tiempo volvió a reanudarse la actividad futbolística, sólo se autorizaron aquellos encuentros celebrados en estadios que adoptaron mayores medidas de seguridad de acuerdo con lo exigido.

En dicha crisis llegó a intervenir el Gobierno Italiano, e incluso el Presidente de la República.

De ahí la gran importancia de sensibilizar a la opinión pública en el rechazo a la violencia en el deporte.

El ejemplo referente al mundo científico es el siguiente:

Le sorprenderá al lector que en un libro sobre violencia en el deporte diserte brevemente sobre los avances en Medicina y el resto de la Ciencia y la Tecnología derivados de la investigación espacial.

Esta es la razón de dicha exposición:

Al hablar de la influencia que puede tener la opinión pública en parte de las decisiones de los gobernantes, también utilizo como referencia el ejemplo de un hecho continuado que forma parte de la historia mundial de estas últimas décadas en materia sociológica y científica, y que se refiere al caso del descenso de la inversión en el programa espacial a raíz de las críticas de parte de la población sobre los gastos en dichas investigaciones científicas (pese a los beneficios que éstas procuraron y siguen produciendo: avances en Medicina, Electrónica, Cibernética, Meteorología, sistema GPS de localización por satélite, invención de la telefonía móvil, aparición de los ordenadores personales, nuevos materiales, nuevos productos de aplicación en nuestra vida cotidiana que han contribuido a aumentar nuestra calidad de vida, telecomunicaciones vía satélite que, entre otras cosas, hicieron posible la generalización de Internet, telemetría, teledetección, transmisiones de televisión en directo desde otros continentes, y así una interminable lista de transferencias de tecnología del espacio a nuestras vidas.

La exposición y desarrollo de dicho ejemplo en el mencionado capítulo "Discusión" aparentemente puede parecer demasiado extensa para la temática que nos ocupa en esta obra. Sin embargo, era precisa dadas las características del caso (interminable número de avances, repito, para la Ciencia, la Medicina, la Tecnología y para la vida cotidiana derivados de la investigación espacial, de los cuales la mayor parte de la población desconoce que su origen está en los logros de la tecnología del espacio, ignorancia que provocó la crítica irresponsable hacia la citada investigación (desconocimiento no censurable, pues nadie está obligado a saber de todo, aunque lo que sí sería reprobable es hablar de lo que se desconoce, sobre todo en el caso de los **periodistas**, ya que entonces incurren en **mal praxis profesional).**

Pues bien, para hacer sobradamente patente cómo puede la opinión pública cercenar insensatamente incluso algo beneficioso para la Humanidad, primero hay que mostrar la importancia de lo atacado para hacernos una idea de la magnitud del hecho y de lo perdido por y para la Humanidad y, en consecuencia, del grado de poder de la opinión pública (para bien o para mal: para bien, como en el ejemplo anterior del clamor popular contra la violencia en la Liga Italiana; o para mal, como en el segundo ejemplo: la referida privación de más beneficios para la Humanidad por transferencia de tecnología espacial). Lo más esperpéntico del segundo asunto es que ese acoso y derribo del programa espacial se hizo por ignorancia, insisto: por el mencionado desconocimiento por parte de la sociedad en relación con los beneficios que produce dicha investigación. Por tanto, no quedaba más remedio que hacer una ligera exposición de algunos de esos avances para comprender la trascendencia del problema. Aunque por razones de espacio era imposible reseñar todos los beneficios derivados del espacio, y pese a que por tal motivo consideré sólo una ínfima fracción de los mismos, no obstante, dicho ejemplo ocupó una extensión que quizá a alguno, y reitero, le parezca excesiva (aunque, por el contrario, el lector culto y con interés por la Ciencia previsiblemente disfrutaría con el conocimiento de mayor número de reseñas).

Pero el programa espacial no es el objeto de esta obra. Ese tema de lo ocurrido a la investigación espacial lo expuse, insisto, como paradigma que demuestra el poder de la opinión pública y hasta dónde puede llegar dicho poder. Más aún, ese ejemplo era necesario reseñarlo, pues sirve para comprender el inestimable papel que las corrientes de opinión y los medios de comunicación pueden llegar a tener en la lucha contra la violencia en el deporte al ser capaces de influir sobre casi cualquier tema.

De ahí la importancia de concienciar a la opinión pública en el rechazo a cualquier clase de violencia y, de entre los diferentes tipos de violencia, a esta modalidad de violencia, que es una de las más contradictorias, pues en el deporte deberían imperar los valores de la "deportividad", que son el polo puesto de la violencia: deporte y violencia son conceptos antagónicos.

Está de más añadir que si a alguien molestara algún comentario de este libro, pido disculpas por anticipado, pues no era esa mi intención. Por el contrario, he procurado no caer en la crispación, difícil cometido a la hora de hablar de violencia. Espero haberlo conseguido. Las críticas furibundas son altamente tóxicas, por lo que todos deberíamos intentar evitarlas (al fin y al cabo, constituyen una forma de violencia: la violencia verbal).

EL AUTOR.

INTRODUCCIÓN

Los tres problemas más ominosos para el deporte actual son la corrupción, el dopaje y la violencia.

La Violencia en el Deporte es una de las peores lacras que contaminan los espectáculos deportivos. En realidad, estos cada vez tienen menos que ver con el espíritu del deporte, convirtiéndose en una mera pugna de intereses económicos, políticos y de todo tipo, alejándose de lo que realmente se considera deporte (por supuesto que los intereses económicos de un club son totalmente legítimos, y redundo, está en su legítimo derecho de tenerlos, como cualquier otra empresa privada, sea del sector que sea; más aún, en cualquier empresa es fundamental e imprescindible generar beneficios; pero si además el club deportivo lucha por el juego limpio, ello dignifica a la empresa deportiva y, a la larga, conseguirá más partidarios del equipo y más socios -más "hinchas"- lo que al final produce un aumento de sus ingresos económicos. Es decir, **luchar por el juego limpio sería incluso una buena campaña de imagen para el club, una buena publicidad que a la larga redundaría en la cuenta de resultados económicos**).

En este sentido **es digno de mención el Real Madrid C.F.**, que en 2003 **creó un grupo de trabajo para el análisis de la violencia,** lo que se plasmó en la creación de un Seminario Permanente de Análisis de la Violencia en el Deporte. Ojalá todos los clubes siguieran el loable ejemplo del Real Madrid Club de Fútbol.

Otro meritorio ejemplo es el **FC Barcelona,** que también sigue una intensa política de prevención y lucha contra la violencia en el fútbol empleando abundantes medios a tal fin.

Sería justo citar algún otro club más, pero motivos de espacio me lo impiden.

En esta obra pretendo dos objetivos fundamentales:

A) La *concienciación,* realizando una *llamada de atención* sobre la importancia del problema que supone esta clase de violencia, pues constituye una seria amenaza para la existencia misma del deporte organizado.

B) El **análisis** de la demoledora plaga de la Violencia en el Deporte tratada
según las **siguientes perspectivas**:

1. **Histórica,** como testimonio de la evolución de esta clase de violencia
   a lo largo de los tiempos, buscando nexos de unión entre el pasado
   y el presente, esclarecedores de parte de la etiología de las actitudes
   violentas en el deporte. Por ejemplo, en la época del Imperio Romano
   la política ya contaminó el deporte, lo cual desde entonces desembocó
   en violentos altercados.

2. **Estadística**, mostrando la incidencia y evolución de los diferentes
   actos violentos y de las situaciones de riesgo, según modalidades
   deportivas y otros parámetros.

3. **Preventiva:** En este sentido, y de entre las diversas medidas en materia
   de prevención analizadas en este estudio, considero interesante
   anticipar resumidamente la siguiente por su relevancia sociológica:
   la concienciación de la opinión pública acerca de la importancia de la
   lucha contra la violencia deportiva.

   Según desarrollo más extensamente en el apartado *discusión*, **el
   poder del *"sentir popular"*** es de una magnitud considerable, como
   ilustro con el siguiente ejemplo significativo, si bien ajeno al mundo
   del deporte, pero que demuestra probadamente la gran importancia
   e influencia de las corrientes de pensamiento colectivo, como ocurrió
   con el influjo de las mismas en la desaceleración de la investigación
   espacial:

   La opinión pública influyó sobre los políticos a la hora de reducir
   los presupuestos destinados a los proyectos astronáuticos, pese al
   avance científico, tecnológico e industrial que el Programa Espacial
   supuso para la Humanidad, hasta llegar al extremo de que infinidad
   de avances y productos utilizados en nuestra vida cotidiana tienen
   su origen en dicha investigación, lo cual desconoce la mayor parte
   de la población **como consecuencia de la increíble ignorancia
   científica y tecnológica de nuestra sociedad.** Pero, acertada o
   equivocada, la opinión pública posee un indudable peso específico.
   Por consiguiente, concienciando a la población contra la Violencia
   en el Deporte, tenemos otro destacado frente de ataque contra esta
   epidemia.

4. **Jurídica:** Considero que el componente jurídico constituye el abordaje
   más importante en relación con la Violencia en el Deporte, pues el
   nivel más valorable y eficaz de prevención y lucha contra esta lacra

es el legislativo, habida cuenta de que, como es sabido, el Derecho regula la convivencia en la Sociedad.

El fenómeno de la violencia en el deporte ha sido muy estudiado por los legisladores. No sólo se contempló en la Ley General del Deporte 10/1990 de 15 de octubre de 1990, sino además en otras múltiples leyes de nuestro ordenamiento jurídico. En este trabajo reseño sólo una exigua muestra de las cuales por motivos de espacio pero, y considero muy importante repetirlo, el planteamiento jurídico es, con diferencia, el más relevante para afrontar y definir el problema que nos ocupa, por lo cual considero obligado abordarlo.

Por todo ello se hace especial hincapié en las medidas de tipo legislativo, pues el mundo jurídico es, con mucha diferencia, quien más se ha preocupado de esta cuestión y más ha trabajado para solucionarla, en contraposición con el entorno deportivo al cual, generalmente y en una muy poco inteligente actitud, ni siquiera parece interesarle resolver esta grave aberración que, a largo plazo, podría llega a poner en peligro la existencia misma del deporte organizado, como rotundamente se demuestra en este estudio... (Dicha crítica no afecta a las loables excepciones ya expuestas del Real Madrid C.F., con su anteriormente mencionado Seminario Permanente de Análisis de la Violencia en el Deporte.

También se libra de esa reprobación el Barcelona FC y algún que otro club igualmente meritorios en este aspecto).

5. **Psicológica** (constituye uno de los abordajes fundamentales): Presento un enfoque psicológico y menciono algunas escuelas, teorías y modelos psicológicos que han abordado la materia que nos ocupa.

6. **Sociológica,** al tratarse de un problema cuya base es sociológica.

7. **Neurofisiológica:** Exposición divulgativa de las estructuras cerebrales y neurotransmisores relacionados con la agresividad.

8. **Bioquímica:** Breve mención al metabolismo de las sustancias bioquímicas (especialmente los neurotransmisores) implicadas en la agresividad.

9. **Biología molecular: bases genéticas de la agresividad:** Hay un componente genético para algunas clases de agresividad. No confundir agresividad con violencia; no es lo mismo, como explico en varios lugares de esta obra. La violencia tiene un origen más complejo.

La agresividad no tiene por qué derivar sólo hacia la violencia. Se puede sublimar hacia actividades y conductas adaptativas y de respeto a los demás (todos conocemos múltiples ejemplos: el "vendedor o el ejecutivo agresivo" que luchan con ímpetu por lograr los objetivos marcados, o la agresividad que se manifiesta en la competitividad por alcanzar una meta en lo industrial, en lo científico, etc. Todas esas situaciones constituyen un enfoque adaptativo de la agresividad.

10. **Cronobiológica: ritmos circadianos** y su relación con la agresividad. Importancia del horario de los encuentros deportivos: Neurotransmisores cuyo pico máximo de secreción se produce en horario nocturno como, por ejemplo, la dopamina, provocan un aumento de la agresividad y de las adicciones. La dopamina también está relacionada con los comportamientos antisociales. Un estudio actual publicado en Archives of General Psychiatry ha revelado que los individuos violentos tienen más sustancia gris en las áreas mesolímbicas encefálicas, en las cuales se libera dopamina.

11. **Periodística**: En el estudio de la Violencia en el Deporte, el periodismo deportivo ocupa un lugar muy importante, muchas veces injustamente infravalorado e incluso desdeñado.

    Considero que los periodistas son magníficos y oportunos *"notarios"* que *dan fe* de cualquier acto violento. En consecuencia, considero conveniente hacer mención del papel de la prensa en este trabajo sobre la Violencia en el Deporte.

    También expongo algunas crónicas deportivas relacionadas con la violencia en el deporte, a modo de "cronista improvisado".

12. **Política**: En varios lugares de esta obra se expone el grave problema de la politización del deporte, que ya desde la época del Imperio Romano hasta nuestros días ha causado serios problemas.

    También en la Grecia Clásica padecieron ese problema, aunque menos acusado que en Roma.

    El historiador, biógrafo y ensayista griego Plutarco describe un acto de violencia en el deporte generado por los nacionalismos localistas.

    La politización del deporte es uno de los mayores males que aquejan al mismo, siendo una de las causas de la violencia en el deporte (Conrado Durántez, 1985). Especialmente grave es el caso de los fanatismos localistas derivados hacia posturas políticas.

13. **Literaria,** si bien esta perspectiva se trata sólo puntualmente (la violencia en el deporte en la Literatura de la Grecia Clásica).

14. **Revisiones** de la información existente sobre la materia, junto con opiniones de destacados autores de repercusión mundial en esta

temática: a tal efecto, presento algunas revisiones bibliográficas interesantes sobre el tema objeto de este trabajo, unas por su rigor, y otras por la visión integradora y didáctica que presentan.

15. **Prospectiva: El futuro:** Análisis y previsión de la evolución futura de la violencia, y de las posibilidades que ofrece el futuro.

16. **Metodología de la investigación:** expongo brevemente los diferentes métodos de estudio de esta modalidad de violencia.

17. **Ensayo: reflexiones personales y conclusiones** sobre la cuestión que nos ocupa.

Además de dedicar dos apartados o capítulos exclusivamente a esta perspectiva al final de la obra (los capítulos "Discusión" y el titulado "Conclusiones"), no obstante, en el resto de los apartados de esta monografía, ya sea de manera solapada o bien directamente, manifiesto también, mediante críticas reflexiones personales sobre este grave mal, dichas teorías personales, analizando y estudiando, además, las causas del mismo, así como la prevención y el posible remedio de este estigma que marca al Deporte como consecuencia casi inevitable del entorno que a veces rodea al mismo.

Dada la índole de este estudio y su temática, la exposición de la misma requiere un casi omnipresente aporte personal, convirtiéndolo en un trabajo de naturaleza mixta (**es un ensayo y una revisión, íntimamente mezclados**).

De modo casi inevitable, en algunas partes de la obra las referidas reflexiones personales rebasan ligeramente el ámbito del tema objeto de este libro, lo que confiere una heterogeneidad al mismo que quizá a alguno le sorprenda, pero no olvidemos que el deporte está muy interrelacionado con el resto de las facetas de la vida y cualquiera de dichas facetas influye en las demás en mayor o menor medida.

CAPÍTULO 1

MATERIAL Y MÉTODOS

MATERIAL:

1. Revisiones sobre la violencia en general.
2. Revisiones sobre la violencia en el deporte.
3. Legislación sobre la materia.
4. Información médica, Sociológica y Psicológica.
5. Aporte personal.

METODOLOGÍA:

En prácticamente cualquier estudio es preciso establecer la metodología a emplear para garantizar la validez de los resultados.

Pero cuando el objetivo es tener una visión global e integral del problema de la violencia en el deporte y dadas las peculiares características y temática de este estudio, la metodología para abordarlo ha de ser igualmente peculiar, como se desprende de lo expuesto a continuación, motivo por el que es necesario dedicar un capítulo a describir la metodología.

Una vez expuesta, se comprenderá fácilmente la razón de la estructura y metodología de este trabajo y, más aún, se entenderá por qué la considero como la manera más indicada de abordar el asunto con una perspectiva global. Cualquier otro modo de afrontarlo adolecería de una visión incompleta y segmentaria del mismo, pudiendo por ello incurrir, además, en parcialidad.

En consecuencia, considero como tratamiento más indicado y completo: la realización de un ensayo sobre el tema que nos ocupa, junto a la exposición de una serie de revisiones sobre la cuestión.

Paso a continuación a analizar el grado de adecuación al presente estudio de las diferentes metodologías a priori más indicadas para esta clase de investigación, así como las limitaciones que presentan, a efectos de justificar el método de trabajo elegido:

1. METODOLOGÍA OBSERVACIONAL

Las metodologías observaciones serían las que aparentemente más se adecuan al análisis de la violencia en el deporte. Describo seguidamente algunas de las más indicadas de ellas para este tipo de estudio, y del mismo modo expongo las limitaciones que presentan, a efectos de justificar la sistemática de estudio elegida:

A) METODOLOGÍA OBSERVACIONAL DIRECTA, es decir, la efectuada en los entornos reales donde el comportamiento a estudiar aparece.

Considero que es la más útil para estudiar la violencia en el deporte, pero presenta notorias limitaciones, como más adelante comentaré.

B) METODOLOGÍA OBSERVACIONAL INDIRECTA, (mediante pruebas indirectas como testimonios, noticias de periódicos, cartas, etc.) la estimo indicada sólo para aspectos parciales del estudio de la violencia en el deporte y no para un tratamiento global de la cuestión, pues para emplear dicha metodología en un trabajo de esta naturaleza de modo que los resultados sean fiables, el material a analizar sería de una enorme extensión, cuya exposición alargaría excesivamente el tema que nos ocupa.

2. METODOLOGÍA EXPERIMENTAL:

Considero que el método experimental, que tantos logros ha proporcionado para el avance de la Ciencia, no es aplicable al estudio de la violencia en el deporte. Sería un despropósito utilizarlo pues, ateniéndonos a la metodología experimental, esta requeriría la simulación de hechos violentos en el laboratorio lo cual es, evidentemente, inaceptable; sin olvidar lo obviamente inviable que sería la realización de dicho tipo de investigación. Además, ni siquiera tendría utilidad, pues los datos obtenidos no serían fiables al producirse en un entorno artificial ajeno a la realidad. Se vería menoscabada la validez de los resultados.

3. METODOLOGÍA SELECTIVA:

Dentro la investigación en Ciencias Sociales, la metodología selectiva proporciona buenos resultados, aunque la deseabilidad social ocasiona un sesgo importante, por lo que igualmente descarté dicha metodología.

En conclusión, de entre los métodos reseñados el más valorable y efectivo para estudiar la violencia en el deporte, utilizando la metodología observacional, sería el observacional directo (la observación efectuada en los entornos reales donde aparece el comportamiento a estudiar). Pero, como antes comenté, presenta significativas limitaciones en la investigación de este tipo de violencia. Por citar sólo uno de esos límites, baste considerar lo enormemente dificultoso y farragoso que resultaría efectuar una observación del comportamiento violento de los espectadores en el contexto natural de un encuentro deportivo, incluso con el concurso de varios observadores simultáneos en diferentes lugares del escenario deportivo. Requeriría un importante despliegue de medios que, por añadidura, tendrían que ser absolutamente omnipresentes, todo lo cual convierte a esta metodología en prácticamente inviable.

Además, podemos formular las siguientes preguntas: ¿Qué es observar?, ¿Qué define su marco de actuación a la hora de captar la realidad circundante sin interferencias por parte del observador? ¿Existe la posibilidad real de observación objetiva sin contaminación por la interpretación subjetiva del observador?...

Si queremos tener una visión integral del problema, el método de abordaje ha de ser igualmente integral, es decir, **un método híbrido de análisis que contempla la versatilidad metodológica** que se requiere para adaptar el estudio a las diferentes facetas de la Violencia en el Deporte. Así se evita encorsetar el objetivo al método, como hacen otros estudios. Esta es una de las razones por las que he optado por el estudio mixto del ensayo y la revisión.

TÉCNICAS EMPLEADAS POR OTROS AUTORES PARA EL ESTUDIO DE LA VIOLENCIA EN EL DEPORTE:

TÉCNICA DE INVESTIGACIÓN BASADA EN EL ANÁLISIS DE CONTENIDO EN LA INVESTIGACIÓN CIENTÍFICA:

Una de las técnicas de investigación más afines al estudio de la violencia en el deporte, considero que sería la basada en el análisis de contenido.

En primer lugar, es preciso definir lo que es el análisis de contenido. Por ello, y para comprender mejor esta metodología, recordaremos las dos conocidas definiciones de Berelson y de Krippendorff, las cuales constituyen las mejores aproximaciones a este concepto, siendo obligado mencionar también a Grawitz, quien matizó a Berelson:

1. BERELSON (1952): "*Es una técnica de investigación de la descripción objetiva, sistemática y cuantitativa del contenido manifiesto de las comunicaciones que tiene por objeto interpretar*". Esa fue la gran aportación de este autor: establecer las condiciones que ha de tener el análisis de contenido en la investigación científica: *objetivo, sistemático y cuantitativo* y con el propósito de interpretar.

2. GRAWITZ (1975) concretó estas categorías, a partir de cuya explicación exponemos lo siguiente:

    ➤ Objetivo: El análisis ha de proceder siguiendo unas reglas, estar regido por unas consignas suficientemente claras y precisas para que investigadores diferentes alcancen idénticas conclusiones.

    ➤ Sistemático: El contenido ha de ser ordenado e integrado en las categorías escogidas, en razón del objetivo propuesto. Es preciso valorar toda la información relacionada con dicho objetivo.

    ➤ Cuantitativo: En muchos casos, la investigación consiste en una relación tipo inventariado de elementos relevantes, estudio de su frecuencia, y en definitiva de cualquier clase de cuantificación. Sin embargo, esta característica no es imprescindible en el trabajo científico, pues en lugar de investigación, sería más propiamente una medición.

3. KRIPPENDORFF (1990): "*El análisis de contenido es una técnica de investigación destinada a formular, a partir de ciertos datos, inferencias reproducibles y válidas que puedan aplicarse a su contexto*".

El análisis de contenido es una herramienta de investigación cuya finalidad es instalar al investigador en una situación determinada ante la realidad a estudiar, especificando el asunto de la investigación.

La metodología basada en el análisis de contenido es una técnica de investigación a través de la cual se obtienen nuevos conocimientos a raíz de los datos científicos tratados y procesados mediante la serie de procedimientos de los que se sirve esta metodología.

El objeto de trabajo de la metodología por análisis de contenido son los datos, a partir de los cuales el analista formula inferencias.

La limitación de esta metodología consiste en que el especialista en análisis de contenido sólo dispone de datos, sin poder disponer del contexto, con la añadidura de que dicho contexto de los datos debe ser construido por el investigador.

Considero que en la investigación de la violencia en el deporte es muy importante disponer del contexto en el que ésta se manifiesta. Por este motivo estimo que la metodología por análisis de contenido no es indicada para el estudio de esta clase de violencia, salvo en determinadas condiciones.

EL ESTUDIO DE LA VIOLENCIA EN EL DEPORTE Y EL MÉTODO CIENTÍFICO

A comienzos del pasado siglo veinte, muchos pretendieron emplear el método científico en otras áreas del conocimiento, como la Sociología, la Psicología, la Política o la Economía. Desde nuestra perspectiva temporal, transcurridos ya unos 100 años, hemos comprobado lo infructuoso e ingenuo del intento, pues aquello no fructificó en resultado alguno, salvo en determinados aspectos de dichos campos.

El método científico, pese a su inestimable importancia, presenta una dudosa utilidad en algunos aspectos del estudio de las ciencias humanas. En esto coincido con lo publicado en 2006 por Miguel Ángel Penacho Aja, doctor en Ciencias Físicas, quien pese a considerar al método científico muy útil en el estudio de la Naturaleza y de las leyes físicas, excepto para algunos fenómenos de la Física Cuántica, sin embargo, dicho método es difícilmente aplicable al estudio de las realidades humanas. En las Ciencias humanas, el hombre es el protagonista del fenómeno, al contrario que en el estudio de la Naturaleza, en el cual es el observador. No se puede ser juez y parte, añado. Por eso es difícil que el método científico tenga éxito a la hora de estudiar la realidad humana. Es complicado (prácticamente imposible) estudiar mediante dicho método realidades como la amistad, el amor, o la belleza del arte. Realidades todas ellas cuya existencia es incontrovertible para la mayoría y que, por tanto, no precisan la puesta en práctica de experimentos que las confirmen. Se podría intentar establecer unos parámetros para definir la belleza de un cuadro, pero ello no permitiría afirmar de modo científico que el nivel de belleza se subordina a una ley científica, si no se ha inferido previamente mediante el método científico.

El éxito del método científico se basa en el reconocimiento de sus propios límites. En efecto, circunscribe la realidad limitándola a un modelo experimental, para estudiar un aspecto determinado de la Naturaleza y descubrir leyes que expliquen su comportamiento. Así progresa la Ciencia. Ésta admite el relativismo de los propios descubrimientos científicos, pues asume que las leyes descubiertas siempre serán cuestionadas, estando sometidas a futuras revisiones y supeditadas a ulteriores ajustes. Por ello, **una de las características de la Ciencia es precisamente su actitud crítica consigo misma.** Como vemos, la Ciencia muchas veces cuestiona hasta sus propios postulados y, redundo, así es como avanza el saber científico. Precisamente esa actitud crítica es, paradójicamente, otro de los factores que han contribuido a la credibilidad del método científico.

La realidad es enormemente más rica de lo que nos muestra la Ciencia.

El método científico no puede abarcar determinadas realidades humanas.

Además, no olvidemos el **teorema de Godel:**

Ningún sistema lógico es completo, siempre habrá una serie de enunciados no deducibles desde el propio sistema.

Por todo lo expuesto, es preciso un espíritu crítico adecuado, lo cual a su vez, repito, también es característico de la Ciencia (y, además, forma parte de la esencia de ella).

La Ciencia, pese a su indiscutible importancia (mayor aún de la que se le concede) manifiesta, por otra parte, su impotencia para dar respuesta a los grandes interrogantes que se plantea el Hombre: el sentido de la vida, de la muerte, de la vida social, etc.

En definitiva, hemos de ser críticos con la aplicación de algunos métodos científicos a ciertos estudios, como el que nos ocupa de la violencia en el deporte, motivo por el que, para no empobrecer este trabajo, decidí no reducirlo a los estrechos límites de las metodologías.

Las implicaciones de todo tipo que rodean a este tema (políticas, jurídicas, sociológicas, psicológicas, neurofisiológicas, educativas, económicas, culturales, deportivas, etc.) requieren un abordaje más global del problema; por todo lo cual se comprenderá fácilmente el imperativo que mueve al presente estudio a ser forzosamente un híbrido en cuanto a su metodología, en la que confluyen desde el método estadístico hasta el ensayo filosófico sobre la materia que nos ocupa, pasando por el análisis sociológico y el estudio neurofisológico, genético, preventivo, psicológico, periodístico, histórico, jurídico, cobrando especial importancia la **metodología descriptiva** en el estudio del problema.

CAPÍTULO 2

ANTECEDENTES HISTÓRICOS DE LA VIOLENCIA EN EL DEPORTE

La violencia en el deporte siempre ha estado vinculada al mismo en mayor o menor medida. A este respecto, resulta interesante estudiar este fenómeno social en diferentes épocas históricas.

No obstante, son de destacar las Épocas Griega y Romana por su vinculación con el Deporte:

GRECIA CLÁSICA

TRES IMPORTANTES AUTORES ACTUALES ANALIZAN EL PERIODO GRIEGO ANTIGUO

CONRADO DURANTEZ, 1985

Estudia la Violencia en el Deporte y analiza el deporte en la sociedad antigua, concluyendo que no había muchos actos violentos, lo que atribuye a las sentencias rápidas que se dictaban, así como a la rápida ejecución de las sanciones como, por ejemplo, los azotes públicos en la región glútea por saltarse las reglas (en los Juegos Olímpicos de la Grecia Antigua).

Sin embargo, comenta que *"la Historia del Deporte desde la Antigüedad está salpicada de actos de violencia"*.

Conrado Durántez, caracterizado, entre muchas otras cosas, por su gran dedicación a difundir los valores del olimpismo, y además de ser autor de múltiples publicaciones, especialmente de obras relacionadas con el

Deporte y el Olimpismo, es magistrado del Tribunal Superior de Justicia de Madrid desde 1.989. Ha sido atleta de élite a nivel nacional (lanzamiento de peso y de disco): llegó a ser subcampeón de España absoluto de lanzamiento de disco y preseleccionado para los Juegos Olímpicos de Roma (1960). Ha desarrollado una fecunda e inagotable labor en sus cargos relacionados con el Deporte y el Olimpismo, siendo muy reconocido por ello: galardonado con múltiples premios y distinciones: doctor honoris causa por la Academia Nacional de Deportes de Estados Unidos y por universidades de varios países. Es miembro de la Orden Olímpica del Comité Olímpico Internacional, miembro de la Comisión para la Cultura y la Educación Olímpica del COI, miembro del Comité Olímpico Español, incluso le propusieron como candidato independiente a la presidencia del Comité Olímpico Español en 1984 cuyo puesto, como es sabido, finalmente desempeñó D. Alfonso de Borbón. También es presidente de Honor del Comité Internacional Pierre de Coubertin, presidente y fundador de la Academia Olímpica Española, así como presidente y fundador de la Asociación Iberoamericana de Academias Olímpicas, miembro fundador, conferenciante y director de seminarios en la Academia Olímpica Internacional; miembro del Comité Ejecutivo de la Asociación Internacional de Historiadores Olímpicos (lo que se comenta a propósito de la temática de este capítulo) y un sinfín de otros méritos deportivos y profesionales que no cito por motivos de espacio.

ALLEN GUTTMANN, 1986

Según glosa este autor, está descrito que en el Estadio de Delfos en el año 450 antes de Cristo se prohibió la venta de alcohol en el recinto y en el entorno del Estadio. Ya se vinculaba el alcohol con actos violentos. Incluso se emplearon medidas novedosas, como los fosos de separación.

FERNANDO GARCÍA ROMERO, 2006

Este autor, perteneciente al Departamento de Filología Griega de la Universidad Complutense de Madrid, es digno de ser citado por la publicación de su interesante y ameno estudio "VIOLENCIA DE LOS ESPECTADORES EN EL DEPORTE GRIEGO ANTIGUO", 2006 (Cuadernos de filología clásica: Estudios griegos e indoeuropeos, Nº 16, 2006, págs. 139-156. ISSN 1131-9070).

ENTRE LOS TEXTOS Y AUTORES CLÁSICOS RELACIONADOS CON LA VIOLENCIA EN EL DEPORTE EN LA ÉPOCA GRIEGA, CABE DESTACAR:

Existen pocos textos antiguos que refieren hechos violentos entre los espectadores deportivos de la Grecia antigua, pese a la abundante literatura que nos legaron los griegos. De ello se infiere que la violencia en el deporte presumiblemente no estaba muy arraigada en aquella sociedad.

No obstante, de la lectura de dichos textos se deduce una diferenciación en lo que a esta clase de violencia se refiere, entre las carreras ecuestres de los hipódromos (generalmente violentas) y las normalmente pacíficas competiciones atléticas de los estadios (carreras, saltos de longitud o de altura, lanzamientos y aguerridas modalidades deportivas como el boxeo, la lucha y el pancracio). Pese a que estas últimas modalidades eran violentas, el público de las mismas habitualmente no lo era. Ningún espectador murió a causa de violencia deportiva en el estadio. (Filóstrato, "Vida de Apolonio de Tiana" 5.26).

Los testimonios que refieren violencia entre el público de los estadios son de una cantidad insignificante tanto en términos absolutos como, más aún, en términos relativos, habida cuenta de la formidable abundancia de documentos literarios, epigráficos e iconográficos relativos al deporte griego antiguo que han llegado hasta nosotros, los cuales abarcan una época superior a los 1500 años. No sólo era menor la violencia en los estadios según un análisis cuantitativo, sino también cualitativo, pues dicha violencia, en las pocas ocasiones que se presentaba, no era de una magnitud importante.

En contraposición a esta casi ausencia de hechos violentos en los estadios, en los hipódromos existía la tendencia opuesta, lo que se acentuó en la época Imperial. Presumo que por un cierto influjo de las costumbres del Imperio Romano en sus colonias. Considero que procede señalar dicha influencia de las costumbres del Imperio Romano en sus colonias como causa de este aumento de la violencia previamente existente en estos espectáculos ecuestres griegos, pues en los hipódromos romanos, y posteriormente en los bizantinos, existía una fuerte carga de violencia.

Por el contrario, en el estadio existía el componente religioso con el efecto preventivo y de antídoto de la violencia propio de la espiritualidad. Como es sabido, en ese lugar el deporte era un acto de culto religioso, mientras que en el hipódromo era un hecho mundano. Tal era la importancia religiosa de los Juegos Olímpicos, que estos incluso llegaban a imponer la "tregua olímpica", verdaderamente sorprendente en aquellos tiempos tan guerreros, lo que no ha ocurrido con nuestros Juegos Olímpicos Modernos, por el contrario, interrumpidos con ocasión de las dos Guerras Mundiales pues, evidentemente, nuestros Juegos no participan de ese carácter religioso de los antiguos Juegos Griegos. Dicha tregua olímpica tendría unas connotaciones similares a las treguas navideñas de las guerras actuales. Por todo lo cual, en el estadio, tanto el público como los atletas se comportaban de modo escrupulosamente reverente al estar en un acto sagrado.

No sólo la violencia no tenía cabida en el estadio, sino cualquier otra manifestación incompatible con la pureza de lo sagrado como, por ejemplo, la corrupción. Así lo manifiesta Filóstrato (Sobre la gimnasia, 45), quien refiere que en los Juegos Olímpicos no se daba el generalizado fenómeno de la corrupción del deporte griego, y que esto era la causa de la reputación y el carácter sagrado de los Juegos.

Precisamente, **debido a la importancia religiosa de los Juegos Olímpicos,** los escasísimos incidentes violentos que tenían lugar eran doblemente castigados: no sólo por lo civil, como alteración del orden público, sino además como delito religioso, con el consiguiente incremento de la condena hasta unos niveles verdaderamente intimidatorios, pudiendo constituir incluso pena de muerte.

De lo anterior se deduce que ya en el deporte griego la faceta penal era otro importante medio preventivo de la violencia en el deporte. De ahí que, como comento en varias ocasiones a lo largo de este trabajo, la actuación más importante y efectiva que se puede y debe emplear en el deporte actual en materia de prevención y lucha contra la violencia en el deporte, es la jurídica, con lo cual el abordaje de la misma constituye, o debe constituir, la parte más importante de cualquier trabajo relacionado con este tema, por el efecto disuasorio que tendrían las penas en esta materia, al igual que lo tenían en la época griega, pese a ser una era tremendamente más beligerante que la actual, con el factor añadido de la excitación y apasionamiento de los espectadores deportivos griegos, según se desprende de los textos helenos.

En los estadios griegos actuaba un cuerpo especial de "policía deportiva", los alýtai, dirigidos por un alytárches o jefe de policía. Sus medios coercitivos para mantener el orden eran varas y látigos. No sólo vigilaban al público, sino también a los deportistas, penando las infracciones de las normas competitivas (cf. Heródoto 8.59).

AUTORES CLÁSICOS GRIEGOS

DEMÓSTENES

"Contra Midias", (8) 21.175 ss., especialmente 178-179.

En este discurso Demóstenes hace referencia a la doble punibilidad por hechos violentos en los recintos sagrados al narrar la disputa de dos espectadores por un asiento en el teatro, también sagrado, de Dionisio en la capital ateniense.

DIÓN DE PRUSA (s. I-II p.C.) y FILÓSTRATO (s. II-III p.C.):

Ambos sabios griegos del periodo Imperial manifiestan en muchas de sus obras que en la zona griega del Imperio Romano ya estaba arraigada entre los espectadores de los hipódromos la violencia propia del circo romano, como se reseña más adelante.

Algunos de los textos en los que se refiere esta circunstancia:

DIÓN DE PRUSA

Orador ligeramente posterior a Apolonio, tomó el relevo de su antecesor en la crítica hacia los alejandrinos por esa abominable costumbre de matarse mutuamente cuando se exaltaban en los espectáculos deportivo-ecuestres, como se observa en la arenga que les lanzó a comienzos del siglo II p.C. (32.41-46 y 74):

"Y dirán que es ésta una ciudad loca por la música y por las carreras de caballos y que en estos espectáculos no se comporta en absoluto de manera digna de ella. Porque sus habitantes, cuando hacen un sacrificio son comedidos y lo mismo cuando pasean solos y hacen las demás cosas. Pero cuando entran al teatro o al estadio, como si tuvieran allí drogas enterradas, no se acuerdan de nada de lo anterior y no se avergüenzan de decir o hacer lo que se les ocurre. Y lo más penoso de todo es que, estando interesados en el espectáculo, no ven y, aunque quieren escuchar, no escuchan, porque están evidentemente fuera de sí y con la mente enajenada…

...pero cuando entráis en el estadio, ¿quién podría describir los gritos
que allí se oyen, el escándalo, las angustias, los cambios de humor
y de color y la cantidad y calidad de las palabrotas que soltáis?"

Fernando García Romero, en su interesante trabajo ya citado *"Violencia De Los Espectadores En El Deporte Griego Antiguo"*, comenta a propósito de Dión, que éste tergiversó en cierta ocasión un texto homérico con una finalidad ejemplarizante. Sin embargo, pese a este esfuerzo y otros igualmente dirigidos a los alejandrinos, presumiblemente obtuvo la misma falta de resultados que su predecesor Apolonio de Tiana. En su manipulación de Homero, atribuye a éste la presentación de los aurigas como adversarios contendiendo por el triunfo, mientras el público asiste pacíficamente a la competición (Dión (32.80). Este cuadro benévolamente inventado era muy útil para su propósito moralizador.

La realidad de la narración homérica era muy diferente.

Únicamente al término de la exposición narra que Ayante de Locros no observó una buena conducta como espectador insultando a Idomeneo en relación con los caballos de Eumelo.

De este modo Dión nos transmite la primera crónica deportiva muy detallada de la literatura universal, referente a los juegos organizados por Aquiles para honrar la memoria de su amigo Patroclo, víctima mortal del troyano Héctor (canto 23 de la Ilíada).

VIDA DE APOLONIO DE TIANA

Existe una biografía sobre este místico neopitagórico griego escrita por Filóstrato, y que lleva por título *Vida de Apolonio de Tiana,* de la cual destacamos lo siguiente:

Nació en Capadocia en los albores de nuestra era. Durante cinco años consecutivos de su vida hizo voto de silencio, los cuales transcurrieron entre Panfilia y Cilicia. Como quiera que en aquellos tiempos eran muchas las ciudades afectadas por la violencia deportiva en espectáculos de dudosa seriedad, el azar quiso que en cierta ocasión nuestro protagonista Apolonio de Tiana se hallara en una ciudad sembrada de importantes revueltas, gran parte de las cuales tenían su origen en espectáculos deportivos. Este místico tenía tal autoridad moral que con su sola presencia y con anunciar mediante un gesto facial o de su mano la reprimenda que se disponía a dirigirles, se restablecía el orden poniéndose fin a todos los incidentes, manteniendo los asistentes un silencio generalizado, el cual parecía estar sustentado en un cierto respeto espiritual o religioso.

En una primera aproximación, lo descrito puede parecernos un logro espectacular, pero quienes causaban este tipo de violencia se sentían avergonzados y con un importante descenso de su autoestima cuando se encontraban en presencia de una persona de elevada integridad, quedando moralmente desarmados, y sólo recobraban el domino de sí mismos al mostrarse dispuestos a deponer su actitud aceptando argumentos conciliadores.

Transcurrido el periodo de 5 años de su voto de silencio pudo utilizar su propia voz intensificando sus reprimendas a la violencia del público de los hipódromos.

Durante su paso por Alejandría, ciudad en la que existía una gran afición por los espectáculos de los hipódromos, Apolonio censuró enérgicamente a sus habitantes desde el interior del Templo. No era para menos, pues **en dichos eventos ecuestres se mataban unos espectadores a otros**. Uno de dichos reproches fue el que a continuación transcribo literalmente (Filóstrato, 5.26):

"¿Hasta cuándo continuaréis muriendo no en defensa de vuestros hijos ni de vuestros lugares sagrados, sino para manchar esos lugares sagrados llegando a ellos llenos de sangre coagulada y para dejaros matar dentro de sus muros? A Troya, según parece, la destruyó un solo caballo… pero a vosotros se os uncen carros y caballos y a causa de ellos no os es posible vivir dócilmente. Morís, pues, unos a manos de los otros, lo cual no hicieron siquiera los troyanos en plena borrachera. Es más, en Olimpia, donde hay pruebas de lucha, pugilato y pancracio, no ha muerto nadie por causa de los atletas, aunque quizá hubiera habido excusa si alguno se hubiera enardecido en exceso por alguien de su misma familia o pueblo; pero aquí por causa de los caballos tenéis las espadas desnudas unos contra otros y las piedras están dispuestas para ser lanzadas".

Desafortunadamente, no rectificaron su nefasta conducta pese a los esfuerzos de Apolonio.

PAUSANIAS, siglo II

Relata la célebre historia del corredor Ástilo de Crotona (6.13.1), famoso por haber vencido en el estadio y en el doble estadio de los Juegos Olímpicos de los años 488 y 484, y en 480 triunfó en esas dos pruebas y también en la carrera con armas. En esta última ocasión no representa a su ciudad, Crotona, sino a la pujante Siracusa, presumiblemente movido por intereses económicos, en cuya contratación intervino el mismo Hierón, dictador de esa ciudad. Sus paisanos consideraron la situación como una traición descargando vehementemente su ira contra Ástilo.

La agresión no recayó físicamente sobre su persona, sino que atentaron contra sus símbolos y propiedades, destruyendo la estatua levantada en su honor en el santuario de Hera Lacinia, encerrándole en su propia casa a modo de prisión (En la Grecia Antigua castigaban así a los traidores).

PLUTARCO

En su obra "Sobre la demora de la justicia divina 7, 553a", **describe otro acto de violencia en el deporte generada por los nacionalismos localistas.** El joven atleta Telesias, triunfador en los Juegos Píticos (se desconoce el año), acabó confinado entre las facciones de seguidores de las ciudades de Sición y Cleonas que se le disputaban como paisano para así poder alardear de su victoria, muriendo Telesias aplastado por las dos hordas de espectadores.

Otra obra de PLUTARCO sobre la política en el deporte:
"VIDA DE TEMÍSTOCLES": este es uno de los textos griegos que nos informan de la **utilización de cualquier competición deportiva con fines políticos,** no sólo las realizadas en la vía pública, sino incluso hasta los mismísimos Juegos Olímpicos.

La historia que nos transmite Plutarco en el siglo V a.C. va en ese sentido. Es la siguiente:

Dado que la ciudad de Siracusa, en la cual Hierón ejercía un gobierno tiránico, participaba en los Juegos Olímpicos con una cuadriga, éste ordenó que le instalaran en el santuario una tienda desorbitadamente ostentosa. Este hecho chocaba frontalmente con los principios democráticos del entonces general ateniense Temístocles, motivo por el cual arengó a sus conciudadanos ordenándoles el asalto y destrucción de la suntuosísima tienda y vetar como fuera la participación olímpica de su caballería.

El héroe de la segunda guerra contra los persas esta vez no logró su objetivo.

Varios estudiosos de la cultura griega dudan de la veracidad de esta historia de Plutarco, no por falsa, sino por contener algunos errores.

Por el contrario, todos admiten la siguiente del historiador Diodoro de Sicilia, coincidiendo en que aporta una gran precisión histórica:

DIODORO DE SICILIA y DIONISIO DE HALICARNASO

Lisias 29: comentan otro hecho similar al referido por Plutarco ocurrido en los Juegos Olímpicos de 388 a.c.

La historia se repite, pero con un final diferente: otro despótico gobernante de Siracusa, Dionisio I se presenta en Olimpia con un grado de ostentación aún mayor al de Hierón, teniéndoselas que ver igualmente con un adalid de la democracia: en esa ocasión fue su paisano el orador Lisias. Esta vez el dictador siracusano llevó las de perder.

Según el historiador Diodoro de Sicilia, la legación de Siracusa estaba compuesta por un elevado número de cuadrigas. Asimismo instalaron carpas con incrustaciones de oro y engalanadas con carísimas y vistosas telas. Su egolatría llegó al extremo de reunir allí a los rapsodas más brillantes para que recitaran sus poesías y así hacerse famoso. No obstante, y pese a la bella declamación de los rapsodas, los poemas eran de una calidad tan mala que los presentes empezaron mofándose de Dionisio, pasando después a un estado de tal irritación por tan pésimo espectáculo, que arremetieron contra las tiendas de Dionisio, destruyéndolas. Pero había otra razón más para tan agresivo comportamiento. El orador siracusano Lisias, de paso en Olimpia, se esforzó en convencer a las masas para que rechazaran en los Juegos Olímpicos a la representación deportiva de la despiadada e irreverente dictadura de Siracusa.

ARISTÓFANES

Comedia "Las ranas", cuya primera representación conocida data del año 405 a.C.: En un pasaje de esta obra se elige como escenario de los hechos las Panateneas, las más destacadas celebraciones de Atenas, centrándose en la carrera de relevos (el testigo que se pasaban los atletas entre sí era una antorcha ardiendo).

Como quiera que el dios Dionisio estaba molesto por el hecho de que la carencia de entrenamiento corporal había menguado la condición física y el temperamento de la juventud de Atenas, hizo la siguiente manifestación burlesca en relación con esta deficiencia (vv.1089-1097), la cual refiere también Fernando García Romero, en el ya citado e interesante y ameno estudio "Violencia de los espectadores en el Deporte Griego Antiguo":

"Por poco me quedo seco de la risa en las Panateneas, cuando un hombre lento corría encorvado, blanco, gordo, quedándose rezagado y haciendo terribles esfuerzos. Y luego los del barrio del Cerámico en las Puertas le golpeaban el vientre, los costados, los riñones, las nalgas, y él, al recibir las palmadas, se tiró unas ventosidades, apagó la antorcha y salió huyendo".

Se trata de un caso algo atípico de violencia de los espectadores hacia los atletas. En el hecho descrito no parecía haber una voluntad de ensañamiento con el deportista, sino más bien una actitud lúdica de mofarse del corredor.

Las carreras con antorchas presentaban dos factores de riesgo de aparición de hechos de violencia en el deporte:

En primer lugar, se celebraban en la vía pública con una concurrencia masificada de asistentes al espectáculo, y una evidente cercanía de los espectadores a los atletas, al contrario que en el estadio, donde había una separación adecuada entre ambos.

En segundo lugar, las carreras por relevos son obviamente un deporte de equipo, característica ésta que ya desde entonces y hasta la actualidad, suele ser altamente generadora de violencia deportiva, al crearse grupos de seguidores de uno u otro equipo que suelen acabar enfrentándose entre sí.

En cambio, en el estadio sólo se celebraban competiciones individuales, nunca de equipo, con lo que el riesgo de aparición de hechos violentos era ahí bastante menor. Por ello, hay una cantidad muy exigua de textos que refieran violencia de los asistentes a los estadios hacia los participantes. Incluso casi no existen citas que refieran agresiones entre los espectadores.

No obstante, existía una vigilancia de las aglomeraciones de espectadores que asistían a estos eventos deportivos.

En Atenas este riesgo de colisión entre masas de espectadores era elevado, pues existían clanes rivales enfrentados entre sí, que veían en estos espectáculos una magnifica excusa para dar rienda suelta a sus impulsos violentos. El resto de las ciudades griegas también se sentían encarnadas en sus deportistas, según se desprende de la lectura de los epinicios de Píndaro y Baquílides. Los atletas olímpicos eran recibidos como héroes al regreso de los Juegos, ofreciéndoles todo tipo de prebendas, tanto económicas como nobiliarias. Atenas llegó incluso al extremo de que, haciéndose valer de su influencia y poder, hasta chantajeó en ocasiones a las autoridades olímpicas para que favorecieran a sus atletas en los resultados finales y, lo que es aún peor, si cabe, también a aquéllos participantes que hicieran trampa en dicho certamen deportivo, pues de lo contrario boicotearían los Juegos..

ENEAS EL TÁCTICO

En una obra escrita a mediados del siglo IV a.c., cuya temática versaba sobre las técnicas de sitiar ciudades y de salvaguardar el orden público en ellas, alertaba de que las afluencias de espectadores de este tipo de competiciones deportivas son proclives a desencadenar graves disturbios; más aún, pueden utilizarse con fines subversivos y conspirativos contra los gobernantes (Poliorcética 17).

LUCIANO DE SAMOSATA

Escritor del Siglo II d.C., de origen sirio, domiciliado en Atenas durante más de 20 años, por lo que se le considera escritor griego (y además por ser de expresión griega). Previamente viajó por el Mediterráneo dando conferencias, habiendo vivido también algunos años en Roma, donde tuvo amistad con el filósofo platónico Nigrino.

En su texto "Sobre la muerte de Peregrino", 32, nos informa este autor satírico sobre una de las escasísimas ocasiones en que se produjo una reyerta entre espectadores del estadio de Olimpia, si bien la causa nada tuvo que ver con el espectáculo deportivo. Todo empezó por la asistencia de un alocado personaje llamado Peregrino Proteo al santuario. Peregrino (filósofo cínico) había sido expulsado de Roma por subversión e insolencia. Sus seguidores y sus enemigos se enfrentaron entre sí en el estadio. Según Luciano, Peregrino había avisado que iba a tirarse a una pira funeraria en Olimpia, pensando que los asistentes al lugar lo evitarían. Sin embargo, nadie lo impidió, y Peregrino hubo de consumar lo prometido arrojándose a las llamas tras recitar su propia oración fúnebre...

Otra obra a destacar de este autor es su "Diálogo escita" en el que habla del filósofo escita Anacarsis, a quien convierte en personaje literario de su obra "Anacarsis o sobre la Gimnasia", incluida, a su vez, en la mencionada obra "Diálogo escita".

ANACARSIS

Es considerado uno de los Siete Sabios de Grecia, aunque era de origen escita (príncipe de dicho pueblo, o grupo de pueblos, al sureste de la zona europea de la actual Rusia). El precitado autor Luciano de Samosata relaciona a Anacarsis con la gimnasia en la referida obra "Anacarsis o sobre la Gimnasia".

OTROS INTELECTUALES, FILÓSOFOS Y HOMBRES DE CIENCIA GRIEGOS

Llama la atención el hecho de que muchos de ellos criticaron muy duramente muchas facetas del deporte e, incluso, censuraron la existencia misma de éste, mostrándose radicalmente contrarios al mismo. Pero ninguno mencionó posibles actos de violencia en los estadios. Evidentemente, el más mínimo incidente violento hubiera sido resaltado para arreciar las críticas contra el deporte, y en esto coinciden muchos estudiosos pues, además, es de sentido común. Por no dilatar exageradamente este estudio, expongo a continuación sólo una tremendamente exigua muestra de los mismos por motivos de espacio:

ENÓFANES DE COLOFÓN

Efectuó múltiples comentarios en la línea de los precedentes.

EURÍPIDES

Realizó las siguientes aportaciones, algunas demasiado parciales evidenciándose su actitud vital en contra del deporte:

- Postuló que "de entre los innumerables males que hay en Grecia, ninguno es peor que la raza de los atletas".
- Asimismo, reprobó "la costumbre de los griegos, que se reúnen para contermplarlos y rendir honores a placeres inútiles".
- Menciona la violencia en algunas modalidades deportivas.
- Sin embargo no refiere hechos violentos en los estadios.

INNUMERABLES AUTORES POSTERIORES

Los cuales a lo largo del fabuloso lapso de tiempo de cerca de mil años desdeñan, desprecian y censuran las competiciones deportivas, a los deportistas y a quienes pierden el tiempo formando parte del público deportivo.

Dentro de esa pléyade de autores posteriores destaco sólo los siguientes para no prolongar excesivamente esta exposición:

LOS AUTORES CRISTIANOS

Entre éstos relaciono los dos siguientes:
- **TERTULIANO**
  "Sobre los espectáculos"

- **NOVACIANO**
  "Sobre los espectáculos"

Estos dos autores cristianos coincidieron no sólo en la temática sino, además, en el título que pusieron a sus respectivas obras. Arremeten con titánica contundencia contra el carácter pagano de las competiciones deportivas, la vergüenza pública a la que, según ellos, se tiene que someter el atleta al ser proclive a padecer agresiones (voluntarias o fortuitas) ante los espectadores, lo absurdo, la inutilidad y la fruslería de los certámenes deportivos y las actividades de correr, saltar, etc. Atacaban también la circunstancia propia de las competiciones de aquel tiempo consistente en la desnudez del atleta ante los espectadores. Asimismo censuraban el culto al cuerpo.

Sin embargo, no hacen referencia alguna a violencia en el deporte en los estadios, aunque sí la reseñan al abordar los espectáculos deportivos que tenían lugar en el hipódromo (y, por supuesto, también en el circo romano).

LA VIOLENCIA EN EL DEPORTE EN LA MITOLOGÍA Y LA LITERATURA GRIEGAS

HOMERO

En la Ilíada (23.469-494) se describe por primera vez una competición deportiva: las carreras ecuestres, las cuales ya provocan violentos altercados entre los espectadores.

En su obra "Odisea" 18.55-57, este autor nos muestra un combate pugilístico organizado por los pretendientes de Penélope, aunque de forma no reglada. Los contendientes eran un mendigo que frecuentaba el palacio y otro vagabundo nuevo en el lugar, quien resultó ser Ulises disfrazado.

Existió el impresionante abismo temporal de nada menos que todo un milenio en el cual no constan textos que narren agresiones a los atletas, ni siquiera en la ficción literaria.

APOLONIO DE RODAS (s. III a.C.)

El viaje de los Argonautas (libro II): El rey Ámico de los brébices (en Bitinia) implantó una ley por la que extranjero alguno podía salir de este país sin haber previamente luchado contra él en combate pugilístico, del que siempre resultaba vencedor, quitando la vida a sus oponentes. Cuando los Argonautas llegaron a ese país eligieron a Polideuces, para luchar contra el rey de los beligerantes brébices. El griego obtiene la victoria, matando a Ámico en la contienda deportiva.

Los bébrices no admiten el desenlace del torneo pugilístico (vv. 98 ss.) y en apoyo a su rey, pese a haber fallecido éste, se dirigieron hacia Polideuces enarbolando ominosas mazas y venablos de hierro.

Los compatriotas de Polideuces se interpusieron espada en mano...

No obstante, este relato no es del todo valorable a efectos de estudiar la violencia en el deporte de la Grecia Clásica, pues se desarrolla en el entorno beligerante y atroz propio de los bébrices. Su espíritu guerrero les inclina a luchar contra todo aquel que menoscabe la hegemonía de su líder, con lo que más que una derrota deportiva, podría interpretarse más bien como una derrota de tipo bélico, aunque se haya utilizado una competición deportiva, el combate pugilístico, como instrumento para la dilucidar la victoria entre el rey y el extranjero de turno.

Por lo expuesto, de esta narración no se deduce la posible existencia de agresiones físicas de los espectadores contra el vencedor visitante, pues el contexto reflejado en ella no es el de los espectáculos deportivos.

FILÓSTRATO

"Descripciones de cuadros" (1.6.4): "Amores":

Una de las escenas de este curioso texto personifica unos peculiares amorcillos que participan en una caricatura de lucha deportiva. Uno de los contendientes muerde la oreja del rival, provocando el enojo de los Amores, que constituyen los espectadores, por contravenir las reglas de la competición, bombardeando al infractor con manzanas.

Este texto nos sugiere la posibilidad de que el público deportivo griego lanzara objetos contra los atletas cuando estos transgredían el reglamento, hecho que el autor trató en su ficción.

Como colofón a lo expuesto sobre el deporte en la Grecia Clásica, se puede concluir que la violencia en el deporte no estaba muy arraigada, excepto en los hipódromos donde sí era especialmente notoria.

Por contraposición, llama la atención la ausencia casi total de violencia en el estadio, lo cual era debido a tres causas principales:

1. A que en dicho recinto no se realizaban competiciones por equipos, las cuales ya desde entonces, llegando hasta nuestros días, constituyen un estímulo a la violencia en el deporte.
2. Por el prestigio de los juegos que tenían lugar en el estadio.
3. y, sobre todo, **por el carácter sagrado de los juegos** allí celebrados. Esta tercera causa es, con mucho, la más importante de los tres, y con gran diferencia, repito. A su vez podemos subdividirla en otras dos razones:

    a. Por el respeto que inspira lo sagrado,
    b. Por la duplicidad de las posibles penas en caso de desórdenes, pues a las penas civiles por alteración del orden, se sumaban las penas religiosas, elevando considerablemente la magnitud final de la condena, pudiendo incluso llegar a penas de muerte, con el evidente carácter disuasorio que ello supone.

PERIODO ROMANO

Es interesante reseñar los siguientes referentes por su importancia en el estudio de la Historia de dicho periodo en lo referente a la Violencia en el Deporte:

CONRADO DURANTEZ, 1985

En el período romano se constata un aumento de la agresividad en el deporte, y este autor lo relaciona con la importancia política que tiene el deporte en la Sociedad: la politización del Deporte aparece en esta época.

El César ordenaba semanas enteras de actos circenses cuando había conflictos políticos, así entretenía a la población, desviando la atención del pueblo de aquellas cuestiones que no le convenían al Poder.

Se formaban grupos de partidarios de un determinado gladiador, de una cuadriga concreta, etc. Estas hordas de seguidores comenzaron a crear conflictos en el ámbito deportivo, llegando al extremo de producirse saqueos en las ciudades donde se celebraban actos circenses. Dichos saqueos duraban varios días, siendo preciso que terminaran participando las legiones romanas para restablecer el orden.

Este autor constata que desde la época del Imperio Romano hasta nuestros días, el problema de la politización del deporte se ha agudizado. Prácticamente todos los gobiernos utilizan el deporte como referencia de su política.

LÄMMER, 1986

No sólo se asemejan los brotes de violencia entre los espectadores del mundo antiguo con lo que ocurre en el deporte moderno, sino que también se parecen las medidas tomadas para controlar los actos de violencia.

JAVIER DURÁN GONZÁLEZ, 1996

Según este sociólogo, el deporte ha tenido a lo largo de la Historia unos componentes de violencia que en la práctica deportiva actual han desaparecido en su mayor parte. En nuestros días el deporte espectáculo se caracteriza por otro tipo agresividad, alentada por los medios de comunicación al enaltecer la competitividad demandando la existencia de vencedores y derrotados, no sólo en el deporte, sino en cualquier otra actividad de nuestra sociedad.

Javier Durán es doctor en Ciencias Políticas y Sociología por la Universidad Complutense de Madrid; profesor titular de Sociología del Deporte en la Facultad de Ciencias de la Actividad Física y del Deporte de la Universidad Politécnica de Madrid (INEF). Entre otros cargos relacionados con el estudio de la violencia en el deporte ejerce los siguientes: Presidente del Observatorio de la Violencia, el Racismo y la Intolerancia en el Deporte; miembro de la Comisión Nacional contra la Violencia en los Espectáculos Deportivos; representante español en el grupo de expertos de la investigación coordinada sobre violencia en el deporte del Consejo de Europa y miembro del Seminario Permanente de Análisis de la Violencia en el Deporte del Real Madrid Club de Fútbol. Asimismo, es autor de varias publicaciones sobre la violencia en el deporte.

ENTRE LOS AUTORES CLÁSICOS CABE DESTACAR:

TÁCITO

El historiador latino Tácito ("Anales 14.17") ya menciona violentas confrontaciones en el anfiteatro de Pompeya entre los seguidores de esta ciudad y los de Nocera, en el año 59 d. C.

En aquellos tiempos Livineyo Régulo organizó un evento de gladiadores que terminó en una devastadora tragedia por el enfrentamiento entre dichas ciudades vecinas. Todo comenzó por una cuestión insignificante pero que acabó desembocando en una escalada de violencia: empezaron con insultos mutuos cuya magnitud fue incrementándose a causa de la falta de control característica de los provincianos (comentario referido en el mencionado texto). La siguiente fase fue la de las piedras, terminando al final en un dramático uso de las armas, lo que arrojó un saldo elevado de muertos y mutilados, especialmente entre los de Nocera debido a su situación de inferioridad al encontrarse en el terreno del rival.

El emperador cursó al Senado el juicio de este asunto. Posteriormente el Senado lo dirigió a los cónsules; y cuando el asunto regresó al Senado, se dictó una prohibición dirigida a los pompeyanos de organizar eventos de esta naturaleza por un periodo de diez años siendo disueltas las asociaciones que se habían constituido contra las leyes. Livineyo y quienes ocasionaron la barbarie fueron condenados al exilio.

Lo referido por Tácito no es sino sólo uno de los muchos testimonios que refieren hechos de violencia en el deporte en el Imperio Romano, pues cuantiosos textos latinos nos transmiten a través de los siglos abundantes crónicas de los devastadores choques protagonizados por los espectadores que presenciaban los juegos del anfiteatro o las carreras hípicas del circo romano (particularmente violentas) y posteriormente del hipódromo bizantino, donde son ampliamente conocidas las habituales disputas entre los exaltados partidarios de las distintas *"factiones"*, cada una de las cuales se distinguía por un determinado color.

En conclusión, el deporte del periodo romano estuvo marcado por una violencia extrema, a lo cual contribuyó muy especialmente la politización del deporte propia de aquella época, y que se ha perpetuado hasta nuestros días como uno de los mayores males tanto del deporte actual, como del practicado en el Imperio Romano.

CAPÍTULO 3

ÉPOCA ACTUAL Y CONTEMPORÁNEA

ULTIMAS DÉCADAS

Abordaremos desde la década de los años 60 del siglo XX hasta la actualidad: la situación no es muy halagüeña.

La violencia en el deporte puede dividirse en dos grandes grupos:

Por una parte tenemos la **violencia endógena**, originada en los jugadores y motivada por las vicisitudes de la actividad deportiva, es decir, generada en el **fragor del juego**. Generalmente no evidencia criminalidad.

Por otra, el resto de la violencia, la cual se engloba como **violencia exógena,** es decir, la originada por el entorno deportivo, como por ejemplo los espectadores.

Esta última se pone de manifiesto especialmente a partir de la década de los años sesenta del siglo veinte. Desde entonces destacan por su violencia los *hooligans* ingleses, quienes contagiaron sus reprochables costumbres en el ámbito deportivo a los aficionados italianos, franceses y españoles.

Se generaliza en toda Europa Occidental una corriente de vandalismo deportivo, fundamentalmente en el ámbito del fútbol.

En la Europa entonces comunista también se daba el fenómeno de la violencia en el deporte, pero a una escala mucho menor a causa de la represión político-policial propia de aquellas dictaduras.

El problema de la Violencia en el Deporte alcanzó ya desde entonces y hasta nuestros días (año 2007) tal magnitud, que constituye un auténtico problema social y político, arrojando un resultado de más de **mil quinientos espectadores fallecidos en estadios deportivos** en trágicas circunstancias, durante los últimos treinta años, y más de 6.000 espectadores heridos de gravedad en todo el Mundo.

HECHOS VIOLENTOS EN EL ÁMBITO DEPORTIVO
MUNICH 1972

Atentado contra el Equipo Olímpico Israelí

Los Juegos Olímpicos de 1972, celebrados en Munich, conocieron un importante hecho de violencia en el ámbito deportivo, por el que pasaron a la Historia bajo el apelativo de *Las Olimpiadas del Terror* (llamo la atención sobre la errónea denominación popular de *olimpiada*, en lugar de la de *Juegos Olímpicos,* que es la denominación correcta pues, como es sabido, olimpiada es el periodo de tiempo comprendido entre dos Juegos Olímpicos, esto es, cuatro años).

Dichos JJ.OO. son uno de tantos ejemplos en los que una violencia en principio ajena al deporte, aprovecha el contexto deportivo para manifestarse utilizando el deporte con unos fines diferentes al mismo.

El terrorismo palestino irrumpió en dichos Juegos atentando contra la selección olímpica israelí, traduciéndose en un saldo de 18 fallecidos.

Este hecho puso de manifiesto la importancia sociológica de los espectáculos deportivos como consecuencia de la amplia difusión de los mismos a través de los medios de comunicación, circunstancia especialmente importante a partir de dichos Juegos, siendo denominados por ello como "los Juegos de la comunicación" al rebasar por primera vez los mil millones de espectadores, y haber tenido una concurrencia superior a los cuatro mil reporteros. Todo ello constituyó un importante medio de resonancia para ser utilizado como eco de la postura política de los terroristas palestinos.

De ahí que una de las causas de la violencia en el entorno deportivo es, precisamente, la utilización de los espectáculos deportivos como medio de protesta contra muy diversas cuestiones.

MONTREAL 1976

Comienzo de las acciones de protesta del entorno olímpico contra el régimen de segregación racial vigente entonces en Sudáfrica.

Este caso es especialmente digno de mención, pues el ambiente deportivo adoptó, al contrario que en otras ocasiones, una actitud antiviolencia, asumiendo desde entonces el mensaje de que el deporte no puede tolerar cualquier clase de comportamiento violento, tanto en los participantes en el espectáculo deportivo, como en el público, pues el deporte es incompatible con la violencia.

Pese a lo expuesto, todo quedó en meras declaraciones de principios, pues a lo largo de las décadas siguientes la violencia siguió campando a sus anchas por los ambientes deportivos. Ahí se demostró una vez más la hipocresía de los movimientos políticos "anti lo que sea", así como la utilización y manipulación que hacen del resto de la sociedad...

Pero el punto de inflexión del fenómeno de esta clase de violencia tiene lugar a mediados de la década de los ochenta del siglo XX, cuando una serie de sucesos luctuosos marcan el punto máximo de tensión generado en Europa por manifestaciones violentas en el deporte. Expongo a continuación una escueta reseña de algunos de los más notorios:

1985 ESTADIO DE BRADFORD Y LA TRAGEDIA DE HEYSEL

MASACRE EN EL ESTADIO DE BRADFORD

Fue 11 de mayo de 1985, durante la celebración del encuentro de fútbol de la tercera división inglesa entre el Bradford City, el cual celebraba su ascenso a la segunda división y el Lincoln City, en el estadio de Valley Parade de la ciudad inglesa de Bradford. Los hechos violentos acontecidos provocaron el pánico en las gradas, derivando en el incendio de dicho estadio, el cual era viejo y de madera, con el resultado de 71 fallecidos, 18 desaparecidos y 200 heridos (estas cifras quizá tengan algo de aproximativas, pues he comprobado ligeras variaciones de las mismas en las diferentes fuentes consultadas. Reseño las expuestas, pues son las que aparecen con mayor frecuencia).

Aquel partido era el último de la Liga.

Faltando poco para concluir la primera parte del encuentro, se generó un incendio en la tribuna principal, la cual fue construida en 1908. El árbitro suspendió entonces el partido, tras lo cual una fracción mayoritaria del público escapó hacia el terreno de juego para ponerse a salvo. Pero los que optaron por huir por los tornos de entrada, se vieron atrapados en la infernal trampa. Las puertas estaban cerradas para impedir la entrada a quienes pretendieran entrar sin pagar. Según las investigaciones, la causa del incendio fue un cigarrillo o una cerilla mal apagados (otro de los peligros del tabaco). En sólo cuatro minutos el fuego se propagó por toda la grada, causando su desplome.

TRAGEDIA DE HEYSEL

El 29 de mayo de 1985, transcurridos sólo 18 días desde los sucesos del estadio inglés de Bradford, tiene lugar en Bruselas la barbarie del Estadio de Heisel (hoy Estadio Rey Balduino), durante los prolegómenos de la final de la Copa de Europa, que jugaban los equipos de la Iuventus FC, italiano y el Liverpool, inglés. Acabó en tragedia al enfrentarse dos hinchadas violentas. Una carga de seguidores ingleses ocasionó una catástrofe, con 39 espectadores fallecidos por aplastamiento en las gradas (34 italianos seguidores de la Juventus FC, dos belgas, dos franceses y un británico) y más de 500 personas heridas (varias fuentes estiman 600) lo que, con imágenes de televisión en directo, **produjo un impresionante impacto en la opinión pública.**

Esos hechos y otros ocurridos en ese mismo año, **convirtieron a 1985 en un año especialmente violento.**

En Madrid hubo también muchos actos de Violencia en el Deporte en 1985.

1989: ESTADIO INGLÉS DE HILLSBOROUGH

Cuatro años después de los sucesos precedentes se repetía la tragedia en el Estadio inglés de Hillsborough, donde el 15 de abril de 1989, durante un encuentro entre los equipos ingleses del Liverpool y el Nottingham Forest, un torrente de espectadores que, debido a la falsificación de entradas que tuvo lugar, irrumpió desde el exterior hacia el abarrotado Estadio, arrojando un saldo de noventa y cinco fallecidos, aplastados contra las vallas durante la aglomeración, mientras que más de 200 personas resultaban heridas de gravedad en dicha barbarie.

Tanto los tres sucesos reseñados como otros de la misma época evidenciaron las carencias estructurales de muchas instalaciones de espectáculos deportivos y las deficiencias en la organización de eventos masivos.

Esa es la causa por la que el **objetivo inicial de la lucha contra la violencia en el deporte consistiera en la revisión de las infraestructuras de los estadios, así como la organización de las actividades deportivas,** adoptándose medidas que han supuesto una significativa reducción de la violencia en los estadios.

No obstante, y pese a tales medidas, los comportamientos violentos siguen dándose, pero las consecuencias son menores al existir mayores obstáculos para la expansión de la violencia.

Estos últimos años los actos violentos se han trasladado a los alrededores de los recintos deportivos, actuando, fundamentalmente, antes y después del encuentro y rara vez en el transcurso del mismo.

La última reforma de la Ley del Deporte, y de las modificaciones introducidas en esta materia en el Código Penal, se han desarrollado en respuesta a esta nueva presentación de la violencia en el deporte.

Aquella década de los años 80 del siglo veinte produjo hechos violentos también en otros continentes, especialmente en el ámbito Latinoamericano, donde se desencadenaron terribles tragedias colectivas, con un resultado de centenares de fallecidos.

Ante el desalentador panorama que proporcionaba la violencia en el deporte, la cual también se manifestó en España, el Consejo de Europa promovió la firma y ratificación por sus países miembros de un Convenio Internacional sobre la violencia, seguridad e irrupciones de espectadores con motivo de manifestaciones deportivas y, especialmente, partidos de fútbol.

Se establecen comisiones antiviolencia en cada uno de los países europeos, cuyos objetivos principales se pueden resumir en lo siguiente:

- Conocer donde radican estos actos violentos
- Concienciar a la Sociedad y a los jueces (a quienes les solicitan que impongan penas más altas a los protagonistas de dichos actos)
- Conseguir que los grupos radicales estén controlados (esta es casi una vía muerta).

Más adelante (en el capítulo 11) detallo todas la funciones de la comisión antiviolencia española (Comisión Nacional contra la Violencia en el Deporte y los Espectáculos Deportivos).

1 DE MARZO DE 1981:

Secuestro del futbolista Enrique Castro González, "Quini"

Para finalizar la reseña de la década de los años ochenta del siglo veinte, es de justicia comentar este hecho acontecido en España en los inicios de esa década (el 1 marzo de 1981), en el que la delincuencia ajena al deporte irrumpe en éste. Se trata del secuestro del entonces delantero centro del FC Barcelona (anteriormente jugó en el Sporting de Gijón (al que regresó en 1984) y en el Club Deportivo Ensidesa de Avilés, donde comenzó su carrera futbolística). Asimismo, era jugador habitual de la Selección Española. Fue rescatado el 25 de ese mismo mes de marzo, en una impresionante intervención de las Fuerzas del Orden Público.

Los delincuentes eligieron el deporte y, concretamente, a uno de sus integrantes, para cometer en su persona un hecho violento (el secuestro). Dicha acción se produjo horas después del partido en el que Quini encajó tres tantos al Hércules de Alicante en el Nou Camp. Al secuestrado le introdujeron en un cajón de 105 cm de altura, dentro del cual le transportaron durante unos cuatrocientos kilómetros de viaje, en el maletero de un automóvil, hasta el zulo de reducidas dimensiones donde fue confinado.

El estímulo que presuntamente actuó sobre los secuestradores para tomar su infausta decisión, tuvo su origen en el deporte.

El señuelo consistió en la popularidad resultante de los éxitos futbolísticos del jugador, unida al reclamo que supuso para los secuestradores la previsiblemente buena situación económica del deportista (aunque el fútbol de entonces distaba mucho de llegar a las increíbles cifras económicas actuales).

El móvil del secuestro, según se descubrió, era exclusivamente económico, pero es otro de los casos de utilización del entorno deportivo para hacer uso de la violencia.

Además, esa violencia tuvo una notoria repercusión en el deporte, al cambiar bruscamente el curso previsible de la Liga de Fútbol, pues el FC Barcelona pasó de ser líder destacado en la Liga a perderla al final a causa de la frustración y abatimiento que produjo el hecho en el equipo.

ÚLTIMOS AÑOS

FINALES DEL SIGLO VEINTE Y PRIMEROS AÑOS DEL VEINTIUNO

MANIFESTACIONES CIUDADANAS EN LA VÍA PÚBLICA MOTIVADAS POR EL DEPORTE

En relación con la época más reciente de la Historia de España, y como indicativo de la importancia de los espectáculos deportivos, especialmente los futbolísticos, para la opinión y el orden públicos, es preciso reseñar sucintamente dos hechos muy significativos:

Las dos manifestaciones más grandes ocurridas en España tuvieron lugar cuando, hace unos años, el Sevilla y el Celta descendieron a Segunda División: media Andalucía y media Galicia respectivamente, salieron a la calle en manifestación.

Esto es muy indicativo de los sentimientos colectivos que suscita el Deporte, los cuáles pueden condicionar conductas violentas cuando dichos sentimientos viran hacia la ira, la hostilidad, el resentimiento, o cualquier otra manifestación de la agresividad no sublimada y utilizada de modo violento.

VIOLENCIA EN EL ENTORNO LABORAL DE LAS INSTALACIONES DEPORTIVAS

Comento a continuación unos actos de violencia que conciernen al ámbito de la Violencia en el Deporte y al del acoso laboral. Me refiero a unos hechos relatados frecuentemente por quienes trabajan en instalaciones deportivas. En algunos de estos recintos – en los dotados con piscinas – los socorristas practican a veces una peculiar forma de acoso y violencia laboral consistente en lanzar al agua a sus compañeros de trabajo (operarios de la instalación, etc.) los cuales en ocasiones son arrojados a la piscina incluso vestidos con ropa de calle al finalizar la jornada laboral, con el consiguiente trastorno que supone para la víctima **al atentar contra su bienestar** (evidentemente, no debe de ser nada agradable regresar a casa con la ropa mojada...)

Los autores de dichas agresiones pretenden hacerlas pasar por *simples bromas*... Esta respuesta no es sino un mero mecanismo de defensa ante la censura que esos ataques despiertan entre quienes los presencian y, sobre todo, entre las víctimas.

Además, sabido es que en Psicología se considera que las bromas son generalmente una manifestación de los deseos ocultos. Luego las bromas que implican agresión, como el caso que nos ocupa, revelan un oculto deseo de ejercer la violencia hacia los demás, o hacia determinada persona. Dicha violencia pretenden disfrazarla de broma: la enmascaran bajo la forma de una broma, lo que implica el agravante jurídico de intento de engaño, presentando, por añadidura, otros tres agravantes más, relacionados los tres con el hecho de la pertenencia a un grupo agresor: en primer lugar, el agravante de ejercer la acción violenta en grupo; en segundo lugar, el agravante de ampararse en el grupo (además de la cobardía que ello supone); y, en tercer lugar, y relacionado con los anteriores, el de ejercer una fuerza desproporcionada (varios contra uno: abuso de superioridad o abuso de fuerza). Cuando los agresores son dos o más existe el efecto intimidatorio, es decir, otro agravante más: intimidación. En definitiva, cinco agravantes.

La excusa de la broma es sólo una "tapadera" para ejercer la violencia, que podría llegar salirles judicialmente muy cara a sus autores, especialmente en caso de accidente (por ejemplo: traumatismo contra el borde de la piscina al ser arrojado al agua).

Esta clase de violencia se clasifica dentro de la *violencia lúdica*, en la cual las agresiones se producen como diversión, con el agravante de tener una actitud "cosificante" hacia la víctima, al considerarla como un mero objeto para satisfacer el placer por la broma y el afán de hilaridad a costa de sacrificar el bienestar del compañero-víctima. Considerado desde la perspectiva de la Psicología, es un acto consistente en deshumanizar al otro, constituyendo incluso una auténtica vejación.

Técnicamente presenta las mismas características psicológicas de una violación: se lo pasan bien abusando de otra persona. Por ello, aunque también se trata de un asunto de abuso laboral por acoso, la gravedad de los hechos es, incluso, superior a la del referido delito laboral.

Además, dichas bromas se encuentran en el límite de ser conceptualizadas como tortura, aunque, en sentido estricto, no reúnan todos los criterios psicológicos y jurídicos de tortura. Según el Diccionario de la Real Academia Española, tortura se define como "grave dolor físico o psicológico infringido a alguien, con métodos y utensilios diversos, con el fin de obtener de él una confesión, o como un medio de castigo". Evidentemente, la intención de los agresores no es ni obtener una confesión ni poner en práctica un método de castigo (salvo, ¡ojo!, los casos de intención subliminar de castigar a alguien por envidia, rivalidad, etc. Aunque la persona llega a creerse que lo hace como una broma, en el subconsciente existe el deseo de perjudicar al otro). Algunos empleados de dichas instalaciones, cuando se acerca la hora de finalizar la jornada y, por tanto, la hora del riesgo de agresión, viven una situación de estrés en la cual las amenazas (aunque revestidas de broma) les hacen pasar un mal rato, lo que perciben como una auténtica tortura psicológica.

Dichas agresiones no se pueden comparar con la típica "broma de piscina" entre amigos, consistente en arrojar al agua al amigo en bañador (no vestido de calle, o de trabajo, como en el caso del empleado de la instalación). Por el contrario, la oposición colectiva a dichos actos entre el personal de las instalaciones deportivas es bastante manifiesta (no se lo toman a broma precisamente, *¡Bromas, las justas!*), pudiéndose observar lo mal que lo pasan cuando los socorristas se ponen "en pie de guerra" al acecho de una victima a la que atacar. No deja de ser una crueldad por parte de los agresores.

Esto produce un estado de tensión psíquica en el trabajador creándose un mal ambiente de trabajo, lo que a veces origina en el empleado un estado de ira o, al menos, una animosidad manifiesta contra el "clan" de los agresores. En definitiva, y coloquialmente hablando, "les ponen mal corazón" a los trabajadores. Aunque dichas agresiones generalmente se ejecutan en la hora final de la jornada de trabajo (después del cierre al público), no obstante, en algunos casos -pocos- han llegado a producirse en el horario abierto al público, lo que contradice públicamente la acertada normativa de las instalaciones referente a la prohibición del baño con ropa de calle. Evidentemente, esta contradicción resta capacidad a los propios socorristas para hacerles cumplir a los bañistas con dicha norma pues, como era de suponer, argüían éstos que ¿por qué les prohíben meterse en el agua con ropa de calle, cuando los socorristas arrojan a otras personas vestidas al agua? En este estado de cosas, ¿con qué autoridad pueden entonces los socorristas prohibirlo?...

Hay que añadir el grave hecho de que dichas gamberradas continuadas han acabado produciendo bajas laborales a causa del estado de ansiedad que produce dicha situación permanente de miedo y tensión psíquica en algunas víctimas, con el consiguiente coste social, económico y organizativo que ello supone para la empresa y para la Sociedad. Quizá habría que pedirles las correspondientes responsabilidades económicas a los agresores, al ser ellos los causantes del gasto de la baja.

Cierto que ha habido gamberradas que posteriormente llegaron a institucionalizarse convirtiéndose en festejos populares como, por ejemplo, la famosa *Tomatina* de Buñol, que incluso se ha constituido en un reclamo turístico internacional. Pero a dicha batalla de tomate se acude libre y voluntariamente, sin coacción. Quien no quiere que le bombardeen con tomates, simplemente no va al referido festejo. Por el contrario, en el caso de las comentadas agresiones en las instalaciones deportivas, ésta se producen contra la voluntad del empleado, no teniendo escapatoria alguna, pues no puede abandonar su puesto de trabajo.

Pese a ser un hecho denunciable bajo los citados cargos de acoso laboral y de agresión en el ámbito del trabajo, y ser, además, constitutivo de **delito de coacción** (al obligar a alguien a hacer algo en contra de su voluntad utilizando la fuerza), así como de **delito de secuestro** con fuerza, etc., **delito de detención ilegal** por parte de un civil, e incluso podría llegar a ser delito de **tortura**, sin embargo, los compañeros, e incluso las víctimas, no se atreven a denunciar el suceso para evitar enfrentamientos y problemas de convivencia en el entorno laboral, con lo que se ven obligados a padecer sumisamente esos actos de gamberrismo y de vandalismo, en cuanto que suponen, no sólo un atentado contra las personas, sino también, y no es exagerado decirlo, contra las cosas **(vandalismo)** al mojar las ropas del agredido con agua clorada, que puede afectar, si bien generalmente de forma leve, a algunos tejidos y colores, (el hipoclorito sódico, comúnmente denominado lejía, es uno de los productos químicos empleados con mayor frecuencia en la desinfección del agua de las piscinas, aunque diluido). No digamos nada si encima le mojan los zapatos, el teléfono móvil, el reloj (algunos no resisten el agua), una memoria USB (comúnmente denominadas "pendrive") que llevara en el bolsillo, el mp3 o mp4, el iPhone, la tarjeta de crédito y otras tarjetas, el dinero, la billetera o cartera, algún papel que pudieran llevar encima (quizá con alguna anotación importante para la persona y que se borra al mojarse), carnets, como el antiguo carnet de conducir anterior al actual plastificado, etc., etc. Por lo expuesto, se añade otro delito más: vandalismo.

Actuar en grupo es un agravante (como ya se ha comentado) tanto en el ámbito administrativo como en el penal.

Esto es otro indicativo del grave problema del aumento de la violencia en nuestra sociedad, pues en el pasado, cuando se producía en algunos pequeños pueblos de la denominada *España Profunda* una situación similar a la descrita referida a las piscinas, entonces era considerada como una barbaridad, definiéndola los propios convecinos como *una burrada* más de los mozos del pueblo, como una gamberrada de la peor calaña...

Me refiero a esas bromas pesadas cuyo conocimiento ha llegado hasta nosotros a través del cine o de relatos transmitidos de viva voz por personas que conocen a alguien que las presenció, consistentes en tirar a la víctima de la gamberrada al pilón del pueblo. Entonces ya era visto, no sólo como una de las peores bromas pesadas, sino como algo aborrecible...

Incluso, dicho hecho servía para descalificar y despreciar al pueblo en el que ocurrían tales hechos, para lo que se empleaban expresiones del tipo de: "ya se ve lo burros son los del pueblo tal..." (y otras locuciones de condena de mayor intensidad reprobatoria, auténticos improperios poco reproducibles).

En cambio, en la actualidad, en lugar de avanzar en el sentido de ser más respetuosos con los demás, antes al contrario, a veces se llega al extremo de justificar situaciones como la descrita con el eufemismo de decir: *es sólo una broma*. Esta excusa es tan absurda, como si el detenido por un delito pretendiera librarse de la condena argumentando en su defensa que su acto delictivo (robo, violación, asesinato, etc.) sólo era una broma... Sería, obviamente, impensable e inadmisible tal argumento...

Considero importante reflejar en este trabajo la referida situación de violencia hacia los empleados de las instalaciones deportivas, no sólo por recoger otra modalidad más de violencia en el ámbito del deporte, sino que, además, el mero hecho del conocimiento de esta triste situación despierta en todos un sentimiento de empatía, apoyo y compasión hacia las víctimas, aunque para nosotros sean anónimas.

Además, valga lo expuesto como reflexión sobre un penoso problema que quizá pudiera solucionarse si la Autoridad competente lo investigara de oficio para atajar dicha lacra de acoso laboral revestido con tintes de violencia en el marco del deporte y además aleccionara e instara a los responsables de las instalaciones deportivas a ser más diligentes en este sentido.

Asimismo, los sindicatos tienen ahí una importante labor y una responsabilidad inexcusable a través de sus representantes en la masa laboral de la instalación (quizá de esta manera disminuiría algo el desprestigio que tienen los sindicatos entre los trabajadores, los cuales suelen referir que cuando han tenido un problema laboral no les han ayudado. En definitiva, aumentaría la credibilidad, ya de por sí bastante maltrecha, de las organizaciones sindicales; dichos sean de paso los comentarios precedentes con todo el respeto hacia los sindicatos, pues entre sus miembros hay muchas personas verdaderamente serias y honestas que cumplen fielmente con su cometido. Además, los sindicatos intervienen en los convenios colectivos, con lo que es de suponer que algo de lo conseguido por los trabajadores posiblemente se deba a las organizaciones sindicales. Yo me he limitado a hacerme eco de opiniones que siempre se oyen entre los empleados de cualquier empresa; más aún, muchos de quienes así opinan contra los sindicatos son antiguos afiliados a los cuales, según ellos, los sindicatos no les hicieron ni caso cuando los necesitaron, motivo por el que se dieron de baja).

Volviendo a nuestro tema, sorprende que no se tomen medidas contra estos hechos de las instalaciones deportivas, cuando cada vez avanza más la Sociedad en la penalización de las bromas pesadas. Baste citar sólo dos ejemplos que, aunque desconozco personalmente los entornos donde se presentan, no obstante, los progresos en la lucha contra las bromas pesadas en ellos son del dominio público gracias a los medios de comunicación. Dichos entornos en los que se ha luchado oficialmente contra las bromas pesadas o "novatadas" son, a saber: el Ejército y las Residencias Universitarias o Colegios Mayores Universitarios. En el Ejército actual están severamente castigadas las tradicionales *novatadas.* En cuanto a los colegios mayores y residencias universitarias, los medios de comunicación se han hecho amplio eco de que las vejaciones que infligen los *veteranos* a los *novatos* están terminando muchas veces en denuncias en comisaría y en el juzgado de guardia. Asimismo, la normativa de dichas residencias contempla la expulsión inmediata de los infractores, como así se ha hecho en dichos casos.

He ahí una importante solución para el referido acoso laboral en las instalaciones deportivas: contemplar la posibilidad de expulsión de los gamberros, junto con la correspondiente apertura de expediente disciplinario y, sobre todo, sanción económica en sus retribuciones (además de la multa que legalmente les corresponde).

Especial responsabilidad, tanto profesional como penal, tienen los directores y encargados de dichas instalaciones que consienten los citados delitos con su inacción convirtiéndose en cómplices, por lo cual deben responder ante la Administración de Justicia y ante sus superiores, pues con dicha inacción se convierten en claros candidatos al cese inmediato e inapelable en su cargo de director o encargado, por la fragante y grave falta cometida de inacción. Como más adelante se expone, permitiendo y/o consintiendo esta situación se incumple la Ley de Prevención de Riesgos Laborales.

La referida violencia en las instalaciones deportivas supone la dictadura de los socorristas y sus cómplices, que provoca en los empleados el miedo a ser arrojados al agua, lo cual es intolerable e incompatible con una sociedad democrática, como la nuestra. No se puede consentir que haya personas que trabajen con miedo (máxime tratándose de un riesgo laboral evitable impidiendo las mencionadas agresiones). Dicho miedo a algunos les provoca un estado de ansiedad, incluso con elevación de etiología emocional de los valores de la tensión arterial. Por lo expuesto, la citada violencia de los socorristas afecta al capítulo de los riesgos laborales y la seguridad en el trabajo, así como a la salud de los trabajadores (se han dado casos de baja laboral por dicho motivo, con la consiguiente repercusión económica, como ya se ha expuesto).

Quien debe salvar vidas no puede caer en la contradicción de hacer lo opuesto: en lugar de sacar del agua a las víctimas (que, efectivamente, también lo hacen, llegado el caso) crean victimas nuevas arrojándolas al agua. Es como si un médico fuera propagando enfermedades deliberadamente (¡demencial!), aunque después curara a los enfermos por él producidos... El socorrista que tira a la gente al agua es un despropósito como lo sería un bombero pirómano.

Obviamente, el socorrista que incurre en las referidas bromas no vale para el puesto, dado que demuestra una notoria inmadurez incompatible con el mismo, pues en más de una ocasión, posiblemente, puede tener una vida en sus manos.

Valga como aclaración decir que no en todas las instalaciones deportivas se perpetran estos actos vandálicos y violaciones de los derechos de la persona, y que en aquellas en las cuales se cometen, parece ser que, generalmente, lo hacen de modo esporádico. Pero eso no es excusa para la inacción. Sería como si en una sociedad en la que hubiera pocos crímenes y con el pretexto de que sólo ocurren esporádicamente, no se persiguieran dichos crímenes permitiéndoles a los criminales realizar libremente su nefasta *afición* al delito, y la sociedad no hiciera nada para impedir ni prevenir sus fechorías, sin importarle a nadie en lo más mínimo lo que hagan esos facinerosos... No perseguirlo sería una falta o delito por omisión del cumplimiento del deber (imaginen que un médico o un agente del Orden Público, etc. no atendiera en un accidente que se encontrara en su camino y pasara de largo. Incurrirían, por lo menos, en una falta por denegación de auxilio todos los ciudadanos que obraran de ese modo, siendo más grave aún en el caso de nuestro colectivo, los médicos, y de otros profesionales que tienen también una obligación especial).

Hay otra razón más para atajar este tipo de violencia: la prevención de desgracias colectivas. Todos hemos oído en los medios de comunicación desafortunadas noticias referentes a matanzas colectivas perpetradas por un ciudadano que "pierde el control" en su centro de trabajo, de estudios, etc., al sentirse agredido (real o imaginariamente) por sus compañeros del centro donde comete la masacre.

Afortunadamente son situaciones muy excepcionales, dándose escasísimos casos en el contexto mundial, pues quienes los protagonizan suelen ser personas con trastorno de la personalidad, o alguna enfermedad psíquica. No obstante, el riesgo, aunque muy remoto, existe. Por tanto, las referidas agresiones colectivas protagonizadas por los socorristas podrían, en el peor de los casos, despertar en un trabajador especialmente predispuesto una reacción masiva de trágicas consecuencias...

La tiranía ejercida por los socorristas supone un riesgo de provocación de la tragedia.

Hay estudios psicológicos que concluyen que cuando a una buena persona se la coloca en un entorno tiránico, despótico y cruel **puede** convertirse en un simple asesino.

Entre dichos estudios destaca muy especialmente el de Phillip Zimbardo, psicólogo y profesor de Psicología de la Universidad de Stanford (California), anteriormente lo fue de la Universidad de Yale (Conneticut) y de la Universidad de Columbia (Ciudad de Nueva York). Fue presidente de la Asociación Americana de Psicología en 2002 y autor del famoso y terrible experimento realizado en 1971 por un equipo de investigadores liderado por él, y que se llevó a cabo en la prisión de Stanford para analizar las reacciones de unos voluntarios estudiantes universitarios a quienes se internó en un medio enormemente hostil, sometiéndoles a aterradoras situaciones y prácticamente a todo tipo de vejaciones.

En dicho experimento se confirmó la hipótesis de este autor, consistente en que si una persona buena es sometida a un ambiente determinado podría llegar a cambiar hasta protagonizar grados de maldad extrema.

Tuvo que interrumpir el experimento antes de lo previsto a causa del peligroso cariz que iba tomando la prueba.

(Aclaración: en este experimento se sometía a los voluntarios a situaciones de una crueldad extrema que afortunadamente no se dan en toda la vida de un ciudadano medio. En el caso de las adversidades habituales de la vida, la madurez psíquica del individuo, obviamente, es suficiente para no dejarse influir negativamente).

DEPORTES CLANDESTINOS *"A MUERTE"*

Fuente: clase de Sociología Deportiva del Prof. Dr. Francisco de Miguel, Médico especialista en Medicina del Deporte y la Educación Física, y Profesor de la Escuela de Medicina de la Educación Física y el Deporte. Universidad Complutense de Madrid. Elaboración propia a partir de dicha fuente.

Un caso especialmente grave de Violencia, es el de un deporte ilegal que, al parecer, se ha puesto algo de moda en ciertos ambientes: el *Deporte Total* (competición a muerte). Obviamente, estos torneos son clandestinos: dos personas se golpean mutuamente hasta la muerte, utilizando a tal fin solamente sus propios medios y su fuerza, estando prohibido usar cualquier clase de objeto. No pueden morder, pero sí dar cabezazos o cualquier otro género de golpe corporal. Hay un árbitro. Uno de los contendientes se puede retirar si no aguanta más. Esto recuerda a la lucha griega, en la que podían incluso golpear en zonas bajas de la región abdominal y genital.

Pese a la evidente ilegalidad de estos detestables deportes, desafortunadamente existen, representando un motivo más para intensificar la lucha contra la violencia en el Deporte y, en este caso concreto, más aún: la lucha contra la existencia de estas macabras competiciones.

ACONTECIMIENTOS VIOLENTOS EN EL ÁMBITO DE LOS ESPECTÁCULOS DEPORTIVOS

El criterio de elección de la muestra se rige por la gravedad de los hechos y por el impacto en la opinión pública, así como por la originalidad de algunas medidas.

Por desgracia, el número de actos violentos relacionados con el deporte en todo el mundo es tan elevado que sólo se puede reseñar una mínima muestra por motivos de espacio, razón por la cual es de suponer que siempre habrá algún lector al que le hubiera gustado que hablara de tal o cual caso, pero no queda más remedio que "escardar" en la inmensa maraña de acontecimientos violentos y elegir sólo algunos pues, de lo contrario, las dimensiones de esta obra se hubieran contado en miles de páginas, y no es mi deseo cansar al amable lector con tan abrumador (y extenuante) caudal de información.

JUEGOS OLÍMPICOS DE ATENAS EN 2004

Agresión a un corredor de la prueba de la maratón por parte de un espectador en plena vía pública: el atleta brasileño Vanderlei Lima fue agredido y retenido por un fanático en el kilómetro 36 de la prueba, lo que le hizo perder un valioso tiempo y acabar con molestias en una pierna cuando el atleta lideraba la carrera sacando treinta segundos de ventaja a su inmediato seguidor, el italiano Stefano Baldini.

El hecho creó polémica, pues al final no ganó (quedó el tercero). No sabemos si hubiera conseguido ganar de no haber ocurrido la agresión. Eso es entrar en el terreno de los futuribles. Nunca se sabrá.

Aunque cabría la posibilidad de pensar que, en efecto, ya que iba ganando quedando relativamente poca distancia para terminar (6 kilómetros) lo lógico sería pensar que el ganador hubiera podido ser él; pero también existe la posibilidad de que el italiano que al final ganó, quizá igualmente lo habría conseguido aunque no hubiera existido el incidente. Además, quien sabe si no habría aumentado su ritmo en esos seis últimos kilómetros (como sabemos, la distancia del maratón son 42 kilómetros y 195 metros). En una carrera puede haber muchos cambios en el rendimiento hasta el preciso momento de atravesar la línea de meta, y con mayor motivo, repito, a lo largo de una distancia de esa magnitud nada despreciable de 6 kilómetros... Por tanto, no tiene sentido cuestionar la victoria del ganador. Más aún, de no haber ocurrido la agresión al competidor, quizá el italiano hubiera experimentado el estímulo o la necesidad de tener que esforzarse más todavía de lo que lo estaba haciendo (esfuerzo ya de por sí considerable) para superar a su rival, aumentando su rendimiento, con lo que su victoria lo hubiera sido con un tiempo mejor aún que el obtenido. Luego el agresor, en definitiva, perjudicó a dos atletas: como vemos, ambos, agredido y ganador, previsiblemente resultaron con un tiempo final inferior al que hubieran obtenido en condiciones normales, y a ambos les causó un daño moral: el agredido, posiblemente siempre vivirá con la duda y quizá la frustración de pensar que pudo ser campeón. Por otra parte, al ganador siempre le asaltará una sombra de duda y de inseguridad sobre su triunfo (aunque, de cualquier modo, yo considero que dicha duda no está justificada, por lo expuesto. Incluso, y reitero, existe la posibilidad de que hubiera podido obtener una marca todavía mejor de no haber existido el referido "contratiempo").

A primera vista llama la atención el hecho, pues la violencia en el deporte es casi exclusiva de los deportes de equipo. No obstante, el agresor era, al parecer, una persona con problemas psiquiátricos (desconozco el tipo de trastorno que presentaba). Se trataba de Cornelius Neil Horan, ex sacerdote irlandés a quien la Iglesia Católica Irlandesa le había retirado en 1.995 su autoridad sacerdotal a causa de su fanatismo.

El agresor tiene antecedentes de varias irrupciones en espectáculos de máxima audiencia (Gran Premio del Reino Unido de Fórmula 1, en 2003, inauguración del Mundial de Fútbol de Alemania de 2006, etc.)

Como medida preventiva para evitar (o al menos dificultar) posibles incursiones en competiciones que discurren por la vía pública, quizá se debería intentar crear un límite de separación entre los espectadores y los atletas (vallas en la medida de lo posible, más vigilancia policial, etc.)

Retrocediendo varios siglos en el pasado hasta la Grecia Clásica, esta situación nos recuerda lo sucedido en la carrera referida en la comedia "Las ranas", de Aristófanes, la cual ya he reseñado en el Capítulo 2 de la presente obra en el apartado dedicado a la Época Griega Antigua. Como asimismo mencioné en dicho apartado, en aquel tiempo ya era excepcional la violencia en el deporte individual, no así en el de equipos.

TURQUÍA: 15 DE DICIEMBRE DE 2005
Un grupo de ultras turcos asalta un plató de televisión

Fuente: Antena 3 Televisión e informativostelecinco.com. Elaboración propia a partir de estas fuentes.

En dicha fecha se produjo en Turquía una nueva forma de utilización de los medios de comunicación como caja de resonancia de la violencia en el deporte: un grupo de veinte *ultras* futbolísticos irrumpieron en un plató de televisión, desde el cual se estaba transmitiendo en directo un debate sobre la problemática del fútbol turco. Los asaltantes profirieron amenazas contra el presentador y contra el resto de los intervinientes en el debate, entonando cánticos y llegando uno de los alborotadores a golpear en el hombro al presentador.

Ante el asombro general, obligaron a paralizar el programa.

La tertulia televisiva abordaba precisamente los bochornosos actos de violencia en el deporte acontecidos el fin de semana precedente en los estadios de fútbol turcos.

Un operador de cámara intentó terciar en el altercado, momento en el que uno de los hinchas amenazó con apalearle, pasando a continuación a patear la mesa del debate, arremetiendo contra los papeles depositados sobre ella. Pese a todo, no hubo que lamentar heridos.

El hecho reviste una sutil gravedad, pues se trata de un acto violento contra quienes intentan terminar con la violencia. Precisamente esos *ultras* eran el tema del foro televisivo.

Otro hecho diferenciador en relación con otros actos de violencia en el deporte consiste en que el acto violento ocurre en un espacio y un tiempo inusuales. Respectivamente: estudio de televisión y sin proximidad temporal a un partido de fútbol concreto. Al contrario, se trataba de una actitud contra unos planteamientos generales expuestos en un programa de televisión, no contra un equipo, contra una hinchada, ciudad, país, etc.

La mayor parte de esos violentos fueron detenidos ante su osadía de aparecer en televisión a cara descubierta, pero unos pocos lograron sortear a la policía.

BOLIVIA: ENERO DE 2007: ESTADIO HERNANDO SILES, DE LA PAZ

Fuente: elaboración propia a partir de informaciones de Antena 3 Televisión.

Cientos de personas se vieron atrapadas en los accesos a dicho estadio por la falta de entradas antes de comenzar el partido de fútbol, con el resultado de una fallecida y 20 heridos. Pese a todo, se celebró el encuentro.

ITALIA: 2 DE FEBRERO DE 2007: ESTADIO ANGELO MASSIMINO DE PALERMO, EN SICILIA

Fuentes: Elaboración propia a partir de informaciones de: Corriere della Sera, La Gazzetta dello Sport, Agencia EFE, elmundo.es, diario El Mundo y Antena 3 Televisión.

El partido de fútbol Catania-Palermo de la Liga Italiana, choque de gran rivalidad regional (lo que, en contra del purismo lingüístico, se conoce vulgarmente como un *Derby)* desembocó en gravísimos altercados, tanto en el espacio interno del estadio como en las inmediaciones del mismo, con el resultado de un inspector jefe de policía de Catania, de 38 años de edad, asesinado en el interior de su vehículo oficial.

En un principio, la causa de la muerte se atribuyó a la explosión de un paquete-carta bomba con 200 grs. de explosivos arrojado por los alborotadores. Esta hipótesis preliminar, como veremos más adelante, se vio modificada por el resultado de la autopsia, la cual desveló nuevos datos sobre dicha muerte.

Otras informaciones iniciales comunicaron que uno de estos alborotadores golpeó al policía en el rostro, matándolo. Un segundo funcionario del orden resultó gravemente herido, integrando un total de 71 lesionados de diversa consideración, que precisaron atención médica, entre ellos nueve carabineros, cincuenta y dos policías y una decena de civiles (datos proporcionados a la prensa por los tres hospitales de Catania).

Los incidentes comenzaron con ocasión del primer gol del encuentro a favor del Palermo. El árbitro hubo de interrumpir el partido ante la gravedad de los incidentes desencadenados por dicho primer tanto. Tras su reanudación empató el Catania, pero posteriormente la situación se agravó con el segundo gol marcado por el Palermo, que acrecentó la ira de los tumultuosos.

Tuvo que intervenir la Policía haciendo uso de los gases lacrimógenos, creándose tal ambiente que resultaba muy difícil respirar con normalidad, lo cual afectó también a los propios jugadores del encuentro. Pese a todo, fue tal el fragor de la *batalla,* que la propia Policía tuvo que salir huyendo del lugar.

Por ello no sorprende que uno de los fiscales del caso hablara de "Intifada", ni que hubiera 9 menores entre los 16 arrestados inicialmente tras los altercados (la cifra de detenidos fue progresivamente en aumento: enseguida subió a 38, de los cuales 15 eran menores).

No son de extrañar, asimismo, las medidas adoptadas en un principio, parte de la cuales ya se habían tomado en el pasado: suspensión de la Liga y una interminable sucesión de reuniones.

Los arrestados eran seguidores violentos del Catania, que no dudaron en emplear artefactos explosivos, bombas de humo y piedras contra los aficionados del Palermo, así como también contra las fuerzas policiales.

El acontecimiento constituyó un genuino caso de guerrilla urbana, centrándose las sospechas en una banda de la Mafia Siciliana la cual, presuntamente, provocó dichos sucesos con la finalidad de producirle una *emboscada* a la Policía para atentar contra ella.

La "batalla en Catania" alcanzó enorme notoriedad informativa, no sólo por la magnitud de la barbarie, sino ante todo por la difusión de las imágenes a través de la televisión, donde se veía a la hinchada lanzando objetos a los todoterrenos de la policía, lo cual recordaba las secuencias televisivas que habitualmente muestran los informativos sobre Oriente Medio, relativas a los enfrentamientos a pedradas de los palestinos contra el Ejército Israelí.

Dicha batalla campal fue transmitida en directo por las cámaras de la SKYTG24 italiana.

Este es otro ejemplo más de la utilización de los espectáculos deportivos con fines ajenos al deporte, motivo por cual este caso requiere una exposición algo más detallada que los restantes ejemplos, siendo además uno de los casos más graves de Violencia en el Deporte en 2007, con amplia repercusión sobre el desarrollo de la Liga Italiana, como veremos más adelante.

La fiscalía informó, como resultado de las pesquisas, que *"no han surgido vinculaciones directas entre el homicidio y el crimen organizado"*. No obstante, admitió la presencia de efectivos de la lucha antimafia en las indagaciones policiales, cuya finalidad era la búsqueda de posibles vínculos entre un grupo de aficionados 'ultras' y la mafia, en cuanto al tráfico de armas y de drogas.

Efectuada la autopsia al malogrado inspector, la hipótesis inicial acerca de su muerte se vio sustancialmente modificada por los nuevos datos que ésta aportó al caso.

De acuerdo con las informaciones de la Agencia EFE en Roma, el inspector de policía fallecido en las revueltas del viernes 2 de febrero de 2007 con ocasión del encuentro Catania-Palermo, no falleció por el efecto del explosivo, sino por el alcance de una pedrada, de acuerdo con la información del domingo 4 de febrero de 2007, hecha pública por la Fiscalía que investiga los hechos.

RESULTADO DE LA AUTOPSIA PRACTICADA AL FALLECIDO

La causa de la muerte del policía Filippo Racite fue una hemorragia interna causada, aparentemente, por una piedra grande. La autopsia determinó como causa fundamental del fallecimiento: "un trauma abdominal y una fractura múltiple del hígado, compatible con un golpe contundente", explicó el fiscal del caso, Renato Papa, con ocasión de dar a conocer el resultado de la autopsia.

A su vez, la causa del trauma abdominal sería, posiblemente, una gran piedra (posteriormente se postuló que la contusión fue producida por un tubo metálico) que habría aplastado el tórax y el abdomen del policía, ocasionando una hemorragia interna, con anterioridad a la explosión del petardo lanzado contra él, según la información proporcionada por el representante del Ministerio Público.

Según el fiscal Papa, los nuevos datos dificultaron más las averiguaciones, ya que entonces el periodo de tiempo a estudiar era más dilatado:

Inicialmente, las investigaciones se aglutinaron entorno a lo acontecido entre las 20.31 y las 20.34 hora local (19.31 y 19.34 GMT). Ahora era preciso conocer lo ocurrido desde las 20.00 horas.

(Evidentemente, la fractura múltiple del hígado secundaria a la agresión sería fundamentalmente la responsable de la hemorragia interna, la cual desencadenó un shock hipovolémico, siendo éste la **causa inmediata** de la muerte, y cuya **causa fundamental** es el traumatismo tóraco-abdominal, en una muerte de naturaleza violenta).

ALARMA SOCIAL: CLAMOR POPULAR E INSTITUCIONAL CONTRA EL FÚTBOL EN ITALIA

Los graves altercados producidos provocaron una gran alarma social en toda Italia, que desembocó en la **suspensión indefinida de la totalidad de los partidos de fútbol** del País Trasalpino, no sólo los de Liga, incluso también se canceló el encuentro amistoso previsto entre las Selecciones Nacionales de Italia y Rumanía.

Parte de la Opinión Pública clamaba por la desaparición definitiva de los partidos de fútbol, por el grave atentado que asestan los mismos a la seguridad ciudadana y a la propia vida de las personas...

Como consecuencia de la barbarie del Catania-Palermo, el fútbol italiano es cuestionado de nuevo, mientras continúa sin encontrarse al autor del crimen, pues no se hallaba entre los detenidos.

Destacados profesionales del deporte y la política se sumaron a dichas condenas:

El entrenador del Roma, Luciano Spalletti, manifestó: "así no se puede seguir adelante",

El presidente del Palermo, Maurizio Zamparini, espetó: "Son criminales", refiriéndose a los aficionados violentos.

Antonio Pulvirenti, presidente del Catania, dimitió y fue rotundo: "Ya no se puede jugar al fútbol en Catania. Por supuesto, no nos estamos rindiendo a los 'hooligans', pero una vez que todo esté ordenado voy a dejar el club. He tomado esa decisión". Asimismo declaró no haber podido conciliar el sueño aquella noche, que pasó consolando a la esposa y a los dos hijos del inspector asesinado.

El presidente de la Asociación de Jugadores, Sergio Campana, dijo: "la suspensión del campeonato debe durar un año".

El presidente de la Federación Italiana de Fútbol (FIGC), Luca Pancalli, alertó: "Así no podemos seguir".

El presidente de la Liga Italiana, Antonio Matarese, manifestó: "Es un momento terrible, y **se trata del futuro del fútbol"**.

Desafortunadamente, y como suele ocurrir en cualquier reunión humana, a la hora de establecer las medidas a adoptar empiezan las diferencias y divisiones.

Los clubes, el Comité Olímpico Italiano (CONI) y el gobierno de Romano Prodi apoyaron decididamente la decisión de Pancalli de poner el freno de emergencia y congelar el fútbol.

El primer ministro, Romano Prodi, reclamó "una señal fuerte para evitar la decadencia del fútbol".

Escasas horas después del mencionado último capítulo de violencia en el deporte con el resultado de un policía muerto en Sicilia, tanto los políticos como los profesionales y aficionados del fútbol se rasgan de nuevo las vestiduras por la violencia en los estadios italianos, la cual, no obstante, es habitual en Italia. Todos los fines de semana suele haber auténticas batallas campales que reiteradamente se traducen en heridos.

Constantemente surgen declaraciones, condenas, *mea culpas*, decisiones drásticas, que a la postre no se plasman en la realidad, con lo que los incidentes persisten sin remedio.

"REUNIÓN DE CRISIS"

El domingo del fin de semana de los hechos se celebró una "reunión de crisis" en Roma para estudiar soluciones a la violencia en los campos y analizar los pasos a seguir, en cuya reunión participaron los siguientes interlocutores:

1. El Gobierno Italiano (el ministro del Interior, Giuseppe Amato y su colega de Deportes, Giovanna Melandri)
2. El CONI (Comité Olímpico Nacional Italiano)
3. El Comisario Extraordinario de la FIGC (Federación Italiana de Fútbol), Luca Pancalli
4. El martes siguiente se sumó la Liga Nacional de Fútbol a la reunión.

Las declaraciones emitidas por los políticos son similares a las escuchadas en otras ocasiones, como las de Pier Ferdinando Casini, uno de los líderes de la oposición que clamaba "tolerancia cero para la violencia en los estadios".

Lo mismo ocurre con las acusaciones y recriminaciones mutuas, como el titular de Interior quien afirmó que no enviará a la policía a los estadios en estas condiciones; mientras su colega Fabio Mussi, Ministro de Universidades, aseguró que si los equipos tienen "para pagar diez o veinte millones por un delantero centro, también los tendrán para garantizar la seguridad".

Giovanna Melandri, ministra de Deportes, demandó medidas drásticas. "El Gobierno no volverá a mandar cada fin de semana miles de policías a los partidos si los propios agentes deben temer también por su seguridad", advirtió la ministra.

Evidentemente, esta es una situación inviable, pues el fútbol sin presencia policial es algo insostenible en Italia, puesto que los clubes no tienen capacidad para contener la violencia presente en los encuentros.

Uno de los fiscales del caso considera que la suspensión del campeonato supondría un error, "porque significa que el deporte es rehén de las bandas de delincuentes". Sin embargo, hay quien disiente de esta opinión, como el periodista Antonio Maglie, articulista del Corriere dello Sport, el cual propone una conocida medida: "Sentencias inmediatas y penas severas. Italia debe mirar el modelo inglés".

El ciudadano de a pie mantiene un postura muy escéptica, "hay mucho dinero en juego", repite la gente de la calle, perteneciente a todos los niveles culturales y sociales. El pueblo dudaba que la supresión de la Liga se mantuviera por un periodo largo de tiempo.

Uno de los sindicatos de Policía italianos, la CONSAP, sostuvo que "la decisión de suspender el campeonato es insuficiente y, sobre todo, llega tarde".

Tomando una declaración del Jefe del Gobierno Italiano, Romano Prodi, en materia de política exterior, quien afirmó en una ocasión: "Esta es la vía de la paz: acciones concretas y no declaraciones retóricas", podríamos decir que, tal vez, sea esa la auténtica medida a aplicar en busca de la paz en el fútbol italiano, y de otras nacionalidades, en lugar de perder el tiempo con declaraciones y propósitos que después se quedan sólo en buenas intenciones, sin llegar a traducirse en medidas efectivas.

El Gobierno de Romani Prodi aprobó un decreto ley que recoge duras medidas para combatir la violencia en el fútbol.

El texto aprobado, de carácter urgente para lograr su inmediata aplicación, no permite los encuentros con espectadores en los recintos deportivos que incumplan las medidas para luchar contra la violencia.

Prohíbe la venta de localidades a los aficionados visitantes, la asistencia de los hinchas implicados en altercados, y la financiación de las peñas *ultra* por parte de los clubes.

El viceministro del Interior del Gobierno Italiano, Marco Minniti, manifestó contundentemente en la rueda de prensa ofrecida tras el Consejo de Ministros:

"se trata de medidas muy serias, diría que sin precedentes en otros países. Quizá sea la única respuesta posible a una tragedia como la que hemos vivido".

Pancalli expresó su "gran satisfacción por los procedimientos adoptados por el gobierno, tanto los de efecto inmediato como los de naturaleza pragmática".

La Federación Italiana de Fútbol se comprometió a "respetar" el texto aprobado.

El Decreto Ley aprobado consta de tres partes:

1. Aplicación plena del denominado Decreto Pisanu de 2005: Decreto Ley 162 del 17 de agosto de 2005:
   Decreto Antiviolenza negli Stadi.
2. Medidas de carácter preventivo y de una mayor severidad de las penas.
3. Medidas programáticas.

En la primera parte se contempla que los estadios que no cumplan todas las normas recogidas en el decreto Pisanu (existente desde 2005 y casi nunca aplicado), no podrán albergar partidos con público hasta que no las cumpla y, por tanto, deberá jugarse en ellos a "puerta cerrada".

En el segundo apartado, dedicado a las medidas de carácter preventivo, se recogen, entre otras, las siguientes disposiciones:

- La **total prohibición de venta de bloques de entradas** a los aficionados visitantes (y en definitiva a los integrantes de los viajes organizados).
- **Se prohíbe el ingreso en los estadios a los aficionados violentos** (hasta entonces se contabilizaban alrededor de 1.400 en toda Italia), que han cometido ya actos de dicho tipo (incluidos menores). A esta medida también se puede unir la **obligación de que realicen obras sociales en los horarios de los encuentros** (limpieza de baños públicos, etc.)

La tercera parte incumbe a las instalaciones deportivas: concierne a un nuevo plan de instalaciones deportivas cuyo propósito consiste en cambiar la propiedad de los estadios. En el presente (2007), dicha titularidad la ostentan en Italia los ayuntamientos, pero se aspira a que, mediante este decreto de ley, sean los clubes quienes ejerzan la propiedad de los estadios. Este último objetivo requerirá un arduo estudio para poder hacerlo realidad.

La redacción de este decreto refleja la firmeza del Gobierno, pese a la petición de la Liga profesional consistente en autorizar el acceso a los abonados locales en los partidos cuya celebración iba a ser "a puerta cerrada".

Los **servicios secretos** dieron la voz de alarma informando de "la existencia de un **radicalismo político** subyacente en la violencia de los espectáculos futbolísticos, los cuales se han transformado en "lugares privilegiados e idóneos" para la propaganda racista y xenófoba de la extrema derecha radical".

Tras la reanudación del Calcio, o Liga italiana de Fútbol, se incorporaron mayores medidas de seguridad. Baste citar las dos siguientes, de entre las más importantes de las adoptadas: Prohibir la celebración de un encuentro con espectadores, si el estadio no reúne las medidas de seguridad estipuladas; o suspender un partido si se arroja algún objeto al área de juego.

Innumerables voces de protesta clamaron contra la brevedad del periodo de suspensión de la Liga, pues se reanudó dentro del mismo mes del abominable suceso, un tiempo que consideraban increíblemente corto.

Una triste coincidencia: estaba programado para dicha jornada el homenaje a Ermanno Licursi, dirigente de un club del campeonato de aficionados asesinado a golpes en una trifulca originada sólo una semana antes tras la finalización de un partido.

DOCE AÑOS ANTES, EL 29 DE ENERO DE 1995:

El 29 de enero de 1995, el fútbol italiano padeció importantes incidentes: El partido Génova-Milán arrojó el saldo de un aficionado local muerto a raíz de los altercados producidos: el aficionado genovés Vincenzo Spagnolo fue apuñalado por el seguidor del Milán Simone Barbaglia, antes del encuentro Génova-Milan. Dicho suceso provocó igualmente la paralización de la Liga Italiana.

Con anterioridad a los hechos del partido Catania-Palermo del 2 de febrero de 2007, sólo se había suspendido el "Calcio" el fin de semana en dos ocasiones: la mencionada por los hechos del 29 de enero de 1995 en el Génova-Milán, y por otra muy diferente: la defunción del Papa Juan Pablo II, el 2 de abril de 2005, por la cual, al producirse en sábado, el universo del deporte optó por la fulminante suspensión de todas las competiciones deportivas como homenaje póstumo al Pontífice, uniéndose así al dolor general. Esta decisión partió del CONI (Comité Olímpico Nacional Italiano).

Asimismo, hubo aplazamientos de jornadas en otras ocasiones, cuando fracasaba la firma del contrato por los derechos de retransmisión televisiva.

(Este es otro indicativo más de que en el mundo deportivo, el deporte en sí es muy secundario: lo más importante es el dinero: si no hay negocio, no hay deporte, hasta el extremo de no importarles quedarse un fin de semana sin fútbol... No obstante, seamos comprensivos: los clubes también necesitan el dinero para subsistir, como cualquier otra empresa. Si no hay financiación peligra la propia supervivencia del club como tal y, por tanto, del deporte).

De cualquier modo, hasta febrero de 2007 el fútbol italiano **sólo en una ocasión había parado en fin de semana a causa de la violencia** por decisión de los dirigentes deportivos y políticos (la referida de 1995).

También entonces los sucesos provocaron la repulsa general en el país transalpino. Se demandaron leyes especialmente punitivas para el entorno de la violencia en el deporte.

En aquella ocasión, **el domingo sin fútbol siguiente al de los hechos, se empleó en celebrar misas en muchos estadios a favor del asesinado.** Asimismo, se produjeron **acercamientos en pos de la unión y colaboración entre aficiones rivales.** En dicha fecha **no hubo siquiera entrenamientos.** Hubo **sentimientos de culpabilidad generalizados,** adquiriendo todos **el firme propósito de terminar con la violencia en el fútbol.**

No obstante, aquel luctuoso suceso no constituyó una novedad, pues hasta entonces se habían producido ya otras **10 muertes violentas y miles de altercados** en el fútbol italiano.

En el ambiente de dicho domingo sin fútbol **planeaba una sensación amargamente triste y desconsolada que lo convertía en un domingo desoladoramente extraño,** pues fútbol y domingo son dos conceptos inseparables en una nación cuya mayor pasión es ese espectáculo deportivo.

Esa desolación dominical se repitió el pasado 4 de febrero de 2007. En Italia se vive por y para el fútbol. Es su principal pasión. El odio perpetuo al equipo contrincante es endémico, disparándose a los valores más altos imaginables cuando concurre la circunstancia de rivalidad local o regional.

Los programas de radio y televisión referentes al fútbol se encuentran entre los de mayor audiencia de Italia. Lo mismo ocurre con la prensa escrita: los periódicos de mayor tirada son los de temática futbolística.

La financiación del mundo deportivo italiano proviene casi exclusivamente de las quinielas del fútbol (se evalúan en unos **nueve millones de euros las pérdidas por quinielas y apuestas por cada jornada liguera con supresión del fútbol,** dejando de recaudar el Estado Italiano su correspondiente tributación, valorada en 3,1 millones de euros por dicho concepto).

En ese primer fin de semana de febrero de 2007 hubo un elevado número de reuniones deportivas y políticas a fin de buscar una solución al grave problema de la violencia en los estadios. Entre dichas reuniones cabe destacar:

- La de la junta directiva del CONI.
- La Federación Italiana de Fútbol (FIGC) con el presidente del gobierno y los ministros del Interior (Giuliano Amato) y de Políticas Juveniles y Actividades Deportivas (Giovanni Melandri) (esta reunión se produjo el lunes siguiente a dicho fin de semana).
- La Liga Italiana (también en dicho lunes).
- La comparecencia -el martes- del ministro Amato ante el Parlamento Italiano.

En la tarde-noche del 7 de febrero se reúne con carácter urgente el pleno del Consejo de Ministros aprobando el conjunto de medidas adoptadas días antes para combatir la violencia presente en buena parte de las competiciones futbolísticas.

En definitiva, Italia revive la misma historia: llama la atención el hecho de la repetición de dirigentes:

Doce años antes, en 1995, Antonio Matarrese fue (desde 1987 a 1996) el presidente de la FIGC (Federazione Italiana Giuoco Calcio: Federación Italiana de Fútbol) y en 2007 lo es de la Liga Profesional; y Sergio Campana presidía en ambas ocasiones (en 1995 y 2007) la AIG (Associazione Italiana Giuoco Calcio: Asociación Italiana de Futbolistas) – la presidió desde 1968 hasta 2011 –. Aparte de estos dos dirigentes hubo otros que además de firmar en 2007 también lo hicieron en 1995.

En aquella primera ocasión acordaron medidas rigurosas que, según se comentó, terminarían al fin con la violencia en el fútbol. Evidentemente, dicho objetivo aún no se ha conseguido...

Con posterioridad al mencionado suceso del 29 de enero de 1995 y hasta el del 2 de febrero de 2007, se lamentaron **cuatro fallecidos** más por violencia deportiva:

- **Un aficionado asesinado por el impacto de un petardo** tipo **"carta-bomba"'** (durante el partido Messina – Catania del 17 de junio de 2001).

-   Otro aficionado **se precipitó desde las gradas** mientras **huía de los hinchas del equipo contrario** (encuentro Avellino-Nápoles, 20 de septiembre de 2003).
-   Un **dirigente muerto a golpes** por miembros de la hinchada. (partido Cancellese-Sammartinese del 27 de enero de 2007).
-   ¡Sólo 6 días después! la precitada **muerte del inspector de policía Filippo Raciti** (2 de febrero 2007) con ocasión de la revuelta producida en el encuentro Catania-Palermo.

Los casos expuestos son los más destacados, pero en la práctica totalidad de los fines de semana de la Liga Futbolística se contabilizan incidentes violentos.

Dentro del intervalo temporal comprendido entre los dos sucesos relatados de 1995 y 2007 se promulgan leyes para acabar con la violencia, como el ya mencionado Decreto Pisanu de 2005, cuyo nombre es el del entonces ministro del Interior (Giussepe Pisanu). Ese decreto (**decreto-legge 162/2005**) contemplaba, entre otras cosas, lo siguiente:

-   Estadios cuyas localidades fueran sólo de asiento.
-   Billetes nominales.
-   Tornos y registros en los accesos.
-   Que la seguridad en el interior de los estadios sea sostenida económicamente por los clubes.
-   Arresto inmediato de los violentos con señalamiento de juicio rápido.

Todo ello ya se cumplía en otros países. En Italia, sin embargo, la mayor parte de esas medidas, algunas de las cuales se promulgaron hace años, no se habían materializado todavía en hechos concretos. En definitiva, las múltiples reuniones que se celebraron para combatir este grave problema, desafortunadamente no tuvieron una gran utilidad en la práctica, fundamentalmente porque ni siquiera se habían aplicado la mayor parte de las medidas acordadas.

Los clubes de fútbol insistieron en que dichas medidas no se llevaran a cabo, siendo ellos la causa de que al final no se aplicaran. La Liga Profesional pidió, y consiguió, una prórroga para adecuar los estadios a la normativa pues, según argumentó dicha liga, con el cumplimiento estricto del decreto Pisanu, el único estadio italiano apto para jugar al fútbol sería el Olímpico de Roma. ¡Ni siquiera el 'Giuseppe Meazza' de Milán cumplía los requisitos! aunque se acercaba bastante.

En febrero de 2007 hay en Italia seis estadios que en apariencia se ciñen a las normativas del decreto Pisanu. Son los siguientes:

1. Olímpico de Roma
2. Giuseppe Meazza de Milán
3. Luigi Ferraris de Génova
4. Olímpico de Turín
5. Artemio Franchi de Siena
6. Renzo Barbera de Palermo.

Por el contrario, el estadio de Catania lo incumple todo en dicha fecha. Es un recinto deportivo muy antiguo y prácticamente sin medidas de seguridad. Un importante detalle que aumenta aún más la inseguridad es el siguiente: los asistentes al importante mercadillo de los sábados, situado en los aledaños del estadio, utilizan los baños del mismo. Esta situación es de alto riesgo, por la posibilidad de que los hinchas violentos escondan allí utensilios de todo tipo para ser utilizados en sus altercados, máxime teniendo en cuenta que el sábado es el día previo al partido de la jornada de liga.

Antes de la comentada barbarie que rodeó al Catania-Palermo, en lo que llevaba de temporada la Liga Italiana de aquel 2006-2007 ya se habían registrado 108 detenciones y 486 denuncias por sucesos violentos en Primera, Segunda y Segunda B divisiones del Calcio o Liga Italiana.

Los altercados del 2 de febrero de 2007 despertaron de nuevo las conciencias planeando severas medidas, como la posibilidad de la clausura del estadio del Catania por el resto de la temporada, y la obligación de jugar los encuentros locales del Catania en un estadio neutral y a puerta cerrada, así como la interrupción de la Liga por dos jornadas, reiniciándose posteriormente con la celebración de los partidos a "puerta cerrada", excepto los disputados en estadios sujetos a las normativas en materia de seguridad. Además, se propusieron penas de cárcel para los violentos, siguiendo el ejemplo inglés.

INFORME DE LA COMISIÓN ANTIMAFIA
Denuncia la presencia de la mafia calabresa en los estadios italianos

Fuente: Agencia EFE en ROMA.

El presidente de la Comisión Parlamentaria Antimafia en el Parlamento Italiano, el escritor Francesco Forgione, basándose en las indagaciones policiales efectuadas en Milán, Génova, Turín y Verona, manifestó que la

'Ndrangheta' (mafia calabresa) operaba en parte de los campos de fútbol del Norte italiano. Asimismo, comentó a los medios italianos refiriéndose a sucesos de Catania: "hubo, seguro, **presencia del crimen organizado".** Igualmente expresó su interés en "denunciar la presencia articulada de la 'Ndrangheta' en estadios, no sólo del Norte, sino también del resto de Italia".

La 'Ndrangheta' es ya la asociación criminal más poderosa de Italia desde hace unos años, habiendo extendido sus tentáculos incluso a otros continentes. Se la supone fuertemente vinculada con los cárteles de la droga colombianos

Francesco Forgione desveló igualmente la existencia de trabajos policiales en marcha que ponen de manifiesto la importancia de los estadios de fútbol durante los domingos como los lugares más importantes para el tráfico de drogas".

ARGELIA: 2 DE FEBRERO DE 2007

Fuentes: ELMUNDO.ES y el diario "Le Quotidien d'Oran". Elaboración propia a partir de dichas fuentes.

De nuevo el 2 de febrero de 2007: como una fatídica coincidencia en el tiempo, ese mismo día dos de febrero de 2007 ocurrió otro hecho violento en el fútbol, pero en otro país mediterráneo: dos futbolistas del 'Benchud', equipo argelino de la división regional, fueron alcanzados por la explosión de un paquete-bomba camuflado debajo de un banco de los vestuarios.

La explosión del artefacto ocurrió justo en el preciso momento en que los futbolistas estaban a punto de salir al terreno de juego a fin de comenzar el encuentro contra el equipo del Afir.

Los dos jugadores afectados por la explosión salvaron la vida, pero precisaron asistencia médica a causa de sus lesiones. El árbitro suspendió el partido.

La Policía comunicó que se desconoce el móvil del atentado así como tampoco la autoría del mismo, el cual no fue reivindicado.

SEVILLA: 28 DE FEBRERO DE 2007
Octavos de final de la Copa del Rey de Fútbol entre el Betis y el Sevilla

Fuente: ELMUNDO.ES | EFE y elaboración propia.

Sin abandonar el mes de febrero de 2007, volvemos a toparnos con otro abominable suceso de violencia futbolística. Esta vez ocurrió en España, en el encuentro disputado entre los dos equipos de Primera División de la ciudad hispalense: el Betis y el Sevilla, partido de la máxima rivalidad, acentuada por el hecho de tratarse del encuentro de vuelta de octavos de final de la Copa del Rey de Fútbol. Todo empezó con el gol de Kanouté en el minuto 56, que se tradujo en un 0-1 en el marcador, desencadenando la tragedia. La hinchada rival se alteró, mostrando violentamente su descontento. El momento álgido llegó cuando una botella llena de líquido impactó contra la cabeza (zona occipital derecha) del entrenador del Sevilla, Juan de la Cruz Ramos Cano, más conocido con el apelativo de "Juande" Ramos. El traumatismo provocó la pérdida de conciencia. Como es lógico, se suspendió el partido.

Situándonos en la perspectiva temporal de febrero de 2007, el desgraciado incidente no es sino una de la consecuencias de la escalada de violencia dialéctica entre los presidentes de ambos clubes durante los últimos días, la cual *echó mucha leña al fuego* de la eterna rivalidad entre las dos aficiones, abonando el terreno para lo peor. El odio así estimulado y el desequilibrio de algunas mentes hizo el resto...

La rápida intervención de una UVI móvil en el interior mismo del campo de juego fue clave para la recuperación del preparador atacado, descartándose en un principio su traslado a un centro hospitalario tras recobrar, afortunadamente, el conocimiento. No obstante, y como precaución, finalmente pasó la noche ingresado en la Clínica Sagrado Corazón de Sevilla durante doce horas para observación, reincorporándose al entrenamiento al día siguiente.

Lo más espeluznante del caso es que, mientras el personal médico luchaba por la vida de Juande en el interior de la UVI móvil, los violentos **continuaron lanzando objetos, además de sacudir y golpear la ambulancia** (¡escalofriante!...). Y lo más terrorífico: desde las gradas se oía gritar a la hinchada violenta: **"¡muérete Juande, muérete Juande!..."**

Sin palabras...

Los ánimos ya estaban caldeados antes del comienzo del encuentro. El propio presidente del Sevilla, José María Del Nido, los padeció en primera persona. En cuanto hizo acto de presencia en el palco de honor fue objeto de improperios de toda clase y de un inesperado impacto en la nariz con el resultado de una pequeña herida inciso contusa.

Esta tensión entre ambas aficiones comenzó algo menos de un mes antes, con ocasión del encuentro de ida.

En el seno de ambos clubes no sólo no se tomó medida alguna para aliviar la tirantez, sino que hasta los respectivos presidentes agravaron la situación mediante sus declaraciones.

En relación con este grave suceso, **el Comité de Competición de la Real Federación Española de Fútbol (RFEF) acordó lo siguiente:**

Primero: el cierre por tres partidos del estadio Ruiz de Lopera, donde ocurrieron los referidos incidentes del 28 de febrero de 2007.

Segundo: expedientar a José María del Nido y a José León Gómez, que en la aciaga fecha eran los presidentes del Sevilla y del Betis, respectivamente.

Tercero: la reanudación del choque a puerta cerrada el día 20 de marzo de 2007, a las 20:00 horas, en el campo neutral de Getafe Club de Fútbol, Coliseo Alfonso Pérez. Sólo se permitió la asistencia a los directivos y los medios de comunicación.

Así se jugaron los 33 minutos pendientes de disputar en el momento de la suspensión. El resultado previo a la suspensión (0-1) se mantuvo hasta el final de esta estéril continuación del partido sin nuevos goles ni buen juego.

Algunos juristas y medios periodísticos consideraban que debían dictarse condenas superiores a las impuestas. Llegaban incluso a hablar de un cierre del estadio por 12 partidos, así como penas monetarias de elevada cuantía y sanciones a los directivos, a quienes presuntamente se les puede imputar el hecho de haber generado una atmósfera de violenta agresividad que alcanzó su clímax en el referido encuentro del 28 de febrero de 2007 (no es lo mismo violencia que agresividad, como explico en otras partes de esta obra, especialmente en la dedicada al componente neurofisiológico de la agresividad y al componente psicológico, educativo o social de la violencia. De ahí mi expresión "violenta agresividad").

Finalmente, el Comité de Competición de la Real Real Federación Española de Fútbol (RFEF) decretó la suspensión por tres partidos.

La UEFA avisó de que eliminó al Feyenoord por un motivo similar (el italiano Gianni Infantino, secretario general de la UEFA, comentó que esta Institución expulsó de la Copa de la UEFA al Feyenoord por hechos análogos a los del referido Betis-Sevilla).

Asimismo, manifestó que "el problema de la violencia en el fútbol sólo se resolverá si trabajan "conjuntamente los clubes, los jugadores, las federaciones y las autoridades".

El propio Juande, víctima principal de los incidentes, declaró a la prensa: "Los profesionales y los dirigentes somos los que peor nos hemos comportado". Asimismo, culpó a los profesionales del clima que rodeaba al encuentro.

Por todo lo expuesto, los reseñados incidentes del estadio hispalense son dignos de mención especial en este trabajo como prueba irrefutable de la implicación de los clubes en la violencia deportiva.

Por supuesto que "no pueden pagar justos por pecadores". No todos los clubes están implicados en dicha violencia; más aún, al menos existe un parangón francamente meritorio en su lucha contra la violencia en el Deporte: el **Real Madrid Club de Fútbol**, que creó en 2003 un grupo de trabajo para el análisis de la violencia, el cual dio lugar al **Seminario Permanente de Análisis de la Violencia en el Deporte**. Lo expuesto convierte al **Real Madrid C.F.** en **un digno ejemplo a seguir dentro del fútbol español y mundial;** dicho sea de paso lo expuesto sin el más mínimo ánimo de hacer publicidad del mencionado club, sino que considero de justicia reconocer la encomiable labor que realiza. Hay que alentar y apoyar a quienes luchan por mejorar las cosas, como por ejemplo también lo hace el **FC Barcelona** con su importante labor de lucha contra la violencia en el estadio mediante un formidable despliegue de medidas de seguridad de tipo técnico y humano, constituyendo un importante esfuerzo económico y tecnológico de admirable voluntad innovadora.

No son los únicos clubes loables en este aspecto. También habría que mencionar a otros que, por motivos de espacio, me veo obligado a dejar en el tintero.

MADRID, 6 DE MARZO DE 2007
Enmiendas al proyecto de Ley contra la Violencia, el Racismo, la Xenofobia y la Intolerancia en el Deporte:

Fuente: Europa Press y elaboración propia.

El 6 de marzo de 2007 sufrió un nuevo revés el proyecto de Ley contra la Violencia, el Racismo, la Xenofobia y la Intolerancia en el Deporte, que regula el nuevo régimen sancionador y los dispositivos de seguridad para evitar incidentes de gravedad en el ámbito deportivo. En efecto, con dicha fecha, la Mesa del Congreso prorrogó una semana más el plazo de presentación de enmiendas al mencionado proyecto de Ley.

Con ello se asestaba un nuevo golpe a la lucha contra la violencia en el deporte, pues al retrasar una vez más la aprobación del proyecto se demora igualmente la prevención y contención de los hechos violentos o, al menos, se hubiera conseguido con esa Ley una importante disminución de los mismos. Por tanto, esta dilación, desgraciadamente, implica un aumento de las probabilidades de que surjan nuevos incidentes.

Como veremos más adelante, **este aplazamiento es imputable a las competencias autonómicas y a los partidos nacionalistas catalanes, a los que posteriormente se sumaron los vascos...**

En cambio, **tanto el Gobierno central** como el **principal partido de la oposición** de entonces (el Partido Popular) **estaban de acuerdo** en la aprobación de dicho proyecto para combatir la violencia en el deporte.

Para colmo, dicha prórroga era ya la vigésima, dándose además la circunstancia de que **ocurre sólo seis días después de los graves altercados del encuentro Betis-Sevilla.**

De nada sirvieron las manifestaciones tanto del Gobierno como de su partido (el PSOE) en el sentido de hacer patente la gran importancia de este proyecto para combatir la violencia en el deporte ("es muy importante", manifestaron).

El proyecto de Ley contra la Violencia, el Racismo, la Xenofobia y la Intolerancia en el Deporte regulaba, entre otras cosas:

- Las responsabilidades y obligaciones de los organizadores de espectáculos deportivos;
- las obligaciones de los espectadores;
- los dispositivos de seguridad y medidas provisionales para el mantenimiento del orden público en caso de incidentes en recintos deportivos;
- las funciones de la nueva comisión nacional contra la violencia, el racismo, la xenofobia y la intolerancia en el deporte,
- el régimen sancionador y disciplinario deportivo aplicable en la persecución y sanción de este tipo de conductas.

Tristemente, este proyecto llevaba ya seis meses bloqueado en el Congreso de los Diputados por falta de acuerdo, especialmente entre el Gobierno y las partidos catalanes (CiU y ERC) como ya se ha expuesto. Desde finales del verano de 2006 se venía tratando en dicha Cámara. Comparecieron varios expertos en la materia, pero la tramitación del proyecto no prosperó. Constantemente se ampliaba el plazo de presentación de enmiendas al articulado.

El mayor obstáculo para la aprobación de este proyecto radica en las competencias autonómicas, convirtiéndose en un problema de difícil solución. Lo que empeoró aún más las cosas fue que tanto CiU como Esquerra Republicana pidieron la devolución del proyecto al Gobierno, alegando que afecta a las competencias autonómicas. A esta queja se sumó también el PNV.

En fin, llamando coloquialmente a las cosas por su nombre, ¡un desmadre!...

Así quedó probado, pues la evidencia lo demostró, que los responsables de aquel desastroso tratamiento parlamentario del proyecto no fueron ni el Gobierno de entonces (PSOE) ni el principal partido de la oposición en 2007 (PP).

Lo curioso es que, al menos que yo sepa, nadie pensó en reclamar responsabilidades a los partidos nacionalistas que retrasaron este importante proyecto para la seguridad (y las vidas) de la población, pues el retraso suponía prolongar una situación de grave riesgo para las personas de todas las comunidades autónomas. Afortunadamente no hubo muertos en el intervalo de tiempo transcurrido hasta la aprobación de la Ley.

Dejo la pregunta en el aire para que cada cual la conteste en su fuero interno: ¿podrían reclamarse responsabilidades criminales por la negligencia de retrasar esta Ley? Obviamente, no hace falta responder: la respuesta la conocemos todos…

Nadie podría discutir la gravedad de anteponer intereses propios a la seguridad común y a la evitación de posibles muertes derivadas de la no aprobación de medidas contra la violencia en el deporte por "caprichos" autonómicos… (Todas las ideas son muy respetables, siempre que no atenten contra nadie).

(Afortunadamente, y pese a los obstáculos, al final se aprobaron dichas medidas contra la violencia, como reseño más adelante).

Así las cosas, y haciendo historia, el primer trámite del texto (el debate de totalidad) no se pudo celebrar hasta finales de noviembre de 2006. Posteriormente, el 26 de marzo de 2007, se aprobó el anteproyecto de Ley contra la Violencia, el Racismo, la Xenofobia y la Intolerancia en el Deporte, prácticamente tres semanas después del antedicho revés parlamentario que sufrió el proyecto el 6 de marzo de ese año.

De cualquier modo, los nacionalistas siguieron enlenteciendo el proceso restándole dinamismo con sus quejas.

Esta es, fundamentalmente, la causa del estancamiento de ese proyecto contra la violencia en el deporte. Por el contrario, el PP (entonces en la oposición) no lo obstaculizó, pues no apoyó la devolución que pedían los citados partidos nacionalistas, y no lo hizo por considerar este proyecto como algo muy necesario, aunque mejorable.

La entonces ministra de Educación, Mercedes Cabrera, con ocasión de la presentación del mencionado proyecto de ley ante el Congreso de los Diputados, manifestó que "el marco deportivo de la competición profesional y de alto nivel está obligado a ser un referente ético en comportamientos para el conjunto de la sociedad, un espejo que vea reflejados en el deporte los valores de libertad, justicia, igualdad y pluralismo en que se sustenta nuestra convivencia democrática".

(Después de muchos avatares, la odisea para la aprobación de dicha ley terminó por fin en julio de 2007: **Ley 19/2007** de 11 de julio, Contra la Violencia, el Racismo, la Xenofobia y la Intolerancia en el Deporte. Más adelante se expone esta Ley).

UEFA: 26 DE MARZO DE 2007
FIRME DECLARACIÓN CONTRA LA VIOLENCIA

Fuente: elaboración propia a partir informaciones en elmundo.es

El 26 de marzo de 2007 se reunió, en sesión extraordinaria, el Comité Ejecutivo de la UEFA, a raíz de los sucesos acontecidos el fin de semana anterior en algunos encuentros de la fase de clasificación para la Eurocopa 2008. En dicha reunión se adoptó **"una firme declaración contra la violencia en el fútbol"**.

Michael Platini, presidente de la UEFA, se dirigió por escrito a los presidentes de las 53 federaciones de la UEFA para instarles, literalmente, a "que hagan todo lo que esté en su mano, incluida la imposición de sanciones disciplinarias, para combatir esta tendencia profundamente negativa para el fútbol".

William Gaillard, el director de comunicación de la UEFA, al término de la sesión refrescó las memorias con la siguiente declaración: "El presidente Platini escribió recientemente a los presidentes de los clubes participantes en los octavos de final de la Liga de Campeones para solicitarles su colaboración en este sentido".

"Necesitamos ayuda", añadió Gaillard, declarando igualmente que "el Comité Ejecutivo respalda totalmente su compromiso de tolerancia cero contra la violencia y los violentos. La UEFA, sus asociaciones y sus clubes pueden hacer mucho contra la violencia en el campo y en los estadios, sin embargo, podemos hacer menos fuera de los campos, donde necesitamos la ayuda de las autoridades públicas",

Desde la toma de posesión de su cargo, Platini se ha mostrado, en todo momento, firmemente resuelto a terminar con la violencia en el fútbol, comenzando entonces una campaña para luchar contra esta lacra. Otra de las resoluciones aprobadas en la citada reunión extraordinaria de la UEFA fue su adhesión, una vez más, a la mencionada campaña de su presidente, según se ha comentado ya al referir el comunicado de Gaillard.

El **portavoz de la UEFA,** además de recordar las últimas reuniones que Platini celebró con expertos y autoridades policiales de Europa y con el presidente de la Comisión Europea, José Manuel Durão Barroso, **se reiteró en la realidad de que la violencia en el deporte no sólo se reduce al interior de los estadios, sino que constituye "un problema relacionado con el extremismo político y la corrupción".**

GRECIA: JUEVES 29 DE MARZO DE 2007
Se paraliza las ligas de deportes de equipo.

Fuente: Agencia EFE y periódico "El Mundo"

Tras los graves incidentes ocurridos en Grecia en el partido entre los dos equipos más importantes de voleibol femenino de ese País (el Panathinaikos de Atenas y el Olympiakos de Pireo), donde se produjo un violento combate entre sus respectivas hinchadas, con el resultado de un aficionado del Panathinaikos asesinado, el Gobierno heleno canceló por un espacio de tiempo de 15 días los partidos de todas las ligas de deportes de equipo.

Dicho encuentro correspondía a las semifinales de la **Copa Griega de Voleibol Femenino.**

Las hinchadas rivales contendieron con cadenas, palos, cuchillos y lanzamiento de bengalas en las inmediaciones del estadio de Peanía, próximo a Atenas, cuando aún no había comenzado el encuentro. La barbarie arrojó un trágico saldo: además del referido seguidor muerto por 15 cuchilladas y golpes de palos recibidos en el cráneo (según el informe forense), se registraron múltiples heridos, algunos de gravedad, y varios vehículos destrozados.

Entre los afectados, se encontraban varios jugadores de un equipo de fútbol del lugar que, ajenos a lo sucedido, se dirigían a un entrenamiento. Fueron atracados con cuchillos por los violentos y sus automóviles destrozados y quemados, como igualmente hicieron con decenas de ellos aparcados en la zona.

Lo que añade gravedad al suceso es la premeditación con que se produjo: la batalla campal fue convocada por ambas hinchadas en la avenida principal de la población de Peanía.

El portavoz del gobierno griego, Teodoros Rusópulos, al término de una reunión extraordinaria del primer ministro griego, Costas Caramanlis, con los ministros de Justicia y de Orden Público, así como con la Secretaría de Deportes, informó, a partir de informaciones previas, de la referida cita.

El portavoz declaró que **"la violencia en los estadios es un asunto que concierne a toda la sociedad"** y que **"no hay responsables sin identidad"**.

Asimismo, puntualizó que la ley sobre la violencia en el deporte (entonces recién aprobada en Grecia) será implementada "en su totalidad". Dicha ley contempla el ingreso inmediato en prisión de los responsables de hechos violentos en el deporte y no permite la concesión de libertad bajo fianza.

Rosópulos igualmente informó de la creación de una comisión compuesta por representantes de los ministerios relevantes que realizarán una supervisión sobre la implementación de la ley.

Tanto en el interior del estadio como fuera de él hasta abarcar un radio aproximado de un kilómetro, había alrededor de un centenar de policías, quienes precisaron emplear gases lacrimógenos para poder dispersar a los alborotadores.

La referida tragedia supuso una auténtica conmoción en Grecia. Las portadas de todos los periódicos griegos resaltaron en sus portadas la violencia en el deporte. Los titulares fueron aterradores: **"asesinato con responsables"**, **"no más sangre"**, **"masacre con la policía ausente"**.

La prensa criticó la falta de rapidez en la intervención de las fuerzas policiales, máxime sabiendo que dicho enfrentamiento de las hinchadas estaba programado.

Este hecho puso de manifiesto que la Violencia en los Espectáculos Deportivos puede afectar a cualquier deporte por equipos.

ÁFRICA: RALLY DAKAR 2008
Suspensión por amenaza terrorista.

Las amenazas terroristas al paso del Rally Dakar por Mauritania obligaron a suspender dicha prueba, motivo por el cual la organización optó por un cambio de escenario para la próxima edición: Sudamérica, recorriendo sectores de Argentina y Chile, con inicio y final de Rally en Buenos Aires. En Sudamérica atraviesa orografías muy diversas: desde la llanura de la Pampa y la Patagonia argentinas, al desierto chileno de Atacama, pasando por la cordillera de los Andes. En las últimas ediciones se extendió también a Perú.

En último extremo siempre estuvo algo influido por la política y, sobre todo, por la publicidad, todo lo cual condicionó que desde 1.995 la carrera dejara de tener su comienzo en París, arrancando de ciudades españolas y portuguesas (por lo que perdió su denominación de Rally París- Dakar, para terminar llamándose Rally Dakar). De hecho, el último París-Dakar fue peculiar, pues en lugar de terminar en Dakar (Senegal) una vez llegados a dicha ciudad regresaron de nuevo a Paris (¡doble recorrido!). Pero, de nuevo la política, problemas con el alcalde de Paris obligaron a terminar en Eurodisney, en lugar de los Campos Elíseos, como pretendía la organización.

ITALIA 2008:
Pancartas antiviolencia.

Un grupo de adolescentes se negó a jugar un partido de fútbol exhibiendo pancartas en las que hacían un llamamiento a los padres para que se comportaran mucho mejor en los partidos y que no alentaran la violencia en el futbol infantil y juvenil.

Este caso es destacable, pues los padres de los jugadores muchas veces tienen una actitud obsesiva con respecto al éxito deportivo de los hijos buscando la victoria a cualquier precio, no dudando, incluso, en agredir verbalmente al árbitro y al equipo contrario, siendo, por tanto, una fuente de potencial violencia en el deporte.

Es digna de admiración la innegable sensatez de los referidos adolescentes, que es superior a la de sus propios padres.

AUSTRALIA: ENERO DE 2008
Abierto de Tenis de Melbourne.

Fuente: elmundo.es. Elaboración propia a partir de dicha fuente.

Partido entre dos jugadores de sendos países de la antigua Yugoslavia (el croata Amer Delic y el serbio Novak Djokovic).

Hubo un enfrentamiento de tintes político-nacionalistas entre los seguidores de ambos, con el resultado de una mujer herida por el golpe con una silla, tres hombres detenidos por la policía y treinta expulsados del recinto deportivo. Fue algo así como una reaparición puntual de la ya entonces extinta Guerra de los Balcanes, aunque a pequeña escala.

La población yugoslava es muy importante en Australia, pues tras la Segunda Guerra Mundial el gobierno australiano llegó a la conclusión de que debía aumentar la población ante el temor que les produjo la cercanía de Australia a la que llegó el Ejército Japonés en su avance bélico, para lo cual estimuló urgentemente la inmigración dando prioridad a los procedentes de Europa del Este.

Pese a que este caso del Abierto de Australia 2008 de Tenis no destaca en lo relativo al aspecto lesional en comparación con otros altercados deportivos de mayor gravedad, no obstante, estos hechos son dignos de mención como parangón de la violencia ajena al deporte que se aprovecha de éste para manifestarse, pues es otro ejemplo más de la irrupción de los nacionalismos en el deporte, que ya tuvo nefastas consecuencias incluso en la época de la Grecia Clásica, como ya se expuso en dicho apartado.

El tenis no es precisamente un deporte caracterizado por la violencia física de sus espectadores, pero la política a veces lo pervierte todo (mejor dicho, la mala utilización de la política mientras que, al contrario, la noble actividad de la política es imprescindible para el progreso de la sociedad, ya que uno de los sublimes fines de la actividad política es intentar mejorar las cosas).

URUGUAY: NOVIEMBRE DE 2008
Suspensión del Torneo Apertura de la Liga Uruguaya.

Fuente: elmundo.es. Elaboración propia a partir de dicha fuente

La Asociación Uruguaya de Fútbol (AUF) decidió la antedicha suspensión a raíz de los graves altercados acontecidos al término del partido entre el Danubio y el Nacional. El asunto se debatió incluso en el senado de dicho país.

A la conclusión del encuentro los violentos destrozaron la valla de seguridad, tras lo que alrededor de doscientos partidarios de ambos clubes invadieron el campo de juego generándose una auténtica batalla campal entre las dos aficiones. Utilizaron diversos objetos contundentes, como los tubos de hierro de las porterías, los palos o postes de los banderines de esquina, etc.

Afortunadamente no tuvieron que lamentar fallecidos, pero por desgracia hubo numerosos heridos.

Es otro ejemplo de medidas radicales contra la violencia en el deporte: suspensión de un campeonato (aunque fue temporal).

URUGUAY: 8 DE MAYO DE 2009
Baloncesto.

De nuevo es preciso mencionar a ese país sudamericano, a raíz de una original idea que tuvieron para terminar con la violencia en el deporte:

Como consecuencia de los dos muertos que se produjeron en los duros enfrentamientos entre dos aficiones rivales tras un partido del Torneo

Metropolitano de Baloncesto, se adoptó la suspensión de todos los partidos de baloncesto de todas las categorías en aquél país (hasta el baloncesto infantil).

No obstante, al cabo de un mes se reanudó el baloncesto, pero de una manera nunca vista en el mundo al poner en práctica una curiosa idea que tuvieron para terminar con la violencia en el deporte: En los tres partidos con los que se reanudó el Torneo Metropolitano se tomó la decisión de que los jugadores de dichos encuentros llevaran puestas las camisetas del equipo contrario. Cuando las aficiones volvieron al baloncesto tras el parón del mismo, vieron a su equipo con la camiseta del rival (todo un "golpe de efecto" psicológico).

El lema de la Federación de Baloncesto a la reanudación del torneo fue contundente: **"NINGUNA CAMISETA VALE MÁS QUE UNA VIDA".**

ANDALUCÍA: ENERO DE 2009
Consejo Audiovisual de Andalucía (CAA) y Federación de Periodistas Deportivos de Andalucía (FPDA): Recomendaciones sobre la violencia en el deporte

El CAA (Consejo Audiovisual de Andalucía) y la Federación de Periodistas Deportivos de Andalucía (FPDA) elaboraron entre ambos unas recomendaciones sobre la violencia en el deporte.

No sólo se dirigen a los periodistas y medios de comunicación audiovisual, sino también a las federaciones deportivas, a los deportistas, a los clubes deportivos, a las administraciones y a la comunidad educativa, madres, padres, etc. para que no utilicen un lenguaje agresivo, ni imágenes que muestran violencia, del mismo modo que tampoco profieran ofensas a las hinchadas rivales y que no den un tratamiento sensacionalista a los enfrentamientos y polémicas deportivas".

Es digna de destacar esta iniciativa del mundo periodístico, en cuanto que supone una autentica "autorregulación", una especie de "autocensura" de las imágenes y contenidos violentos para no colaborar, sin quererlo, en la propagación de la violencia en el deporte, pues la imagen tiene un enorme poder propagandístico en las personas sin criterio definido.

FRONTERA ENTRE CONGO Y ANGOLA: 8 DE ENERO DE 2010.
COPA DE ÁFRICA: El autocar de la selección nacional de fútbol de Togo fue ametrallado por separatistas angoleños.

El hecho ocurrió cuando el equipo de Togo atravesaba la frontera de Angola, país donde al día siguiente se disputaba la Copa de África. El autobús ametrallado iba escoltado por cuatro vehículos del ejército angoleño. El sangriento ataque duró veinte infernales minutos, teniendo que esconderse la expedición deportiva debajo de los asientos.

La terrorífica lluvia de balas resultó con el saldo de tres fallecidos y tres heridos: en un primer momento se registró un muerto en el acto (el conductor del autocar, de nacionalidad angoleña), y seis heridos: un directivo, un médico, de nacionalidad francesa, dos jugadores (uno de ellos, el portero, resultó muy gravemente herido, por lo que tuvo que ser intervenido de urgencia en el hospital) un ayudante de entrenador y el jefe de prensa. Estos dos últimos murieron al día siguiente, ascendiendo finalmente a tres el número de víctimas mortales.

Según los testigos presenciales, eran unos diez atacantes encapuchados con gran número de metralletas.

El atentado lo reivindicó el FLEC (Frente de Liberación del Enclave de Cabinda).

Esta organización separatista consideró una provocación el hecho de que Cabinda fuera una de las cuatro sedes de la Copa, y aprovechó la resonancia mundial que les brindaba este evento deportivo.

La Confederación Africana de Fútbol (CAF) se reunió en Luanda concluyendo que, pese a lo acontecido, no se suspende la Copa de África dando luz verde a su comienzo.

El gobierno de Togo prohibió taxativamente a su selección diputar dicha Copa.

La CAF sancionó a Togo por este abandono prohibiéndole presentarse a la Copa Africana de Naciones de 2012 y a la de 2014 y, además, sancionó con una multa de 50.000 dólares a la Federación Togolesa de Fútbol.

Por consiguiente, al final la selección togolesa fue víctima por partida doble, sin tener nada que ver con el conflicto político que reivindicaban los asaltantes: además de la agresión física padecida, encima fue sancionada...

Otro más de los interminables ejemplos en los que la causa de la violencia que rodea al deporte es la política (el separatismo, en este caso).

ESPAÑA: 17 DE NOVIEMBRE DE 2010.
La Federación Española de Tenis se suma al pacto de adhesión contra la violencia en el mundo del deporte.

Fuente: Federación de Periodistas Deportivos de Andalucía. Elaboración propia a partir de dicha fuente.

El presidente de dicha Federación, D. José Luis Escañuela, suscribió el pacto de adhesión a las Recomendaciones del Consejo Audiovisual de Andalucía (CAA) sobre la Violencia en el Deporte.

He ahí otro hito en la lucha contra la violencia en el deporte: toda una federación deportiva se suma a dicho empeño.

ARGENTINA: MARZO DE 2011
Grave ataque al árbitro por los jugadores

Agencia EFE. Elaboración propia a partir de dicha noticia

En un partido de la Liga Independiente jugado en Río Segundo, municipio y localidad de la provincia argentina de Córdoba, el árbitro resultó brutalmente atacado por los jugadores del equipo local, propinándole varios puñetazos y patadas, tras lo que le dejaron inconsciente durante 20 minutos. Los asistentes del árbitro también fueron agredidos. La causa de la agresión fue el desacuerdo con una decisión arbitral.

Este es un caso de violencia en el deporte cuyo origen está en los propios jugadores del encuentro.

ESTADOS UNIDOS: SEPTIEMBRE DE 2011
Tennis US Open
Multa a la tenista Serena Williams por "abuso verbal"

Fuente: Agencia EFE. Elaboración propia a partir de dicha fuente

La árbitro del Abierto de Estados Unidos de Tenis 2011 multó a la tenista Serena Williams por una violación del código de conducta consistente en "un abuso verbal" durante la final individual femenina disputada ante la australiana Samantha Stosur.

Serena increpó a la juez de silla, le profirió malas contestaciones cuando fue avisada de que con su actitud infligía el código de conducta, y que por ello podría ser multada, etc.

En fin, que "Serena no estuvo nada serena", y perdón por recordar el chascarrillo fácil que aquellos días corrió entre la opinión pública y que hasta la prensa utilizó haciéndose eco de esa ocurrencia del ciudadano de a pie, pues a todos se nos ocurrió esa "gracia" al oír la noticia (era inevitable la asociación verbal) y al final la prensa "plagió" a la calle.

Tras esta ligera licencia al humor (relativo humor, se dirá) es preciso añadir que tras la revisión del caso se concluyó que **"aunque fue verbalmente abusiva, no llegó al nivel de un delito grave en el Código de Conducta de los Grand Slam".**

(El dinero recaudado en todas las multas del Abierto de Estados Unidos se dedica al Fondo de Desarrollo del Grand Slam, que lleva a cabo programas de tenis en todo el orbe).

Es loable el ejemplo del Grand Slam de Estados Unidos (y tendría que ser imitado por otras esferas del deporte en todo el mundo) pues controla la violencia desde sus primeros rescoldos antes de que se convierta en un incendio de pasiones violentas imposible de controlar. La "chispa" que "enciende" la violencia física suele ser la violencia verbal).

Al hablar de violencia, inevitablemente se tiende a pensar casi exclusivamente en la violencia física, pero muchas veces es peor, si cabe, la violencia verbal. **Hay auténticos "terroristas de la palabra" que causan una gran destrucción con sus ataques verbales y sus despiadadas descalificaciones.**

Muchas críticas (deportivas o no) producen el efecto de auténticas arengas que incitan al ataque físico, como en el pasado ocurría con las arengas militares en las guerras para enardecer los ánimos contra el enemigo.

Eso, sin hablar del critiqueo que atenta contra el honor de una persona, entidad, club deportivo, etc. El cotilleo puede ser muy destructivo.

EGIPTO: MIÉRCOLES 1 FEBRERO DE 2012
74 muertos por traumatismos y hemorragias en Port Said.

Fuente: RTVE y Agencia REUTERS. Elaboración propia a partir de dicha noticia.

He aquí otro hecho de violencia en el deporte con repercusiones políticas:

Al término del partido Al Masry – Al Ahlyn, en el que se produjo la inusual victoria de 3-1, se desencadenó una feroz batalla entre las dos aficiones rivales, con el triste saldo de 74 fallecidos y al menos mil heridos. Dado que el equipo Al Ahli es, con diferencia, el que más más triunfos cosecha de toda África, al parecer no gustó tan imprevisto resultado.

Las puertas del estadio se encontraban cerradas, por lo que gran parte de los integrantes de la estampida humana murieron aplastados. Varios de los seguidores manifestaron que había personas contratadas para iniciar la revuelta (es lo que pensaron).

A continuación de los enfrentamientos del estadio de fútbol de Port Said se desencadenaron nuevas protestas en El Cairo, severamente contestadas por las fuerzas de seguridad, falleciendo otras 16 personas más.

El hecho tuvo repercusión política, pues se produjo un enfrentamiento político entre el presidente del Parlamento egipcio (el islamista Saad Katatni) y el primer ministro (Kamal Ganzuri, nombrado por la junta militar que gobierna dicho país) quien reconoció su responsabilidad política, manifestando, además, su disposición a rendir cuentas en caso de que se lo requieran. Asimismo, destituyó al jefe de los servicios de Inteligencia y de Seguridad de Port Said (Essam Samak) pues el presidente del Parlamento (Saad Katatni), en sus críticas al gobierno egipcio, se quejó de la falta de prevención gubernamental en materia de seguridad ante este encuentro y por el retraso de la policía en intervenir. Dichas declaraciones del presidente del parlamento son la consecuencia de la rápida investigación efectuada por dicho parlamento, en la que se culpó a los seguidores y a la deficitaria presencia de fuerzas policiales.

La Fiscalía General de Egipto acusó a 75 personas por los hechos del estadio. Les juzgará un tribunal penal bajo el cargo de homicidio premeditado (entre los acusados se encuentra el jefe de seguridad de Port Said. Además hay nueve policías acusados y dos menores. A estos últimos les juzgará un tribunal de menores).

EGIPTO: SÁBADO 24 y DOMINGO 25 DE MARZO DE 2012
Reanudación de los enfrentamientos en Port Said.

Fuente: Agencia EFE y Reuters. Elaboración propia a partir de dicha noticia.

Los hinchas del equipo Al-Masry protagonizaron otra violenta manifestación de dos días de duración (24 y 25 de marzo de 2012) en protesta por las sanciones de dos años de suspensión a su equipo y de tres años de cierre del estadio de Port Said (aunque el club de fútbol Al-Masry podrá retornar a la competición de la Primera División Egipcia en la temporada 2013/2014, lo que desencadenó la ira de los aficionados del club cairota Ahlyn, que pedían sanciones mucho más duras, en memoria de sus fallecidos). Asimismo, esta temporada (2011-2012) ha sido definitivamente suspendida por las autoridades egipcias a causa de los disturbios del partido de febrero.

Las fuerzas de seguridad egipcias intentaron impedir que los manifestantes entraran en la sede administrativa del Canal de Suez. La navegación en dicho canal fue interrumpida ante el temor de que los barcos fueran asaltados por los manifestantes. Los comercios de la zona no abrieron hasta que la situación se calmó.

Hubo al menos 15 detenidos, 65 heridos y un fallecido, de 13 años de edad.

TANZANIA. 10 MARZO DE 2012
Agresión a un árbitro.

Fuente: RTVE. Elaboración propia a partir de dicha noticia.

En el partido del torneo africano entre el equipo FC Jóvenes Africanos y el Azamel, el árbitro del encuentro fue agredido por algunos jugadores del FC Jóvenes Africanos, teniendo que huir de los agresores.

Al jugador a quien declararon culpable de golpear directamente al árbitro le suspendieron por un año y le multaron con un millón de chelines tanzanos.

De entre los muchos casos de agresión a un árbitro, en éste se tomaron importantes medidas contra el agresor, tanto disciplinarias como económicas, por eso es digno de ser reseñado.

ARGENTINA. MARZO DE 2012
Grave ataque al árbitro y a un directivo por la hinchada

Fuente: RTVE. Elaboración propia a partir de dicha noticia

En este caso, la violencia en el deporte alcanza incluso a un directivo, como en alguna otra ocasión.

Al término del encuentro entre el Chacarita y el Atlanta de la Primera B Nacional Argentina (segunda división) las aficiones de ambos equipos provocaron graves altercados, en el transcurso de los cuales el árbitro del encuentro fue agredido, así como un directivo del Atlanta, quien recibió el impacto de una piedra en la cara quedando inconsciente, por lo que hubo de ser trasladado al hospital.

El árbitro había anulado un gol que hubiese sido el de la victoria para el Chacarita, lo cual, al parecer, fue el detonante que hizo perder el control a la hinchada de este equipo, atacando violentamente a los aproximadamente cien aficionados del equipo visitante, así como al árbitro, Fernando Rapallini, y a Marcelo Santoro, directivo del Atlanta.

La batalla campal se propagó hasta el exterior del estadio, quemando vehículos aparcados y enfrentándose a la Policía.

El equipo del Atlanta tuvo que esperar dos horas para poder salir del estadio, pues hasta entonces la Policía no pudo garantizar su protección fuera de dicha instalación deportiva.

Como colofón a la exposición de esta pequeña muestra de hechos de violencia en el deporte de las últimas décadas, justo es repetir la siguiente afirmación de **NORBERT ELÍAS (1978): "La violencia moderna tiende a ser más eficiente e impersonal; es más un medio racional para lograr determinados fines que una descarga emocional".**

Aunque lo manifestado en estas líneas ya lo expresé en el apartado "dedicatoria", procede ahora volver a incidir en ello, pues el próximo capítulo va con mi especial agradecimiento a la Ciencia y al Progreso Tecnológico en general, por el gozo intelectual que producen sus fabulosos avances en todos los campos, pese a que aún les falta un camino increíblemente largo por recorrer, e incomparablemente mayor que el minúsculo e insignificante recorrido hasta ahora en términos relativos. En ese sentido, la Ciencia y la Tecnología están aún "en mantillas", pese a los prodigiosos logros conseguidos. *¡El futuro será inimaginablemente espectacular!...*

CAPÍTULO 4

EL FUTURO

"La imaginación suele ser tan
importante como el conocimiento"
(Albert Einstein)

El cineasta **Woody Allen** dijo en una ocasión:
"El futuro me interesa mucho, pues es el
lugar donde voy a pasar el resto de mi vida"

Anónimo japonés:
Si quieres conocer el pasado, mira el presente, que es su resultado,
Si quieres conocer el futuro, mira el presente, que es su causa.

Aparentemente, la tendencia actual es un aumento progresivo de la presencia de la violencia en la Sociedad. Extrapolando dicha tendencia de progresivo aumento, fácilmente se infiere un panorama desolador para el futuro. La agresividad galopante presente en el ambiente y producto, en parte, del estresante ritmo de vida actual y de la intolerancia a la frustración de muchos individuos, surge en medio de un mundo en el que la población no sabe encauzar y sublimar dicha agresividad hacia actitudes más adaptativas y creativas con lo que, por el contrario, esa agresividad deriva hacia la violencia, que no es sino la manifestación más primaria de la agresividad.

Prospectiva

A la vista de este estado de cosas y haciendo prospectiva, el futuro se presenta preocupante (si no ponemos los medios para evitarlo).

La violencia en los espectáculos deportivos producirá un aumento de los encuentros disputados sin público, como medida sancionadora tras los cada vez más frecuentes altercados, lo cual ya está empezando a aplicarse, si bien aún en casos muy contados. Dicha medida no supondrá un especial revés financiero para los intereses económicos que mueven estos espectáculos, pues la mayor parte del dinero que circula en el Deporte proviene de las retransmisiones televisivas.

Legislación del futuro

El legislador del futuro habrá de considerar la posibilidad de promulgar leyes en las cuales se contemplen sanciones que no sólo incluyan encuentros sin público, sino también sin derecho alguno a retransmisión.

Esto verdaderamente hará temblar las arcas de los clubes, urgiéndoles a interesarse por intentar resolver los enfrentamientos violentos en los partidos. Pero en el futuro los gabinetes jurídicos de los clubes previsiblemente conseguirán la posibilidad de emisión de dichos partidos, amparándose en que, al no existir presencia física de público en el estadio, no existe el riesgo de actos violentos. Al final, la sanción producirá el efecto opuesto al buscado, pues se traducirá en un incremento de los ingresos del club por derechos televisivos aumentados, especialmente, por el *morbo* del encuentro. Esto implica un evidente peligro, pues a los clubes les resultaría muy rentable la violencia....

De ahí que en la condena a jugar sin espectadores, se deberá incluir la prohibición expresa de la retransmisión del encuentro por cualquier medio de comunicación, para que la sanción suponga un castigo real.

Tribalismo

Por otra parte, el alto grado de tribalismo presente aún en la Humanidad, que en demasiadas ocasiones se traduce, entre otras manifestaciones del mismo, en altercados deportivos, será cada vez más patente en el deporte.

El nivel de hipocresía social irá en progresivo aumento, hasta alcanzar cotas alarmantes, intensificándose la enfermiza dicotomía ya presente en nuestra época y materializada en la doble actitud frente al fenómeno tribal-territorialista: intelectualmente, casi nadie admite planteamientos de superioridad de unos grupos humanos sobre otros. Incluso tal idea es rotundamente denostada, como es natural, pues esas posturas *políticamente incorrectas* recuerdan la ideología nazi que desembocó en la Segunda Guerra Mundial.

Pese a esta actitud intelectual casi unánimemente compartida, por el contrario, los instintos animales de territorialidad aún están férreamente grabados en el ser humano (en las áreas más primitivas del encéfalo) lo que le conduce a una situación de contradicción interna provocándole graves conflictos conductuales que, al no ser capaz de resolverlos, actúa en el sentido de primar el instinto de territorialidad sobre los planteamientos intelectuales, en una actitud evolutivamente retrógrada.

Ese instinto, representado en la idealizada superioridad de su equipo local sobre el resto, arrincona su racionalidad, desterrándola al terreno de lo que inconscientemente considera como meramente teórico, sin expresión alguna en una conducta consecuente con planteamiento intelectual alguno.

En último extremo, viven una dualidad patológica.

Pero no nos desanimemos ante esta perspectiva de futuro tan negativa, pues existe otra alternativa más esperanzadora: pese a que, a la vista de los sentimientos tribales todavía presentes en el ser humano, aún nos encontramos en un estado evolutivo muy primitivo, sin embargo, si comparamos el presente con el pasado, parece atisbarse una leve y progresiva superación de los localismos, en parte gracias al aumento del nivel cultural y a la mayor proliferación de los viajes, lo cual, en los siglos pasados estaba al alcance de muy pocos. En consecuencia, y extrapolando, en el futuro se superará el aldeanismo del pasado, del que algo queda en el presente, para acabar teniendo una visión más cosmopolita de la realidad.

Progresiva pérdida de valores

La Sociedad asistirá a una progresiva caída de los valores y principios, por una parte, como resultado de un sistema educativo que cada vez se aleja más de la formación humana de la persona y, por otra, a causa del creciente influjo de los medios de comunicación, especialmente de la comúnmente denominada *telebasura,* que indirectamente inducen a la idea del "todo vale" para triunfar en la vida, obviando los valores fundamentales de la persona. Todo esto relaja la moralidad del individuo dando vía libre a los actos impulsivos, pues no acepta imposiciones que frenen sus actitudes. Dentro de esos actos impulsivos se incluyen, obviamente, los violentos. Evidentemente, el anonimato que proporciona el amparo en la masa de espectadores de un encuentro, se encarga del resto.

El ingenio para eludir los sistemas de seguridad de los estadios se agudizará cada vez más. Por ejemplo, hoy en día algunos violentos utilizan monedas laminadas que pasan los controles de acceso como cualquier monedero, pero que al ser lanzadas con fuerza se convierten en peligrosas armas arrojadizas (la ley de "todo vale" - incluso la violencia - para ganar un partido. Es lo que piensa la hinchada violenta).

Insensibilización progresiva ante la violencia

La sobreexposición a las imágenes violentas a cargo de los medios de comunicación, provocará una insensibilización progresiva ante la violencia, a causa del acostumbramiento y el distanciamiento. Esto ya empieza a ocurrir: parte de la ciudadanía asiste a las imágenes de violencia de los telediarios sin inmutarse demasiado, o con una mínima afectación que no les impide, por ejemplo, seguir comiendo tranquilamente como si no pasara nada. Esto es debido al mecanismo mental de distanciamiento. De este modo aguantamos imágenes que en la cercanía nos resultarían insoportablemente atroces. Famosa es la frase de ese enemigo de la democracia que fue el dictador soviético Stalin: "Un muerto es una tragedia. Un millón es una estadística".

Evolución del comúnmente denominado "hooliganismo"

"Cada vez que se produzca un altercado deportivo, la difusión del mismo en los medios de comunicación tendrá un "efecto llamada" para los sedientos de violencia, aumentando la incidencia de estos hechos en una progresión geométrica conducente a una espiral de violencia sin fin.

Se producirá un descenso en el número de espectadores deportivos, al causar baja los no violentos para no presenciar tan desagradables hechos. Incluso habrá quienes dejen de acudir a los estadios por miedo a verse envueltos en medio de una batalla campal.

El nefasto fenómeno del gamberrismo deportivo, comúnmente denominado *hooliganismo*, llegará a organizarse en un movimiento fuertemente estructurado para intentar contrarrestar el acoso de las fuerzas del orden, amasando paralelamente un peligroso patrimonio armamentístico para la lucha en los estadios y sus inmediaciones. El poder de esos movimientos se les irá de las manos a sus propios promotores. La ira social que destilan las hinchadas violentas, acabará traspasando los límites de lo meramente deportivo y ampliarán sus objetivos a las revueltas sociales. Embriagados de poder ante sus poderosos medios, avanzarán en su loca y desbocada carrera por descargar su impulsividad, generando la barbarie y el caos. El problema, como bola de nieve rodando montaña abajo, habrá crecido de tal modo tras su curso progresivo e imparable, que acabará convirtiéndose en un serio y molesto problema político. Algunos gobiernos débiles, sorprendentemente caerán en el error de pretender vencer a la violencia intentando dialogar con los violentos, como se hizo infructuosamente con algunos movimientos terroristas. Y, como en ese último caso, además de no terminar con la violencia, a la larga se multiplicarán las formas de ésta en la sociedad y se intensificarán las ya existentes, al comprobar la gran rentabilidad de los planteamientos violentos para obtener determinados objetivos. Ya en 1978 Norbert Elías afirmaba que **"la violencia moderna tiende a ser más eficiente e impersonal; es más un medio racional para lograr determinados fines que una descarga emocional"**.

Por consiguiente, **el día en que la violencia no consiga obtener sus objetivos, dejará de tener motivos para seguir existiendo**. De ahí la **importancia de no ceder ante los violentos.**

Y, como explico en otras partes de este trabajo, las hordas violentas del fútbol buscan, consciente o inconscientemente, determinados objetivos con su actitud: desde reafirmación ante el grupo, hasta la expresión de su ira social por los problemas que les rodean, además de una multiplicidad de otras motivaciones expuestas más adelante. Precisamente ahí radica una de las mayores dificultades de la lucha contra la violencia: en **lograr, repito, que los violentos sean conscientes de que nunca conseguirán sus objetivos, con lo que su actitud ya no tendría sentido alguno.**

Modificando el presente evitaremos ese futuro

Aprendiendo de los errores del presente y del pasado, se puede diseñar un programa efectivo de prevención en materia de violencia.

Nosotros tenemos ahora la posibilidad de que el futuro expuesto nunca se presente. Modificando el presente actuaremos sobre el futuro, que es lo único que se puede cambiar, al contrario de lo que ocurre con el ya inmutable pasado.

Ciencia y Tecnología

Otra importante actuación sobre el futuro, es a través del progreso científico. La Ciencia y la Tecnología siempre han contribuido a la mejora de las condiciones de vida del ser humano.

Biología Molecular y Genómica

El espectacular avance que experimentará la Biología Molecular en general y la Genómica en particular, permitirá el tratamiento génico de los genes implicados en la predisposición a la agresividad patológica, no de la agresividad en general, la cual habrá que respetar para no amputarle al ser humano una de las características de la conducta normal pues, como es sabido, agresividad y violencia son dos conceptos diferentes. La agresividad no siempre está relacionada con la violencia. La agresividad positiva, no violenta, es casi imprescindible para la vida (la vida es lucha). Es la agresividad encauzada (los psicoanalistas dirían sublimada) hacia actividades creativas y socialmente admisibles. Esa agresividad es incluso muy apreciada social y profesionalmente. Baste recordar expresiones como *vendedor agresivo, ejecutivo agresivo*, etc., para definir a los profesionales de *élite* de la práctica totalidad de las actividades (La agresividad es un elemento normal de la conducta humana que se activa ante determinadas circunstancias para responder a necesidades vitales y salvaguardar la supervivencia de la persona y de la especie, sin que sea preciso dañar o perjudicar al oponente).

Nanotecnología

Otra potencial curación de la violencia vendrá de la mano de los avances en nanotecnología (tecnología que en el futuro supondrá la mayor revolución tecnológica de la Historia).

Esos logros permitirán reparar las lesiones neuronales in situ, mediante máquinas ultramicroscópicas (moleculares) introducidas en el organismo. En 2007 (año de la impresión de la primera versión de este libro) más de 40 laboratorios de todo el Mundo (principalmente de Estados Unidos) ya estaban invirtiendo grandes sumas de dinero en nanotecnología. Asimismo, alrededor de 300 empresas investigan en este campo (2007). Como es sabido, ya se han conseguido fabricar a título experimental materiales y máquinas moleculares a partir del reordenamiento de átomos y moléculas, pues cuando se manipula la materia en esa escala, se presentan fenómenos y propiedades totalmente diferentes a los del nivel de la materia macroscópica, la que estamos acostumbrados a manejar. Las propiedades físicas y químicas de la materia cambian a escala nanométrica debido a las leyes de la Física Cuántica. En consecuencia, los investigadores emplean la nanotecnología para producir materiales, aparatos nuevos y poco costosos, o sistemas con propiedades insólitas. Todo esto empezó con las propuestas del Premio Nobel de Física Richard Feynman en el Caltech (Instituto Tecnológico de California). Ese fue el comienzo. El futuro será… ¡inimaginable!…

Neurofisiología, Psiquiatría y Psicología

Asimismo, el progreso de la Neurofisiología, la Psiquiatría y la Psicología en el tratamiento de los mecanismos patológicos que intervienen en la deriva de la agresividad hacia la violencia, harán el resto.

El cada vez mejor conocimiento de los mecanismos neuronales responsables de la agresividad, permitirá el tratamiento de las alteraciones cerebrales que la provocan. Se podrá llegar a curar esa "enfermedad" llamada violencia, sin atentar contra la libertad y la integridad del ser humano, lo que, por tanto, será compatible con la Ética, pues se hará con el consentimiento del "enfermo".

A principios de los años sesenta del siglo XX se produjo un importante hito en neurofisiología con repercusión en el futuro del tratamiento neurológico de la violencia. Como comento más adelante, en el capítulo 8, el neurofisiólogo español, entonces investigador en Estados Unidos, José Manuel Rodríguez Delgado, realizó aquellos famosos experimentos consistentes en la estimulación e inhibición de las respuestas cerebrales agresivas o de cualquier otra clase, tras el implante de microelectrodos en el cerebro de animales de experimentación, a los que controló a distancia mediante ondas de radio. De ese modo inducía en el animal, desde fuertes descargas de agresividad a, por el contrario, una asombrosa mansedumbre, según estimulara o inhibiera, respectivamente, las áreas cerebrales responsables de dicha característica conductual.

Posteriormente, tras su regreso a España en 1970, reprodujo el experimento con novillos de toro de lidia, a los que controlaba a distancia por el mismo método. Tras implantarles un electrodo receptor en las **áreas cerebrales de la agresividad** localizadas en el lóbulo temporal, podía **inhibir dichas áreas** mediante ondas de radio de un mando a distancia diseñado a tal efecto, lo que producía en el animal un **comportamiento increíblemente apacible** que permitía acercarse a él y acariciarlo. Pero si, por el contrario, estimulaba esas áreas por control remoto, la res protagonizaba la más brava de las embestidas contra todo lo que se movía ante ella.

Los experimentos del Profesor Rodríguez Delgado sirvieron de inspiración a otros autores, ya desde la citada década de los sesenta, para especular sobre la posibilidad de otro tipo de actuación a distancia sobre el cerebro: la de los campos magnéticos.

Trabajaban sobre la hipótesis de que mediante los campos electromagnéticos también se puede modificar la conducta. Se plantearon iniciar líneas de investigación en ese sentido. Trataron de estudiar la influencia de los campos magnéticos en la estimulación o inhibición a distancia de algunas áreas cerebrales. Esto fue muy difundido en la época por los medios de comunicación de todo el mundo pero, ante la falta de resultados demostrables, no pasó de quedar en mera especulación sensacionalista, rozando casi la fantasía científica. Por este motivo no procede citar autores de esta perspectiva, al contrario que los precitados éxitos electroneurofisiológicos.

Durante la última década y como consecuencia de la polémica surgida por los hipotéticos efectos en el cerebro (y en el resto del organismo) de los campos electromagnéticos de la telefonía móvil y de otras fuentes de emisión, se intensificaron de nuevo las investigaciones en esta materia, no habiéndose obtenido aún en 2007 resultados concluyentes que certifiquen dichos efectos (lo cual no excluye que puedan existir y algún día se descubran).

Si las hipótesis referentes a la actuación a distancia sobre la conducta humana a través de los campos magnéticos acabaran algún día verificándose como ciertas, quizá en un futuro muy lejano las fuerzas del orden dispongan de dispositivos electromagnéticos para inhibir a distancia la agresividad, con lo que podrían disolver los altercados pacíficamente, sin violencia (pues la inhiben) y, por tanto, sin bajas. Esas técnicas evitarán muchos muertos a lo largo del tiempo, pues ya no serán necesarias ciertas intervenciones de la Autoridad para los casos muy extremos y específicos en los cuales se requieren (por supuesto, nada que ver con las polémicas pistolas eléctricas Taser (arma de electrochoque que emite descargas eléctricas incapacitantes al interaccionar con los estímulos nerviosos de los músculos motores produciendo inmovilización transitoria) que desde hace unos años ya emplean en algunos países las fuerzas de seguridad, si bien parece ser que las utilizan poco frecuentemente: sólo en situaciones muy puntuales en las que no les queda otro remedio, pues existen importantes riesgos médicos, como, por ejemplo, alteraciones de la conductividad cardiaca. Si bien, obviamente, las armas de fuego son mucho más letales).

Volviendo al asunto de los dispositivos electromagnéticos antiviolencia del futuro, el mundo de la delincuencia previsiblemente contratacarán utilizando inhibidores de emisiones electromagnéticas que posiblemente se desarrollarán, a su vez, en otro futuro aún más lejano para contrarrestar los artilugios anteriores. En fin, una historia interminable....

Hay voces críticas que se levantan ante estas investigaciones sobre la acción de los campos magnéticos sobre el comportamiento, aludiendo al riesgo de su posible uso militar. Quienes manifiestan dichas críticas, además de incurrir en una actitud presuntamente paranoica, dado lo difícilmente factible de ese hipotético uso militar, presentan asimismo una disparatada fantasía, más propia de la ciencia-ficción barata (con todos los respetos al altamente reflexivo género de la ciencia-ficción que, cuando ésta es de calidad, tantos planteamientos intelectuales ha aportado a la Humanidad sobre las más diversas cuestiones que afectan a la misma. Incluso, algunos científicos expresan a través de dicho género las hipótesis para las que todavía no existen medios técnicos de verificación). Aun cuando se diera el supuesto de un posible uso militar del electromagnetismo aplicado a la conducta, ello tendría el punto positivo de que las guerras en las que se utilizaran esas hipotéticas armas de campos magnéticos, serían guerras sin muertos por primera vez en la Historia de la Humanidad. ¡Importante novedad!... Tales armas, en lugar de generar muerte engendrarían paz, al inhibir los impulsos violentos del enemigo, el cual se rendiría sin combatir. Cierto que lo ideal sería que las guerras no existieran (eso casi nadie lo pone en duda) pero, aterricemos en la realidad, ya que el ser humano es como es, los enfrentamientos bélicos son inevitables. Por tanto, si se producen, mejor que sean sin muertos...

Enfoque jurídico de la imputabilidad e inimputabilidad en el futuro a partir de la evidencia científica derivada de próximos descubrimientos

En el poco probable caso de que se llegara a admitir en el futuro que las únicas etiologías de la violencia son una alteración genética, neurofisiológica o psiquiátrica, se produciría un serio problema legal, pues entonces los violentos no serían imputables, sino enfermos a los que hay que tratar.

Difícilmente se llegará a la conclusión precedente, pues siempre habrá quienes, sin tener alteración patológica alguna, incurran en conductas deliberadamente violentas, especialmente aquellos para los que la violencia supone un medio para conseguir algo, lo cual, obviamente, entra dentro del terreno de lo delictivo.

El gran avance consistirá en que aquellos otros que realmente sí que son auténticos enfermos, por lo menos podrán tratarse, lo cual ya ocurre en la actualidad con los casos diagnosticados como patológicos. La diferencia con la situación actual es que aumentará el porcentaje de diagnósticos de enfermedad psiquiátrica, genética, neurofisiológica, etc. en el heterogéneo colectivo de los violentos al descubrirse previsiblemente nuevos factores físicos o psiquiátricos relacionados con la génesis de la violencia.

En la actualidad ya se admite un significativo porcentaje de casos de violencia relacionada con alteraciones neurofisiológicas. Como más adelante expongo dentro del apartado "Teorías basadas en características neurofisiológicas" (de la violencia) en el capítulo 8 ("Teorías sobre la violencia en general") la patología cerebral focal puso en evidencia desde hace décadas la intervención de áreas encefálicas específicas de la agresividad y la violencia.

Se admite que el 57% de los criminales violentos presentan patología frontal (especialmente en regiones órbito-frontal y ventro-medio-frontal), según múltiples investigaciones realizadas sobre la materia.

Varios estudios sobre individuos con personalidad antisocial a los que se realizó una prueba de electroencefalografía y otra de potenciales evocados evidenciaron alteraciones en la región frontal de la corteza cerebral en un porcentaje muy superior a la población general.

Estudios de Resonancia Nuclear Magnética hechos a criminales violentos que tenían diagnóstico asociado de psicopatía, revelan una disminución del espesor cortical pre-frontal.

Pruebas funcionales de Tomografía Computarizada por Emisión de Positrones (PET) y de Tomografía por Emisión de Fotón Único (SPECT) en personas con un elevado índice de agresividad y en asesinos, evidencian un descenso de la tasa metabólica frontal bilateral.

Varios estudios recientes demuestran que una lesión frontal acaecida antes de los ocho años de edad constituye un factor de riesgo de presentar conducta impulsiva, agresiva y antisocial en la adolescencia.

Otros trabajos evidenciaron que los veteranos de guerra con lesión en el córtex frontal desarrollaron conductas criminales en un porcentaje superior al resto de los excombatientes.

Asimismo y como también expongo en el capítulo 8 dentro del apartado "Estructuras cerebrales relacionadas con la génesis y la regulación de las emociones" las investigaciones de Sanmartín en 2002 confirmaron la idea de que la corteza prefrontal es el principal regulador de la agresividad, modulada por la amígdala cerebral. Su acción puede consistir tanto en favorecer la agresividad, como en disminuirla o incluso inhibirla. Está comprobado que en las lesiones de esta región el individuo pierde su sentido de la responsabilidad social (también se afecta la capacidad de concentración y abstracción).

Lo expuesto induce a pensar que en el pasado quien sabe cuántos condenados por actos violentos en realidad eran enfermos. Evidentemente, en la actualidad y gracias a los avances en Medicina Legal y Forense dichos enfermos son detectados a tiempo, con lo que la Justicia les considera inimputables, dictando los magistrados y jueces la sentencia que corresponda a cada asunto concreto: ya sea internamiento judicial involuntario para diagnóstico y tratamiento psiquiátrico, si éste último procede, o bien cualquier otra resolución adecuada al caso.

Riesgo para la existencia de los espectáculos deportivos

Uno de los mayores problemas que presenta la Humanidad es la violencia.

Así como ésta estuvo a punto de terminar con la existencia misma de nuestra civilización en los tiempos de la denominada "Guerra Fría" entre los dos bloques entonces hegemónicos en el mundo, especialmente en 1961 con ocasión de la históricamente famosa "Crisis de los misiles" que a punto estuvo de poner un fin nuclear a la vida sobre la Tierra, del mismo modo la violencia en el deporte pone en peligro la existencia misma de los espectáculos deportivos.

Cada vez son más los autores que se han dado cuenta de este riesgo que supone la violencia para el deporte.

En el futuro existirán fuertes debates para cuestionar la posible supresión de las competiciones deportivas.

Empezarán por las correspondientes a los deportes de equipo, al ser las que prácticamente monopolizan los actos violentos. Esa triste hegemonía del deporte por equipos en materia de violencia se apreció ya desde los tiempos del Imperio Romano, prolongándose a través de los siglos hasta llegar a nuestros días, e igualmente se perpetuará en el futuro.

Educación

La educación es probablemente el mejor antídoto contra la violencia y una de las mejores inversiones para la sociedad y el individuo. La educación produce un efecto de comprensión y aceptación de las normas sociales, así como un reforzamiento de posturas culturales que inducen a la persona desde niño a reflexionar y a seguir un comportamiento libre e independiente de la esclavitud del automatismo propio de los instintos. De este modo, la violencia se convierte en algo inaceptable para la persona educada. Ese sería el futuro ideal: una era de respeto a los demás.

Alternativas de futuro

De nosotros mismos depende cual de los futuros posibles es el que finalmente se plasmará en la realidad.

Aunque la perspectiva de futuro expuesta al principio de este capítulo es, obviamente, desalentadora, cabe pensar también en la tendencia opuesta, pues si miramos hacia el pasado, especialmente si dicha mirada penetrara a través de los siglos, observaríamos la crueldad de las gentes de épocas pretéritas, que podía llegar, por ejemplo, incluso a los linchamientos públicos (cierto es que hoy en día estos no han desaparecido por completo, y si no tienen graves consecuencias es gracias a los mecanismos de orden público que evitan la deriva a lo peor). En la actualidad sería impensable un duelo a muerte, que en el pasado fue, asombrosamente, legal; pero la violencia sigue ahí, en la sociedad, a veces con tintes dantescos, como los atentados en masa y otras manifestaciones de lo peor del ser humano.

O sea, que no está del todo claro que hayamos mejorado como seres humanos. En realidad, hemos avanzado en algunos aspectos y retrocedido en otros.

Por tanto, es preciso volver a incidir que de nosotros depende cual de los futuros posibles es el que finalmente se plasmará en la realidad.

La peor de las posibilidades sería que en el presente existiera pobreza de planes de futuro. Entonces iríamos a la deriva hasta desembocar en el peor de los futuribles.

(Precisamente, la pobreza de planes de futuro **es un síntoma propio de algunas enfermedades psiquiátricas**, como ciertas clases de depresión, algunas formas de esquizofrenia, etc. En fin, quizá nuestra sociedad esté mentalmente enferma...)

La difícil labor de planificar el futuro y de prever los posibles problemas venideros para poder prevenirlos requiere una elevada dosis de imaginación.

De entre todas las funciones intelectuales superiores, se considera que la **imaginación es específica de los humanos.** Quizá sea casi lo único que nos diferencie de los animales (si acaso, además de alguna que otra característica más).

Considero que **una sociedad que no piensa en el futuro, implícitamente está admitiendo que no lo tiene.**

No es casualidad que las economías más desarrolladas del mundo, como Estados Unidos, Japón y parte de Europa (la Europa de los avances tecnológicos) presenten un gran interés por todo lo *futurista* y por la innovación.

En consonancia con esta afirmación, es procedente cerrar el capítulo con las interesantes citas con las que lo comencé:

Si quieres conocer el pasado, mira el presente, que es su resultado,
Si quieres conocer el futuro, mira el presente, que es su causa.
(Anónimo japonés)

"La imaginación suele ser tan importante como el conocimiento".
(Albert Einstein)

El, entre otras cosas, **cineasta y escritor Woody Allen** dijo en una ocasión:
"El futuro me interesa mucho, pues es el lugar donde voy
a pasar el resto de mi vida".

CAPÍTULO 5

ESTADÍSTICAS SOBRE VIOLENCIA EN EL DEPORTE

Una forma de poder analizar la incidencia de un determinado fenómeno es el estudio estadístico.

Sin embargo, en materia de investigaciones sociológicas este método presenta alguna limitación. Por dicho motivo las estadísticas han sido a veces desdeñadas por algunos, incluso en casos de estudios estadísticamente significativos (p < 0,05).

No todas las manifestaciones de la conducta humana se pueden convertir fácilmente en valores numéricos. Evidentemente, sería casi un despropósito hacerlo. En cualquier hecho sociológico existen muchas variables imprevisibles, así como también variables ocultas que escapan al método estadístico.

El ser humano es demasiado complejo como para que caigamos en la simplificación de pretender reducirlo a los parámetros de una estadística, aunque se pueden obtener muchos valores válidos; y en el caso de aquellas características para las que ello es poco factible, de cualquier modo se consigue una aproximación bastante fiable.

Los resultados estadísticos a veces son cuestionados por el hecho de presentar en ocasiones datos sesgados (fenómeno que ocurre, no obstante, con poca frecuencia): en efecto, hay quienes suelen censurar las estadísticas por considerar que en ciertos casos pueden mostrar una realidad algo falseada.

No olvidemos el conocido reproche que la sabiduría popular hace burlesca y despectivamente de las estadísticas, de lo que, como licencia humorística, me permito transcribir el siguiente dicho jocoso popular:

"Si usted se come un pollo y yo ninguno, según las estadísticas nos hemos comido medio pollo cada uno. Entonces, ¿dónde está mi medio pollo?..."

Aunque la calle no siempre es una fuente válida de sabiduría, a veces acierta.

He ahí un ejemplo de sesgo estadístico basado en un cálculo correcto y sumamente simple: como es obvio, la suma de lo que en total han comido los dos es un pollo, lo que se expresa, y redundo, en un promedio estadístico de medio pollo ingerido por persona, lo cual ya sabemos que no es cierto...

Perdón por la broma popular, pero es muy significativa de lo que a veces informan las estadísticas. No obstante y como muy bien saben los estadísticos y quienes conocen dicha ciencia, las cosas no son tan simples como en este ejemplo casi caricaturesco que he mostrado a modo de crítica humorística. Los cálculos estadísticos son de una complejidad tal que no viene al caso exponer.

Pese a esa perspicaz e inteligente crítica popular, y a pesar de algunas pequeñas limitaciones que sólo en casos muy concretos puede presentar el método estadístico al proceder a estudiar el comportamiento humano colectivo, considero que las estadísticas sociológicas pueden aportar mucho en el estudio de los fenómenos sociológicos, pues suministran datos significativos para valorar un problema y su evolución: en definitiva, proporcionan una orientación, motivo por el que las tengo en cuenta en esta monografía.

En consecuencia, expongo y comento a continuación una breve muestra de resultados estadísticos en relación con la violencia en el deporte.

En primer lugar analizaremos este hecho sociológico de acuerdo con las siguientes variables:

1. Representación numérica de los partidos de alto riesgo en el fútbol español en las temporadas 2009/2010 y 2010/2011.
2. Expresión numérica de los partidos de alto riesgo en el fútbol europeo, en el baloncesto español y europeo, así como en otros deportes, en las temporadas 2009/2010 y 2010/2011.
3. Cuantificación en términos absolutos de los partidos de alto riesgo en España entre 1998 y 2003.
4. Incidencia de partidos de alto riesgo por modalidades y categorías deportivas entre 1997 y 2002.
5. Cifra de detenidos y expulsados en encuentros deportivos de todas las modalidades entre 1997 y 2002.
6. Relación de detenidos en los partidos de fútbol entre los años 2000 y 2002, así como su distribución según la categoría a la que pertenecen los encuentros.
7. Relación de expulsados entre los años 2000 y 2003, en las diferentes modalidades y categorías deportivas.

8. Concurrencia de grupos seguidores de riesgo organizados en las celebraciones deportivas de 1997 a 2002.

9. Itinerancia de los grupos de riesgo organizados detectada entre 1998 y 2003.

10. Desplazamientos de los grupos de riesgo organizados en la temporada 2010-2011 en las divisiones 1ª y 2ª A de Fútbol.

11. Desplazamientos por campeonato de los grupos de riesgo organizados durante la temporada 2010-2011 de Fútbol y Baloncesto.

12. Análisis comparativo de los desplazamientos de los grupos de riesgo organizados contrastando los producidos entre las temporadas 2009/2010 y 2010/2011.

13. Cuantificación de casos para los que la Comisión Nacional contra la Violencia en los Espectáculos Deportivos propuso sanciones en el periodo comprendido entre los años 1998 y 2003 en el Fútbol y el Baloncesto.

14. Clase de sujeto receptor de las proposiciones de castigo de la Comisión Nacional contra la Violencia en los Espectáculos Deportivos entre 1997 y 2002 en Fútbol y Baloncesto.

15. Patrón de las condenas solicitadas por la Comisión Nacional contra la Violencia en los Espectáculos Deportivos dentro del periodo de tiempo de 1997 a 2002 en Fútbol y Baloncesto.

En relación con los antedichos apartados existen unos datos del Ministerio de Educación, Cultura y Deporte, así como también de la Comisión Estatal contra la Violencia, el Racismo, la Xenofobia y la Intolerancia en el Deporte.

A su vez, los datos de dicha comisión están basados en la información de que disponen los Cuerpos y Fuerzas de Seguridad dependientes de la Secretaría de Estado de Seguridad (Cuerpo Nacional de Policía y Guardia Civil) por lo que no se reseñan datos de algunas comunidades autónomas ni entidades locales.

Las tablas que presento a continuación las he elaborado a partir de dichas informaciones de la Comisión Estatal contra la Violencia, el Racismo, la Xenofobia y la Intolerancia en el Deporte, así como del Ministerio de Educación, Cultura y Deporte.

Y, en el caso de las tablas basadas en los datos del Ministerio de Educación, Cultura y Deporte, las he elaborado a partir de las gráficas del Centro Reina Sofía para el Estudio de la Violencia las cuales, a su vez, se elaboraron a partir de los antedichos datos del Ministerio de Educación, Cultura y Deporte.

Comienzo la serie de tablas estadísticas con la correspondiente al número de partidos de alto riesgo celebrados con ocasión de las temporadas 2009/2010 y 2010/2011 de la Liga Española de Fútbol en las categorías de Primera División, Segunda División A, Segunda División B y Copa de S.M. el Rey.

Llama la atención el hecho de la gran diferencia existente entre la cifra de partidos de alto riesgo en las dos divisiones principales, y la Segunda B o la con la Copa de S.M. el Rey siendo mucho mayor en las dos primeras divisiones. Este hecho abunda en la hipótesis de que a mayor importancia relativa del partido más alto es el riesgo del mismo.

Asimismo, este dato tiene otra lectura, si bien ajena al tema que nos ocupa: es indicativo del menor interés que presentan la Copa de SM el Rey y los partidos de Segunda B, lo cual es particularmente extraño en relación con la Copa de SM el Rey, pues quizá esta debería interesar más que la propia Liga al tratarse de una competición "abierta" en el sentido de que pueden competir los clubes de todas las divisiones, habiéndose dado a veces el caso de que equipos modestos de divisiones humildes pusieron en graves apuros a conjuntos líderes del fútbol nacional. Recordemos el caso del Alcorcón, entonces en Segunda B, que marcó un 4 – 0 a su favor contra el gigante del fútbol español y mundial, el Real Madrid, en el partido de ida de los dieciseisavos de final de la Copa de SM el Rey en octubre de 2009.

Ese equipo en el que nunca nos habíamos fijado (salvo quienes son naturales de Alcorcón, así como sus residentes) posteriormente ascendió a Segunda A, y en 2012 estuvo a punto de convertirse en el **quinto equipo madrileño en Primera División**, junto con los cuatro ya existentes (Real Madrid, Atlético de Madrid, Getafe y Rayo Vallecano) al jugar la promoción a Primera, pero al final no consiguió ascender *(afortunadamente, a cambio lo hizo otro de mis lógicos favoritos, el Real Valladolid. Ciertamente, hubiera sido bonito ver cinco clubes madrileños en Primera. Otra vez será, pero cuatro no está nada mal... Tampoco hay que ser "avariciosos").*

Dichos sean de paso los precedentes deseos con todos los respetos hacia otras aficiones, muy especialmente hacia la de mis amigos barcelonistas, cuyo club no puedo dejar de admirar por su buen fútbol, y su lucha contra la violencia en el deporte (¡ojo!, también el Real Madrid lo hace).

TABLA 1

**NÚMERO DE PARTIDOS DE ALTO RIESGO
TEMPORADAS 2009/2010 y 2010/2011
EN EL FÚTBOL ESPAÑOL**

	1ª División	2ª División "A"	2ª División "B"	Copa de S.M. el Rey
TEMPORADA 2009/2010	18	20	1	1
TEMPORADA 2010/2011	25	15	1	6
DIFERENCIA	7	– 5	0	5

Tabla 1: Cuantificación de los partidos de alto riesgo en el fútbol español en las temporadas 2009/2010 y 2010/2011.

Fuente: Comisión Estatal contra la Violencia, el Racismo, la Xenofobia y la Intolerancia en el Deporte.

Elaboración propia, a partir de dicha fuente.

TABLA 2

TEMPORADAS 2009/2010 y 2010/2011
NÚMERO DE PARTIDOS DE ALTO RIESGO
FÚTBOL EUROPEO, BALONCESTO NACIONAL Y EUROPEO,
OTROS DEPORTES

	Liga de campeones	Liga Europa	Baloncesto (ACB) y ligas europeas	Otros
TEMPORADA 2009/2010	9	2	0	0
TEMPORADA 2010/2011	10	5	0	0
DIFERENCIA	1	3	0	0

Tabla 2: Cuantificación de los partidos de alto riesgo en el fútbol europeo, baloncesto nacional y europeo, así como en otros deportes durante el curso de las temporadas 2009/2010 y 2010/2011.

Fuente: Comisión Estatal contra la Violencia, el Racismo, la Xenofobia y la Intolerancia en el Deporte.

Elaboración propia, a partir de dicha fuente.

TABLA 3					
NÚMERO DE PARTIDOS DE ALTO RIESGO EN ESPAÑA					
1998 a 1999	1999 a 2000	2000 a 2001	2001 a 2002	2002 a 2003	DIFERENCIA entre 1998 y 2003
108	90	84	60	83	- 23,15%

Tabla 3: Cuantificación absoluta de los partidos de alto riesgo en el Fútbol Español entre 1998 y 2003.

Fuente: Ministerio de Educación Cultura y Deporte. Elaboración propia a partir de las gráficas del Centro Reina Sofía para el Estudio de la Violencia.

A la vista de los datos expuestos, llama la atención la progresiva disminución de los partidos de riesgo en España desde 1998 a 2003, salvo el aumento registrado en la temporada 2002 - 2003, aunque sólo hasta los valores de dos años antes (temporada 2000 - 2001).

Considero que el número de partidos de alto riesgo es un dato poco valorable en relación con la incidencia del fenómeno violento en el fútbol, pues la existencia de encuentros de estas características se debe, en gran medida, a variables tales como las circunstancias de la Liga, especialmente según lo reñida que esté la clasificación, y no a una determinada evolución de la violencia en un sentido u otro.

TABLA 4

INCIDENCIA DE PARTIDOS DE ALTO RIESGO POR MODALIDADES Y CATEGORÍAS DEPORTIVAS

CATEGORÍA \ PERIODO	1997 1998	1998 1999	1999 2000	2000 2001	2001 2002	DIFERENCIA Entre 1997 y 2002
FÚTBOL PRIMERA DIVISIÓN	41	43	33	14	17	- 58,54%
FÚTBOL SEGUNDA DIVISIÓN	13	17	15	20	12	- 7,69%
FÚTBOL: COPA DEL REY	2	7	5	8	3	+ 50%
FÚTBOL LIGA DE CAMPEONES	5	12	18	26	22	+ 340%
FÚTBOL COPA DE LA UEFA	2	17	10	7	0	- 100%
BALONCESTO: ACB y LIGAS EUROPEAS	6	12	9	6	0	- 100%
OTRAS MODALIDADES DEPORTIVAS	0	0	0	3	6	–
TOTAL PARTIDOS DE ALTO RIESGO	69	108	90	84	60	-13,04%

Tabla 4: Incidencia de partidos de alto riesgo por modalidades y categorías deportivas entre 1997 y 2002.

Elaboración propia a partir de las gráficas del Centro Reina Sofía para el Estudio de la Violencia las cuales, a su vez, elaboraron a partir de los referidos datos del Ministerio de Educación, Cultura y Deporte.

TABLA 5
DETENIDOS Y ESPULSADOS EN ESPECTÁCULOS DEPORTIVOS ENTRE 1997 y 2002

PERIODO	1997 1998	1998 1999	1999 2000	2000 2001	2001 2002	DIFERENCIA entre 1997 y 2002
EXPULSADOS	178	230	229	279	407	128,65%
DETENIDOS	30	31	34	56	60	100%
TOTAL	208	261	263	335	467	124,52%

Tabla 5: Número de detenidos y expulsados con ocasión de encuentros deportivos en España de todas las modalidades entre 1997 y 2002.

Fuente: Datos del Ministerio de Educación, Cultura y Deporte.

Elaboración propia a partir de las gráficas del Centro Reina Sofía para el Estudio de la Violencia las cuales, a su vez, elaboraron a partir de los referidos datos del Ministerio de Educación, Cultura y Deporte.

Estos resultados estadísticos sobre detenidos y expulsados en los espectáculos deportivos de todas las modalidades deportivas confirman el importante incremento en el número de expulsados (un 128,65% más) y de detenidos (un 100% de aumento) en el periodo de 1997 a 2002.

El ascenso de estas cifras se debe a dos motivos principales:

A) Especialmente a la eficacia policial.
B) A un aparente aumento de la violencia en el deporte.

En este caso ha sido determinante la efectividad policial, que desemboca en ese mayor número de detenciones y expulsiones, lo que demuestra la importancia de estas medidas para evitar la progresión del problema. La presencia de las Fuerzas del Orden Público es constante en los partidos de Primera División debido a que la asistencia a los estadios para ver un partido se ha convertido en una *práctica de riesgo* para los espectadores, ante la posibilidad de que se desaten altercados violentos por parte de las peñas alborotadoras, y le puedan "salpicar" al espectador normal.

Como segunda causa podría reseñarse un posible aumento de la violencia en el deporte, pero existe la posibilidad más admisible de que ese aumento de detenidos y expulsados se daba casi exclusivamente a la eficacia policial o al aumento del número de actuaciones de la Policía, no a un aumento de la violencia, la cual pudiera haberse mantenido más menos constante de unos años a otros.

TABLA 6

DETENIDOS EN LOS PARTIDOS DE FÚTBOL SEGÚN LA CATEGORÍA A LA QUE PERTENECEN LOS ENCUENTROS

CATEGORÍA \ PERIODO	2000 / 2001	2001 / 2002	DIFERENCIA entre 2000 y 2002
PRIMERA DIVISIÓN	21	26	+ 23,81 %
SEGUNDA DIVISIÓN "A"	15	11	- 26,67 %
SEGUNDA DIVISIÓN "B"	15	6	- 60 %
COPA DEL REY	2	0	- 100%
LIGA DE CAMPEONES	0	12	–
COPA DE LA UEFA	1	0	- 100 %
OTRAS CATEGORÍAS	2	5	+ 150 %
TOTAL DETENIDOS	56	60	+ 7,14 %

Tabla 6: Detenidos en los partidos de fútbol entre los años 2000 y 2002, y su distribución según la categoría a la que pertenecen los encuentros. Elaboración propia a partir de las gráficas del Centro Reina Sofía para el Estudio de la Violencia basadas en datos del Ministerio de Educación, Cultura y Deporte.

Las categorías más desamparadas ante el fenómeno de la violencia son las inferiores, pues los medios de seguridad con que cuentan son menores. Los jugadores, y especialmente los árbitros, de las divisiones inferiores son víctima de esa violencia en mayor medida que sus colegas de Primera División, al no contar con la misma protección que reciben éstos por parte de los efectivos antidisturbios.

Destaca el significativo aumento del porcentaje de detenidos en el apartado *otras categorías* (las inferiores), en los precitados datos del Ministerio de Educación, Cultura y Deporte.

Pese a dicho aumento, el número absoluto de detenidos sigue siendo significativamente inferior en estas categorías inferiores, pero ello no sólo se debe a una menor incidencia de la violencia en las mismas, sino también a una inferior presencia policial en dichas categorías, lo que en consecuencia implica un menor número de actuaciones de la Fuerza Pública y, por tanto, menos detenciones.

TABLA 7

EXPULSADOS EN LAS DIFERENTES MODALIDADES
y CATEGORÍAS DEPORTIVAS

CATEGORÍA \ PERIODO	2000 2001	2001 2002	2002 2003	DIFERENCIA entre 2000 y 2003
FÚTBOL - PRIMERA DIVISIÓN	109	195	292	+ 167,89%
FÚTBOL - SEGUNDA DIVISIÓN "A"	110	90	106	- 3,64%
FÚTBOL - SEGUNDA DIVISIÓN "B"	29	64	86	+ 196,55%
FÚTBOL - COPA DEL REY	11	16	12	+9,09%
FÚTBOL - LIGA DE CAMPEONES	4	8	15	+275%
FÚTBOL - COPA DE LA UEFA	1	0	10	+ 900%
BALONCESTO	4	4	7	+ 75%
OTRAS MODALIDADES DEPORTIVAS	11	30	37	+ 236,36%
TOTAL EXPULSADOS	279	407	565	+ 102,51%

Tabla 7: Expulsados entre 2000 y 2003 en el ámbito futbolístico (Primera y Segunda División de la Liga Española, Copa del Rey, Liga Campeones, Copa de la UEFA); en el del baloncesto y en la suma del resto de modalidades. Elaboración propia a partir de gráficas del Centro Reina Sofía para el Estudio de la Violencia.

TABLA 8

**CONCURRENCIA EN LOS ESTADIOS
E INMEDIACIONES
DE GRUPOS DE RIESGO ORGANIZADOS**

Primera y Segunda División de la Liga Española de Fútbol

1997 1998	1998 1999	1999 2000	2000 2001	2001 2002	DIFERENCIA entre 1997 y 2002
243.085	197.958	210.630	212.843	207.916	- 14,47%

Tabla 8: Concurrencia en las celebraciones deportivas de 1997 a 2002 de grupos seguidores de riesgo organizados.

Fuente: Datos del Ministerio de Educación, Cultura y Deporte.

Elaboración propia a partir de las gráficas del Centro Reina Sofía para el Estudio de la Violencia las cuales, a su vez, elaboraron a partir de los referidos datos del Ministerio de Educación, Cultura y Deporte.

Un factor muy importante a la hora de tratar el problema de la violencia en el deporte, es prevenir la presencia local de grupos de riesgo organizados. Estos son los principales causantes de la violencia en el ámbito futbolístico, especialmente de los actos de barbarie. No sólo constituyen un riesgo para la seguridad en el estadio, sino también para los alrededores del mismo convirtiéndose en un problema de orden público de tipo general, no sólo deportivo. Su fatuo vandalismo afecta fundamentalmente al mobiliario urbano. Deplorablemente, siempre se produce un significativo número de heridos y en alguna ocasión ha habido que lamentar pérdida de vidas humanas. Este es el vergonzoso y desolador panorama que dejan tras de sí estos grupos. Por eso es fundamental el estudio de los mismos en aras de un mejor control y una más eficaz prevención de los altercados en el contexto del fútbol.

Afortunadamente se nota una tendencia a la baja en cuanto a la presencia de estas hordas salvajes, registrándose un descenso del 14,47% entre 1997 y 2002.

A esta notoria disminución ha contribuido de forma importante la eficaz actuación preventiva de las fuerzas del orden al controlar las inmediaciones de los estadios, incluso horas antes del comienzo de partidos de alto riesgo. Especialmente importante es el elevado grado de información que ha obtenido la Policía sobre los diferentes grupos organizados, gracias a lo cual puede actuar con mayor eficacia en el control de los mismos.

TABLA 9

ITINERANCIA DE LOS GRUPOS DE RIESGO ORGANIZADOS

En Primera y Segunda División de la Liga Española de Fútbol

1998 1999	1999 2000	2000 2001	2001 2002	2002 2003	Diferencia entre 1998 y 2003
35.887	24.053	33.665	19.865	15.988	- 55,45%

Tabla 9: Itinerancia de los grupos de riesgo organizados detectada entre1998 y 2003.

Fuente: Datos del Ministerio de Educación, Cultura y Deporte.

Elaboración propia a partir de las gráficas del Centro Reina Sofía para el Estudio de la Violencia las cuales, a su vez, elaboraron a partir de los referidos datos del Ministerio de Educación, Cultura y Deporte.

Este descenso del porcentaje de desplazamientos de los grupos de riesgo organizados es un factor esperanzador en relación con la evolución de la violencia en el deporte. Indirectamente, podría ser un primer síntoma de inicio de colaboración de los clubes en la lucha contra la violencia en el fútbol. Muchos autores culpan a estas entidades deportivas de la persistencia de las peñas *ultra,* pues a algunos clubes les interesan, según refieren varios analistas y, por tal motivo, les pagan las entradas a los encuentros y los viajes para seguir al equipo. Utilizan su ruidoso apoyo para amedrentar al contrario.

Es una equivocada forma de hacer valer al famoso "jugador número doce" (el público).

Por ello, el hecho probado de la referida caída en el número de desplazamientos de esos grupos (- 55,45%), puede ser un indicio del cese o, al menos, disminución de la presunta financiación de las peñas violentas desde los clubes.

Algunos clubes han sido por fin conscientes de la importancia de actuar contra la violencia en el fútbol y están luchando de forma muy importante contra esa clase de violencia. Baste los ejemplos de los dos grandes de la Liga Española: El Real Madrid CF, con su Seminario Permanente de Análisis de la Violencia en el Deporte, que tiene sus orígenes en el grupo de trabajo para el análisis de la violencia creado en 2003 en dicho club), y el Barcelona FC con la fuerte apuesta que ha hecho contra la violencia en el deporte, especialmente en lo relativo a la seguridad en el estadio. Pero no son los únicos clubes antiviolencia: en algunos estadios (además del Bernabéu y el Nou Camp) se han instalado ubicuos sistemas de videovigilancia capaces de controlar hasta cien mil espectadores, pudiendo identificar a los violentos desde el centro de control del estadio.

Estas medidas de seguridad han supuesto un evidente esfuerzo económico para los clubes, lo que supone un claro indicio del interés que tienen en resolver el grave problema de la violencia.

	TABLA 10		
	DESPLAZAMIENTOS DE LOS GRUPOS DE RIESGO ORGANIZADOS EN LAS DIVISIONES 1ª y 2ª "A" TEMPORADA FUTBOLÍSTICA 2010/2011		
DIVISIÓN	**1ª**	**2ª "A"**	**TOTAL**
1ª VUELTA	2.485	2.069	4.554
2ª VUELTA	2.266	2.734	5.000
TOTAL	4.751	4.803	9.554

Tabla 10: Desplazamientos de los grupos de riesgo organizados detectada en la temporada 2010-2011.

Fuente: los datos de la Comisión Estatal contra la Violencia, el Racismo, la Xenofobia y la Intolerancia en el Deporte.

Elaboración propia a partir de dichos datos.

TABLA 11
DESPLAZAMIENTOS DE LOS GRUPOS DE RIESGO POR CAMPEONATO. TEMPORADA 2010/2011

CAMPEONATO	TOTAL
LIGA ESPAÑOLA DIVISIONES 1ª y 2ª "A"	9.554
LIGA 2ª DIVISIÓN "B" / LIGA ASCENSO A 2ª "A"	5.631
COPA DE S.M. EL REY	1.446
SUPERCOPA	0
LIGA DE CAMPEONES	835
LIGA EUROPA / INTERTOTO	1.660
LIGA ACB y COPA DE S.M. EL REY	834
EUROLIGA Y EUROCUP	189
TOTAL	20.169

Tabla 11: Desplazamientos según campeonato en la temporada 2010-2011. Fútbol y Baloncesto.

Elaboración propia, a partir de datos de la Comisión Estatal contra la Violencia, el Racismo, la Xenofobia y la Intolerancia en el Deporte.

TABLA 12

DESPLAZAMIENTOS ANÁLISIS COMPARATIVO ENTRE LAS TEMPORADAS 2009/2010 y 2010/2011

DIVISIÓN	1ª	2ª "A"	TOTAL
Temporada 2009/2010	4.437	8.158	12.595
Temporada 2010/2011	4.751	4.803	9.554
Diferencia	314	-3.355	-3.401
Porcentaje	7,08	- 41,13	- 24,14

Tabla 12: Análisis comparativo entre las Temporadas 2009/2010 y 2010/2011 de los desplazamientos de los grupos de riesgo organizados.

Elaboración propia a partir de datos de la Comisión Estatal contra la Violencia, el Racismo, la Xenofobia y la Intolerancia en el Deporte.

TABLA 13					
NÚMERO DE PENAS PROPUESTAS POR LA COMISIÓN NACIONAL CONTRA LA VIOLENCIA EN LOS ESPECTÁCULOS DEPORTIVOS EN EL FÚTBOL Y EL BALONCESTO					
1997 1998	1998 1999	1999 2000	2000 2001	2001 2002	DIFERENCIA entre 1997 y 2002
230	385	344	460	627	+ 172,61%

Tabla 13: Cuantificación de casos para los que la Comisión Nacional contra la Violencia en los Espectáculos Deportivos propuso sanciones en el periodo comprendido entre los años 1997 y 2002.

Fuente: Datos del Ministerio de Educación, Cultura y Deporte.

Elaboración propia a partir de las gráficas del Centro Reina Sofía para el Estudio de la Violencia las cuales, a su vez, elaboraron a partir de los referidos datos del Ministerio de Educación, Cultura y Deporte.

La Comisión Nacional Contra la Violencia en los Espectáculos Deportivos no tiene potestad sancionadora.

Su función es, entre otras, la de proponer sanciones. Esta joven institución ha experimentado un notorio crecimiento en su actividad, manifestado en esa significativa diferencia de + 172,61% en la cifra de propuestas de sanción en el fútbol y el baloncesto entre 1997 y 2002. Esto tiene una gran importancia, pues así los violentos se acaban dando cuenta de que sus actos no son gratuitos para ellos, teniendo que pagar un alto precio en forma de sanción. En efecto, aunque no pasen de propuestas de sanción, al final la autoridad competente recoge el testigo de la propuesta, materializándola en sanción.

Simplificando mucho y empleando una comparación muy gráfica, se podría decir que la mencionada función de la Comisión Nacional Contra la Violencia en los Espectáculos Deportivos sería una acción similar a la de presentar una denuncia ante la Autoridad.

Más detalladamente, en el capítulo 11, hablo de esta institución antiviolencia.

TABLA 14

SUJETO RECEPTOR DE LAS PROPUESTAS DE CASTIGO DE
LA COMISIÓN NACIONAL CONTRA LA VIOLENCIA EN LOS
ESPECTÁCULOS DEPORTIVOS
EN FÚTBOL Y EN BALONCESTO

DESTINATARIOS \ PERIODO	1997 1998	1998 1999	1999 2000	2000 2001	2001 2002	DIFERENCIA entre 1997 y 2002
ESPECTADORES	177	263	263	335	467	+163,84
CLUBES	49	94	77	117	156	+218,37%
EMPRESAS	4	28	4	8	4	0%
TOTAL	230	385	344	460	627	+ 172,61%

Tabla 14: Sujeto receptor de las proposiciones de castigo de la Comisión Nacional contra la Violencia en los Espectáculos Deportivos entre 1997 y 2002 en el ámbito futbolístico (Primera y Segunda División de la Liga Española, Copa del Rey, Liga de Campeones, Copa de la UEFA); y en el del baloncesto (Liga ACB y partidos de competiciones internacionales). Elaboración propia a partir de las gráficas del Centro Reina Sofía para el Estudio de la Violencia.

	TABLA 15 CLASES DE CONDENAS SOLICITADAS POR LA COMISIÓN NACIONAL CONTRA LA VIOLENCIA EN LOS ESPECTÁCULOS DEPORTIVOS (EN FÚTBOL Y BALONCESTO)					

PERIODO / TIPO DE SANCIÓN	1997 1998	1998 1999	1999 2000	2000 2001	2001 2002	DIFERENCIA entre 1997 y 2002
LEVE	27	13	5	15	30	+ 11,11%
GRAVE	198	371	338	444	586	+ 195,96%
MUY GRAVE	5	1	1	1	11	+ 120%
TOTAL	230	385	344	460	627	+ 172,61%

Tabla 15: Patrón de las condenas planteadas por la Comisión Nacional contra la Violencia en los Espectáculos Deportivos entre1997 y 2002 en el ámbito futbolístico (Primera y Segunda División de la Liga Española, Copa del Rey, Liga Campeones, Copa de la UEFA); y en el del baloncesto (Liga ACB y partidos de competiciones internacionales).

Fuente: Datos del Ministerio de Educación, Cultura y Deporte.

Elaboración propia a partir de las gráficas del Centro Reina Sofía para el Estudio de la Violencia las cuales, a su vez, elaboraron a partir de los referidos datos del Ministerio de Educación, Cultura y Deporte.

Llama la atención el hecho de que los mayores aumentos registrados entre los tipos de sanciones propuestas por la Comisión Nacional contra la Violencia en los Espectáculos Deportivos en el espacio de tiempo que media entre las temporadas 1997-1998 y 2001-2002, son las graves y muy graves (195,96% y 120% respectivamente), frente al incremento del 11,11% de las leves.

La clasificación de las infracciones propuesta por la Comisión Nacional contra la Violencia en los Espectáculos Deportivos divide las infracciones en muy graves, graves y leves, considerando dentro de cada uno de dichos grupos las siguientes:

INFRACCIONES MUY GRAVES:

1.- El incumplimiento de las normas que regulan la celebración de los espectáculos deportivos que impida su normal desarrollo y produzca importantes perjuicios para los participantes o para el público asistente.

2.- La desobediencia reiterada de las órdenes procedentes de las autoridades gubernativas sobre las condiciones de celebración de los espectáculos deportivos cuando afecten a su normal y adecuado desarrollo.

3.- La alteración, sin cumplir los trámites pertinentes, del aforo del recinto deportivo.

4.- El incumplimiento de medidas de seguridad que supongan un grave riesgo para los asistentes.

5.- La falta de previsión en la corrección de riesgos detectados que supongan un grave peligro para los asistentes a los recintos.

6.- La participación violenta en altercados, peleas o desórdenes públicos en los recintos deportivos o sus aledaños que ocasionen daños o graves riesgos a las personas o en los bienes.

7.- La infracción de las prohibiciones de:

a) introducir o exhibir pancartas, símbolos, etc. que inciten a la violencia;

b) toda clase de armas, o instrumentos arrojadizos.

c) La introducción y venta de bebidas alcohólicas en los recintos deportivos.

INFRACCIONES GRAVES:

Son las siguientes, que coinciden con cuatro de los previstos del apartado de infracciones muy graves, pero cuando no concurran las circunstancias de perjuicio, riesgo o peligro en el grado previsto en dicho apartado anterior de infracciones muy graves:

1.- El incumplimiento de las normas que regulan la celebración de los espectáculos deportivos que impida su normal desarrollo y produzca importantes perjuicios para los participantes o para el público asistente.
   Coincide con el enunciado nº 1 del apartado "infracciones muy graves".

2.- La alteración, sin cumplir los trámites pertinentes, del aforo del recinto deportivo.
   Coincide con el enunciado nº 3 del apartado "infracciones muy graves".

3.- La falta de previsión en la corrección de riesgos detectados que supongan un grave riesgo para los asistentes a los recintos.
   Coincide con el enunciado nº 5 del apartado "infracciones muy graves":

4.- La participación violenta en altercados, peleas o desórdenes públicos en los recintos deportivos o sus aledaños que ocasionen daños o graves riesgos a las personas o en los bienes.
   Coincide con el enunciado nº 6 del apartado "infracciones muy graves".

INFRACCIONES LEVES:

Todas las acciones y omisiones no tipificadas como infracciones graves o muy graves y que sean contrarias a las normas y reglamentos aplicables a los espectáculos deportivos.

En el capítulo 12, dentro del tema de la Comisión Estatal contra la Violencia en los Espectáculos Deportivos, amplio la reseña de infracciones.

ENCUESTA SOCIOLÓGICA SOBRE VIOLENCIA EN EL DEPORTE ESPAÑOL ENTRE 1975 Y 1985

Fuente: Elaboración propia a partir de datos de LORENZO CASTRO (1986) y de la elaboración del Prof. Dr. D. Francisco de Miguel Tovar de la Escuela de Medicina de la Educación Física y el Deporte de la Universidad Complutense de Madrid.

Al hablar de las estadísticas en materia de Violencia en el Deporte, sería injusto no mencionar LA ENCUESTA SOCIOLÓGICA SOBRE VIOLENCIA EN EL DEPORTE ESPAÑOL ENTRE 1975 Y 1985 DE LORENZO CASTRO MORAL (1986), que incluyó en su libro *"Violencia en el Deporte de Competición (1975-1985)"* en dicho año. Madrid. Instituto de Ciencias de la Educación Física y del Deporte (no publicado).

Aunque esta encuesta hoy pertenezca ya a la Historia, no obstante, dado que **ha entrado en ella ocupando un puesto de gran relevancia** es obligado mencionarla. Asimismo, la **entidad de dicho estudio** es otro motivo que justifica su reseña. Por todo lo cual, y en justo reconocimiento a su autor, pues tiene el inestimable mérito de haber elaborado **el primer estudio estadístico reseñable realizado en España sobre la materia,** lo cito en esta monografía.

No obstante, a dicha encuesta de Lorenzo Castro sobre la violencia en el deporte se le reprocha el hecho tener un sesgo importante, pues se basa sólo en datos recogidos por la prensa escrita. Sin embargo, no hay que obviar el importante papel de la prensa en la constatación de la violencia en el deporte, como expongo en el siguiente capítulo, el nº 6, sobre "El periodismo y la violencia en el deporte".

Los datos que recoge la referida encuesta de Lorenzo Castro versan sobre las siguientes materias:

1. Distribución de incidentes según el tipo de deportes.
2. Distribución de los hechos violentos según el tipo de deporte en el que se han producido.
3. Agresiones entre jugadores.
4. Agresiones a árbitros.

Las cuatro tablas siguientes están construidas como elaboración propia a partir de la elaboración que, a su vez, realizó el Prof. Dr. D. Francisco de Miguel de la Escuela de Medicina de la Educación Física y el Deporte de la Universidad Complutense de Madrid, a partir de datos de la mencionada encuesta de Lorenzo Castro.

DISTRIBUCIÓN DE INCIDENTES SEGÚN EL TIPO DE DEPORTE

TIPO DE DEPORTE	HECHOS VIOLENTOS REGISTRADOS EN EL PERIODO 1975-1985	PORCENTAJE
FÚTBOL	5362	89,2 %
BALONCESTO	499	8,3 %
BALONMANO	124	2,1 %
HOCKEY	26	0,4 %
TOTAL	6011	100,0 %

Fuentes: Encuesta Sociológica sobre la Violencia en el Deporte Español 1975-de Lorenzo Castro (1986) y Elaboración del Dr. Francisco de Miguel Tovar, profesor de la Escuela de Medicina de la Educación Física y el Deporte de la Universidad Complutense de Madrid.

Elaboración propia a partir de las citadas fuentes.

De estos datos se desprende la tremenda relevancia del fútbol en materia de violencia en el deporte pues, como puede observarse, acapara abrumadoramente la mayor parte de los hechos violentos (el 89,2%) acaecidos en la década de 1975 a 1985.

A una distancia astronómica le sigue el baloncesto que, con el 8,3%, a su vez ocupa un destacado segundo lugar en relación con los puestos inmediatamente inferiores, los cuales vemos que están muy por debajo.

Está claro: los actos de violencia en el deporte son directamente proporcionales al número de seguidores de cada deporte, habida cuenta de que en primer lugar el fútbol y, a considerable distancia de éste, el baloncesto, son los dos deportes de mayor resonancia en la Sociedad. Entre los dos prácticamente monopolizan esta clase de violencia. Pero el rey de la violencia no deja de ser el fútbol, con una incidencia más de diez veces superior a la de su inmediato seguidor en esta deshonrosa clasificación.

Como los deportes mayoritarios evidentemente suelen ser los que más pasiones desatan entre el público, se convierten muchas veces en oportunos escaparates para todo tipo de manifestaciones y protestas sociales, cuyos protagonistas no dudan en absoluto en aprovechar este medio para difundir sus posturas, muchas veces de modo violento.

Ya desde la antigüedad, tanto en la Grecia Clásica, pero sobre todo en la Roma Antigua, se hizo una utilización política del deporte, lo cual fue el origen de violencia en el mismo.

La politización del deporte constituye una de las causas más importantes de violencia en los espectáculos deportivos, en lo que coinciden importantes autores internacionales, referentes mundiales en la materia, como el español Conrado Durántez.

DISTRIBUCIÓN DE LOS HECHOS VIOLENTOS SEGÚN EL TIPO DE DEPORTE EN EL QUE SE HAN PRODUCIDO. 1975-1985

CLASE DE HECHO VIOLENTO	MODALIDAD DEPORTIVA				
	Fútbol	Baloncesto	Balonmano	Hockey	TOTAL
AGRESIONES ENTRE JUGADORES	2.026	63	22	11	2.122
LANZAMIENTO DE OBJETOS	1441	202	32	6	1.681
AGRESIONES A ÁRBITROS	482	89	24	5	600
IRRUPCIONES EN CAMPOS DE JUEGO	106	33	12	1	152
INCIDENTES ENTRE EL PÚBLICO Y LOS JUGADORES	50	11	3	1	65
INCIDENTES EN COMPETICIONES DE ÁMBITO INTERNACIONAL	31	8	1	–	40
AGRESIONES ENTRE ESPECTADORES	29	10	–	–	39

CONTINUACIÓN DE LA TABLA:
DISTRIBUCIÓN DE LOS HECHOS VIOLENTOS SEGÚN EL TIPO DE DEPORTE EN EL QUE SE HAN PRODUCIDO 1975-1985

CLASE DE HECHO VIOLENTO	MODALIDAD DEPORTIVA				
	Fútbol	Baloncesto	Balonmano	Hockey	TOTAL
AGRESIONES A PERIODISTAS	10	2	1	1	14
DEMOSTRACIONES PÚBLICO-SOCIALES	9	1	–	–	10
ACTOS TERRORISTAS	4	4	–	–	8
INCIDENTES CON VÍCTIMAS MORTALES	4	–	1	–	5
INTERVENCIONES DE LAS FUERZAS DE SEGURIDAD	161	23	2	1	187

Fuente: Encuesta Sociológica de Lorenzo Castro (1986) sobre la Violencia en el Deporte Español 1975-1985 y elaboración del Prof. Dr. Francisco de Miguel. Elaboración propia a partir de las citadas fuentes.

Es importante destacar que las agresiones a los árbitros son aún peores en las categorías inferiores, en las cuales el despliegue policial no es tan amplio como en las superiores.

En cuanto a los lanzamientos de objetos, hay que reseñar cuantitativamente que las 1441 proyecciones registradas en el fútbol suponen el 85,7% del total, y las 202 del baloncesto representan el 12%, con lo que entre ambos padecen casi la totalidad de los disparos de objetos al terreno de juego, con un porcentaje conjunto del 97,5% del total.

De estos datos se desprende de nuevo la tremenda relevancia del fútbol en materia de violencia en el deporte, pues el deporte rey acapara abrumadoramente la mayor parte de los hechos violentos (el 89,2%) acaecidos en la década de 1975 a 1985.

Según las clases de Sociología Deportiva impartidas por el Dr. D. Francisco de Miguel, médico deportivo y profesor de la Escuela de Medicina de la Educación Física y el Deporte de la Universidad Complutense de Madrid, ciertos objetos lanzados por la hinchada violenta son difíciles de detectar en los controles de acceso al recinto deportivo, pues los hay tan desafortunadamente sofisticados como las monedas laminadas, que al ser lanzadas con fuerza son muy peligrosas por su cortante contorno. Los hinchas violentos laminan los bordes de la moneda hasta llegar a convertir dicho borde en un afilado y peligroso filo al ser lanzadas como discos cortantes.

A lo explicado por el Prof. Dr. D. Francisco de Miguel Tovar, añado que estos hechos prueban la premeditación con que actúan los grupos violentos del fútbol, cuyos actos no se deben a un eventual acaloramiento derivado de las vicisitudes del juego. Entran al estadio bien preparados y pertrechados para la batalla, con el agravante de actuar con alevosía, pues ponen los medios para asegurar la ejecución de sus agresiones sin peligro para los propios autores de los hechos (como es sabido, en eso consiste la alevosía).

De las víctimas mortales reseñadas en el estudio de Lorenzo Castro, siete lo fueron por lanzamiento de bengalas.

En los dos siguientes cuadros de resultados se observa una vez más que el fútbol es el líder destacado en cuanto a las agresiones entre jugadores (¡el 95,5% del total!) y a los árbitros (80,3%)

AGRESIONES ENTRE JUGADORES		
DEPORTE	NÚMERO DE INCIDENTES	PORCENTAJE SOBRE EL TOTAL
FÚTBOL	2.026	95,5%
BALONCESTO	63	3,0%
BALONMANO	22	1,0%
HOCKEY	11	0,5%

Fuente: Encuesta Sociológica sobre la Violencia en el Deporte Español 1975-1985 de Lorenzo Castro (1986) y Elaboración de Francisco de Miguel, profesor de la Escuela de Medicina de la Educación Física y el Deporte de la Universidad Complutense de Madrid.

Elaboración propia a partir de las citadas fuentes.

AGRESIONES A ÁRBITROS		
DEPORTE	NÚMERO DE INCIDENTES	PORCENTAJE SOBRE EL TOTAL
FÚTBOL	482	80,3%
BALONCESTO	89	14,8%
BALONMANO	24	4,0%
HOCKEY	5	0,9%

Fuente: Encuesta Sociológica sobre la Violencia en el Deporte Español 1975-1985 de Lorenzo Castro (1986) y Elaboración de Francisco de Miguel, profesor de la Escuela de Medicina de la Educación Física y el Deporte de la Universidad Complutense de Madrid.

Elaboración propia a partir de las citadas fuentes.

De nuevo se evidencia la casi exclusividad del fútbol en cuanto a la incidencia de hechos violentos, lo cual es una constante en todas las estadísticas.

CAPÍTULO 6

EL PERIODISMO Y LA
VIOLENCIA EN EL DEPORTE

Al abordar el estudio de la Violencia en el Deporte, el Periodismo Deportivo ocupa un lugar de la máxima importancia, muchas veces injustamente infravalorado e incluso desdeñado.

Considero que los periodistas deportivos obran como magníficos *"notarios"* que *"dan fe"* de cualquier acto de violencia en el deporte.

En toda crónica deportiva se hace constar la presencia del más mínimo incidente que pudiera producirse relacionado con la violencia deportiva, pues ello constituye un hecho *noticiable*. Conocida es de todos la inclinación de los periodistas a reseñar todo aquello que se desvíe del curso normal de cualquier acontecimiento pues, como es sabido, esa actitud es inherente a su profesión. Para ellos es casi una obligación en su práctica diaria, del mismo modo que para los médicos lo es la asistencia sanitaria profesional a un accidentado.

En consecuencia, el periodismo es una de las mejores fuentes para recabar información sobre la Violencia en el Deporte. Es preciso tener presente que hasta la prueba deportiva de la menor categoría posible acaba reseñada en algún tipo de *reportaje*, ya sea el periódico del pueblo, la revista del club deportivo privado o municipal, así como la de los gimnasios, en los cuales se editan periódicamente desde simples *hojas informativas*, hasta elaboradas revistas donde se refleja tanto la normal marcha del centro deportivo, gimnasio, etc., como cualquier otra situación que se aparte de la normalidad (por ejemplo, un hecho violento). Incluso, hasta la revista del colegio de nuestras etapas infantil y adolescente recogía igualmente información relacionada con las actividades deportivas del centro. Las situaciones mencionadas apoyan el comentario precedente de que las competiciones de todas las categorías deportivas acaban reflejadas en cualquier soporte de información periodístico.

Por todo lo expuesto, considero conveniente hacer mención al papel de la prensa en esta exposición y estudio sobre la Violencia en el Deporte.

No obstante, algunos autores señalan a la prensa como una de las causas del aumento de la violencia en el ámbito deportivo en las últimas décadas, por el criterio mercantilista que impera en la industria periodística consistente en vender el mayor número posible de periódicos, con lo que muchas veces incurre en sensacionalismo para aumentar la tirada. Además, la violencia magnificada por ese efectismo puede ser un estímulo mimético para los violentos, que ven en los espectáculos deportivos de masas un magnífico medio para expresar su agresividad y mostrar sus posicionamientos...

Entre los autores que sostienen esta postura cabe reseñar a los siguientes, los cuales se vuelven a citar en el capítulo 9 ("Teorías que intentan explicar la violencia en el deporte"):

DUNNING, 1988

Dunning denunció en 1988 la implicación de la prensa en la violencia en el deporte. Hizo referencia al lucrativo benéfico que suponía la violencia para la industria periodística, cuya finalidad empresarial es aumentar la tirada a efectos de obtener el máximo rendimiento económico posible, empujada por el clima altamente competitivo que rodea a los medios de comunicación.

DURAN, 1996

Duran es otro de los autores que relacionan los medios de comunicación con la génesis de la violencia en el entorno deportivo, al comprobar que en las dos décadas previas a la Segunda Guerra Mundial los medios de comunicación trataron los incidentes violentos presentes en el contexto futbolístico con rigor y concisión, no concediéndoles apenas extensión. Sin embargo, a partir de los últimos años de la década de los años cincuenta y primeros de la de los sesenta del siglo veinte, se produjo un notorio cambio de actitud en dichos medios. El popularmente denominado sensacionalismo periodístico, provocado por la necesidad de vender más periódicos, imperó en el tratamiento que los medios hicieron de este fenómeno, aumentando la resonancia de los acontecimientos violentos.

En mi opinión, y desde una perspectiva parcialmente opuesta a la de los precitados autores, considero que la propia prensa, por el contrario, en ocasiones ha sido víctima de la violencia en el deporte. Naturalmente, habrá habido algún caso en el que tal vez haya influido algo el sensacionalismo periodístico, pero piénsese que la prensa difunde la noticia después de haberse producido, no antes, lo cual es obvio...

Para no dilatar excesivamente el tema, y como ilustración de la idea de que la prensa, en realidad, muchas veces es víctima de la violencia y no causante de la misma, baste citar sólo el conocido hecho del apaleamiento y posterior quema en el estadio Santiago Bernabéu, hace años, de un muñeco que representaba al periodista José María García. En otra ocasión tuvo que entrar escoltado por las Fuerzas del Orden en el estadio del Nou Camp.

Una tercera relación de la prensa con la violencia deportiva es la postura periodística de lucha activa contra esta clase de violencia a través de sus denuncias de la misma. En este sentido, sirve para concienciar a la opinión pública frente a este problema.

No hay que obviar el tremendo **influjo** que tiene o puede tener la **prensa en la sociedad**. No en vano es considerada como *el Cuarto Poder*. Su influencia en la opinión pública en ocasiones puede llegar a ser abrumadora. Baste citar el conocido ejemplo del descenso en la investigación en tecnología espacial que se produjo a partir de los años setenta del siglo veinte, como consecuencia de las críticas periodísticas al gasto en materia espacial. Esos reproches de la prensa influyeron en los políticos responsables de aprobar los presupuestos espaciales, pese a que dichas críticas estaban producidas por la propia ignorancia de quien criticaba, pues con ello demostraron desconocer las aplicaciones científicas, tecnológicas, biomédicas, así como para la industria, para el desarrollo económico, para la vida cotidiana y una interminable lista de otros beneficios de muy diversa naturaleza que proporciona el programa espacial (lo expuesto ya lo comento más adelante en el apartado "Discusiones" de esta obra).

En definitiva, aquel fenómeno mediático confirmó una vez más la enorme influencia de la prensa y la opinión pública, influencia que los diversos medios de comunicación pueden igualmente utilizar para promocionar posturas contra la violencia en el deporte (y de hecho lo hacen, aunque siempre se puede hacer más todavía).

En consecuencia, la prensa puede ser tanto víctima, como presunta causante de la violencia en el deporte (sin proponérselo), así como también un importante medio de lucha para combatir esta lacra. En fin, tres posibles situaciones de lo más dispar.

Para concluir este capítulo de la relación del periodismo con la violencia en el ámbito deportivo, considero interesante mencionar, a modo de revisión bibliográfica, el sugestivo estudio de la Psicóloga María Isabel Molina Macías:

"Aproximación a la violencia en el deporte: análisis del contenido en la prensa escrita" http//www.efdeportes.com Revista Digital-Año 10 nº 78-noviembre de 2004).

Merece la pena comentar los resultados de dicho trabajo a título de análisis y crítica (eso sí, favorable) del estudio:

Esta autora analizó el tratamiento que dan los medios de comunicación al problema de la violencia en el deporte. Realizó la estimación estadística de la muestra que obtuvo aplicando un análisis de Generalizabilidad (la generalizabilidad es una teoría de los errores multifaceta de una medición conductual (Cronbach, Gleser, Nanda & Rajaratnam, 1972). El objetivo de la teoría es desglosar la variabilidad real de la variabilidad del error).

Los datos los sometió a un análisis de contenido mediante software ATLAS/ti y a un análisis de componentes de varianza empleando el programa SAS, así como el programa de análisis de generalizabilidad.

La muestra que obtuvo se componía de 318 noticias extraídas de tres periódicos diferentes durante cinco meses. Escogió los siguientes diarios, cuya pauta de elección fue la de mayor difusión nacional, provincial y deportiva: El País (entonces -2004- era el de mayor tirada nacional), Sur (el de mayor difusión en la provincia de Málaga, donde efectúa el análisis) y Marca (el de mayor venta de la prensa deportiva nacional).

De los resultados obtenidos y consiguientes conclusiones de dicho estudio podemos comentar lo siguiente:

1° La prensa escrita da mayor importancia a los actos violentos en el deporte que la prensa general. (La citada autora considera la importancia basándose, entre otros parámetros, en los siguientes: en el número de noticias violentas, el número de palabras relacionadas con la violencia y el número de noticias violentas con imágenes).

2° Que la prensa general concede una excesiva relevancia a estos hechos (la investigadora se basa en la mayor duración en el tiempo de la repetición de las noticias cuya temática violenta es de mayor magnitud).

3° Según se desprende del contenido de la prensa escrita, entre los individuos violentos existe una mayor proporción de jóvenes de la clase obrera, cuyas ocupaciones laborales son no especializadas (lo que está relacionado con los denominados por Dunning como lazos segmentarios, los cuales explico en el capítulo 8: "Teorías sobre la violencia en general").

4° Los medios periodísticos escritos consideran a los violentos como personas impulsivas que buscan estimulación.

Argumentan que la reacción de los sujetos violentos es como consecuencia de su personalidad impulsiva o bien de su déficit de estimulación, y que el acto violento se produce a causa de la enorme estimulación que genera el entorno, el cual incita a esa clase de individuos a comportarse de este modo.

Otro motivo que exponen los medios periodísticos en relación con la producción de hechos violentos es la provocación proveniente de los jugadores o del propio club.

CAPÍTULO 7

CAUSAS DE LA VIOLENCIA EN EL DEPORTE

Las causas de la Violencia en el Deporte son muy diversas, por lo que procedo a destacar algunas de las más significativas antes de entrar a considerar las diferentes teorías sobre la violencia.

Existen muchos estudios que establecen los siguientes orígenes para esta manifestación de la conducta humana:

1. El dopaje.
2. La politización del deporte.
3. Los intereses económicos que rodean al mismo.
4. El grado de contacto físico agresivo entre los contendientes y el nivel de violencia entre los deportistas.
5. Las malas actuaciones arbitrales.
6. Los problemas tanto de seguridad como de organización en los espectáculos deportivos.
7. Factores culturales y educativos.
8. La carga emocional en los eventos deportivos.
9. La climatología y, en el caso de las pruebas deportivas en recintos cerrados, la temperatura ambiental.
10. La tendencia de los hinchas a sentirse miembros de un clan.
11. El mecanismo psicológico de la persona consistente en la descarga de tensiones psíquicas acumuladas.
12. La protesta por la situación social del individuo.
13. La violencia como diversión.
14. El consumo de alcohol.
15. La desinhibición en un entorno masivo.

1. EL DOPAJE

Ante todo, considero que el dopaje merece especial mención como causa de esta clase de violencia.

Primero, porque algunas sustancias dopantes pueden alterar la conducta generando un aumento de la agresividad, lo que repercute en la seguridad de quien las consume y en la del resto del equipo.

En segundo lugar porque, como es ampliamente conocido y ya he comentado, el dopaje constituye uno de los tres problemas más graves del deporte (los otros dos son la corrupción y la violencia).

Aunque habitualmente la actividad física produce relajación, sin embargo, cuando adopta la forma de competición se generan niveles muy elevados de estrés. Si además el deportista emplea sustancias que aumentan la agresividad, el efecto sumatorio de la tensión de la competición junto con esas sustancias tiene como consecuencia la explosión de violencia. Yo la denomino **violencia de origen químico** o también **causa química de la violencia.**

Cuando esas sustancias dopantes se usan en la adolescencia, el efecto violento en la conducta es mayor. A la acción de estímulo de la violencia de esos productos, hay que sumar la agresividad latente experimentada por buena parte de los adolescentes como consecuencia de los drásticos y radicales cambios biológicos y psicológicos propios del proceso evolutivo de la adolescencia.

La referida tremenda revolución biológica de la adolescencia y su componente bioquímico actúan también en las áreas cerebrales responsables de la violencia (entre otras, una zona de la **corteza prefrontal,** la cual es el principal regulador de la agresividad. Dicha zona es el **área ventromedial,** que interviene en la **función de conferir significado emocional a las acciones,** estando modulada por la **amígdala cerebral.**

Todo esto, unido a complejos factores psicosociales, hace que, a veces, los adolescentes manifiesten agresividad hacia el entorno e, incluso, en ocasiones experimenten reacciones de autoagresividad en mayor o menor medida (si bien esto último no es muy frecuente).

Por lo expuesto, considero al dopaje como una causa destacada en la génesis de la violencia en el deporte moderno.

2. LA POLITIZACIÓN DEL DEPORTE

De entre las causas mencionadas de violencia en el ámbito deportivo, **es especialmente grave la politización del deporte.** Según reseñé en el Capítulo 2, *"Antecedentes históricos de la violencia en el deporte",* y dentro del apartado denominado *Periodo Romano*, **CONRADO DURANTEZ**, importante referencia mundial en la materia, argumentaba en 1985 que ya en la época del Imperio Romano la politización del deporte provocó un aumento de la agresividad en el mismo, infiriendo igualmente que el factor de la politización del deporte ha ido a más desde la era romana.

Entre el resto de los múltiples autores que han señalado a la politización del deporte como causa de la violencia en el mismo, citaré también a **FRANCISCO CANOVAS** que, igualmente en 1985, y aludiendo a la referida causa política del origen de la violencia en el deporte, manifestó:

"En los acontecimientos deportivos se proyectan tanto los conflictos nacionales como los internacionales y cuanta más importancia van adquiriendo las grandes celebraciones deportivas, mayores son los entramados de intereses políticos y comerciales que giran en torno al deporte y, en consecuencia, mayor es la probabilidad de que se produzcan situaciones conflictivas".

Son muchos los analistas que consideran a la politización del deporte la culpable de la violencia en el mismo. Por motivos de espacio, evidentemente no puedo citarles a todos, por lo que pido disculpas por las omisiones producidas, algunas de las cuales son también muy relevantes y de gran calidad.

En cuanto a la rastrera y miserable politización que por desgracia sufre el deporte, todos hemos sido testigos a través de los medios de comunicación, o algunos in situ, de las múltiples ocasiones en las que se ha utilizado el deporte para manifestar posturas políticas, distorsionando canallescamente la esencia del deporte en el cual, como su propio nombre indica, lo idóneo sería actuar siempre con *deportividad,* es decir, **con respeto y** neutralidad**.

En consecuencia, queda claro que la politización del deporte constituye una aberración. Por tal motivo no es de extrañar la gran abundancia de adjetivos descalificadores que numerosos analistas emplean para denostar la politización del deporte, considerándola como algo indigno, abyecto, vil, infame, aberrante, deleznable, ruin, mezquino, bajo, alevoso, perverso, despreciable, maligno, innoble, mísero, viciado, erróneo, desviado, descarriado, inicuo, deshonroso, ofuscado, injusto, equivocado, inadecuado, reprobable, vergonzoso, indecoroso, desacreditado, insano, pérfido, etc. (¡vaya colección de adjetivos!…).

En el fondo, mezclar política y deporte constituye una visión miope del Deporte.

Dentro de los factores sociales y políticos determinantes de la violencia en el deporte cabe destacar, por ejemplo, las rivalidades entre las autonomías.

Cuando los conflictos políticos se trasladan al deporte se genera una carga de violencia añadida a la de por sí ya existente en las competiciones deportivas, agravando la situación.

Además, ciertas posturas políticas representan un importante obstáculo para la solución de este tipo de violencia, como se vio en el Congreso de los Diputados a raíz de la odisea que siguió en dicha cámara el proyecto de Ley contra la Violencia, el Racismo, la Xenofobia y la Intolerancia en el Deporte. En efecto, y como ya comenté en el capítulo tres, (en "Antecedentes históricos de la violencia en el deporte", a su vez dentro del apartado *Época actual y contemporánea)*, el 6 de marzo de 2007 el anteproyecto previo al citado proyecto de ley llevaba ya seis meses bloqueado por las sucesivas prórrogas (veinte, hasta entonces) a que se vio sometido.

Como es sabido, ese retraso tan poco serio es imputable a los grupos nacionalistas catalanes en el Congreso (CIU y ERC), a quienes posteriormente se sumaron los nacionalistas vascos. Estos grupos pidieron constantemente la devolución del proyecto de ley al Gobierno, alegando un problema de competencias autonómicas, según comenté, repito, en el Capítulo 3.

Mientras ciertos políticos continúan persiguiendo quimeras en sus delirantes sueños alejados de la realidad, en 2007 siguen ocurriendo desastres en el deporte en el mundo real, al parecer alejado del mundo irreal de esos políticos.

¿A quién habría que pedir responsabilidades? La respuesta es obvia...

Menos mal que, pese a los nacionalistas, al final se aprobó dicha Ley, aunque con considerable y peligroso retraso (como es obvio, la demora fue, además, negligente).

De acuerdo que esta Ley (aprobada en julio de 2007) no resolvió definitivamente el problema de la violencia en el deporte, pero en estos cinco años transcurridos desde su aprobación se ven avances progresivos en la disminución de dicha lacra, conforme los violentos se van dando cuenta de que sus acciones ahora tienen peores consecuencias para ellos mismos, lo que produce un cierto efecto disuasorio, aunque aún muy leve.

3. LOS INTERESES ECONÓMICOS QUE RODEAN AL DEPORTE

Esto ya lo revelaba **FRANCISCO CANOVAS** en 1985, a quien se ha citado también en el apartado anterior referente a las politización del deporte como causa de la violencia, pero procede volver a citarle a la vista de lo manifestado por este autor en relación con esta causa de violencia, pues, como acabamos de ver, dicho analista manifestaba además que cuanta más importancia van adquiriendo las grandes celebraciones deportivas, mayores son los entramados de intereses comerciales que giran en torno al deporte y, en consecuencia, existe una mayor probabilidad de que se generen conflictos.

Es de suponer que el autor se referiría a que esos mayores intereses comerciales redundan en una mayor difusión publicitaria del encuentro, con el consiguiente aumento del sensacionalismo que se le da al partido, lo que atrae a las masas y enciende los ánimos.

Cada vez hay más intereses económicos, *más ganas de ganar dinero...*

Se ha creado una sociedad de ganadores. Con el fin de ganar son capaces de casi todo (¡hasta de pisar al rival para ascender!... Son los famosos "trepas"). Así que, a la vista de este estado de cosas, no es de extrañar que, por desgracia, ese afán se haya trasladado también a los espectáculos deportivos generando, en consecuencia, el fenómeno de la violencia en el deporte.

4. EL AUMENTO DEL CONTACTO FÍSICO AGRESIVO EN EL JUEGO ENTRE LOS CONTENDIENTES Y EL NIVEL DE VIOLENCIA ENTRE LOS DEPORTISTAS

ALLEN GUTMANN, (1986)

El grado de contacto físico agresivo y el nivel de violencia entre los contendientes que intervienen en la competición es un factor importante en relación con la determinación del grado de violencia de los espectadores, aunque no es el elemento más determinante.

Algunos sostienen que esta afirmación de Gutmann no siempre se verifica en la práctica, pues en deportes violentos, como por ejemplo el rugby, se ha visto que los seguidores **NO** son violentos. Sin embargo, sí que existe mayor violencia entre los seguidores del fútbol y del baloncesto.

Considero que igualmente se puede rebatir la primera parte del comentario precedente relativo al hecho de escoger al rugby como ejemplo de deporte violento, pues la supuesta violencia asociada a ese juego no es real, sino que se trata de la ejecución de los gestos técnicos específicos del mismo, como las melés, placajes, etcétera. Muchas veces son totalmente inevitables los choques accidentales, sin intencionalidad violenta alguna, es decir, sin *dolo,* empleando terminología legal. Consecuentemente, el rugby no es un deporte violento, sino *técnicamente duro.*

Además, este deporte representa uno de los exponentes más encomiables de deportividad, caballerosidad y, en definitiva, **actitud antiviolencia.**

Baste citar el loable gesto de lo que se denomina *hacer el pasillo* a los jugadores del equipo perdedor por parte del conjunto ganador en señal de respeto, reconocimiento, simpatía, franca admiración y consolación, disponiéndose los jugadores del equipo victorioso en dos filas formando un "pasillo" a través del cual pasa el equipo derrotado entre los aplausos que reciben de los vencedores.

O el admirable ejemplo del **coloquialmente denominado** *tercer tiempo,* consistente en el gesto de salir juntos los dos equipos y sus hinchadas a alternar en buena camaradería por los establecimientos de hostelería de la zona, entremezclados formando un grupo común los seguidores y los jugadores de ambos equipos, intercambiándose detalles y recuerdos. ¡Todo un ejemplo a seguir!

En la primera versión de este libro, que terminé en 2007, puntualicé tras lo anterior: ¡Algo impensable, por ejemplo, en el fútbol!...

Afortunadamente, ahora debo rectificar, de lo cual me alegro: al final de la Liga 2007-2008 el Barcelona F.C. "hizo el pasillo" al Real Madrid (loable novedad), y a partir de entonces no fue un hecho aislado en el fútbol, si bien muy poco repetido.

Ampliamente conocidos en el ámbito deportivo y ya clásicos son los comentarios populares referentes al rugby y al fútbol en materia de modales (dicho sea de paso con todos los respetos hacia el mundo futbolístico, pues los tópicos no siempre son correctos. No se puede generalizar, ya que también hay loables ejemplos en el fútbol, aunque escasean):

"El rugby es un deporte de animales jugado por caballeros

y, en cambio,

el fútbol es un deporte de caballeros jugado por animales".

5. LAS MALAS ACTUACIONES ARBITRALES

Fuente: Dr. D. Francisco de Miguel Tobal, profesor de la Escuela de Medicina de la Educación Física y el Deporte. Universidad Complutense de Madrid.

En las competiciones deportivas en general, se ha comprobado que cuando existe una mala dirección del acontecimiento deportivo por parte del arbitro, como en el caso de la no penalización de los jugadores por la infracción de una norma, ello conduce a que éstos y el público cambien de objetivo, pasando a ser éste el de "ganar a costa de lo que sea".

En definitiva, la transgresión de la norma no castigada aumenta la violencia en el deporte. El número de las transgresiones no sancionadas es directamente proporcional a la cifra e intensidad de los actos violentos. Esto justifica que la violencia se produzca en cualquier tipo de deporte, incluso en tenis, natación, y otros deportes en los que no suelen existir manifestaciones violentas....

6. LOS PROBLEMAS DE SEGURIDAD Y DE ORGANIZACIÓN EN LOS ESPECTÁCULOS DEPORTIVOS

Hay un conjunto de causas relacionadas con la logística y planificación de las competiciones deportivas, como las deficiencias en seguridad y mala organización de estos espectáculos, siendo especialmente grave el error de no destinar lugares aislados para las facciones rivales, evitando así la posibilidad de contacto físico entre ellas.

7. FACTORES CULTURALES Y EDUCATIVOS

Dos importantes factores etiológicos a considerar son los de índole educativa y cultural, pues hay estudios que demuestran una mayor incidencia de personas de un bajo nivel cultural y de estudios implicadas en los actos de violencia en el deporte.

8. LA CARGA EMOCIONAL EN LOS EVENTOS DEPORTIVOS

Los eventos deportivos en ocasiones atraviesan por situaciones críticas, de enervante tensión y, por tanto, con máxima sobrecarga emocional, lo cual afecta a los participantes y al público asistente.

9. LA CLIMATOLOGÍA Y LA TEMPERATURA AMBIENTAL

La climatología en espectáculos deportivos al aire libre, y la temperatura ambiental en recintos cerrados tienen una importante relación con la génesis de la violencia. El calor influye en la conducta aumentando la agresividad. La temperatura ambiental actúa sobre la serotonina que, como es sabido, regula el estado de ánimo, entre otras funciones de este neurotransmisor.

Un estudio realizado durante la ola de calor de 2003 por el Dr. Buelna (psiquiatra del Hospital del Mar de Barcelona) demostró un aumento en la incidencia de conductas violentas durante dicha ola de calor.

Asimismo, varios estudios demuestran un significativo aumento en la incidencia de la criminalidad cuando ciertos vientos son especialmente intensos. Esto es debido a la ionización del aire, creándose cargas eléctricas negativas que actúan sobre los circuitos bioeléctricos neuronales. Esto ha sido muy estudiado por científicos israelíes, dándose la circunstancia de que la Legislación de ese país contempla como atenuante en los crímenes la concurrencia del viento denominado Siroco en el momento de la comisión de un delito.

10. LA TENDENCIA DE LOS AFICIONADOS A SENTIRSE MIEMBROS DE UN CLAN

Otra importante causa de violencia es el sentimiento de la hinchada de pertenecer a un clan o tribu. Es uno de los más ancestrales y peligrosos sentimientos que aún contaminan a la Humanidad, pese a la aparente evolución del ser humano. En efecto, en este aspecto aún nos encontramos en un estado casi tan primitivo como el de nuestros más remotos antepasados. Ese tribalismo atávico siempre ha sido causa de las peores manifestaciones de la violencia, como las guerras, que en tiempos históricos pretendían demostrar la superioridad de un pueblo sobre otro, dando origen, entre otras, a la Segunda Guerra Mundial, iniciada por el nacionalismo a ultranza de Adolf Hitler y su partido nacional-socialista, o las guerras de la extinta Yugoslavia por motivos igualmente nacionalistas, citando dos de los más recientes ejemplos. Pues bien, esos mismos sentimientos de tribu también se presentan en el deporte, especialmente en el fútbol.

Como hemos visto, la violencia puede surgir inesperadamente en cualquier deporte, puede saltar en cualquier competición, pero el fútbol es quien presenta el mayor riesgo, y con gran diferencia, de que aparezcan estos hechos. Por tanto es, e insisto, la modalidad deportiva de mayor riesgo.

11. EL MECANISMO PSICOLÓGICO DE DESCARGA DE TENSIONES PSÍQUICAS ACUMULADAS

En la violencia deportiva interviene de manera significativa el **mecanismo psicológico de descarga de tensiones psíquicas acumuladas.** Otras veces buscan una compensación inconsciente por sus frustraciones. Ciertas personas se amparan en la masa violenta para desahogarse, escudándose en un ilusorio anonimato, que puede verse truncado al ser reconocido por los circuitos cerrados de videovigilancia.

12. LA PROTESTA POR LA SITUACIÓN SOCIAL QUE ATRAVIESA EL INDIVIDUO

Esta motivación se rige por mecanismos muy similares a los anteriores. El sujeto experimenta una sensación de desasosiego por la crisis que percibe, o cree percibir, en el ámbito social, económico, laboral, etc., y utiliza los espectáculos deportivos como catarsis para sus problemas, al no ser capaz de afrontar la situación de un modo racional y adaptativo.

13. LA VIOLENCIA COMO DIVERSIÓN

Además de las teorías de acreditados autores, yo añadiría otra peligrosa causa: Los grupos que acaban viendo la violencia como una diversión. Se trata de una violencia de tipo lúdico. Para ellos cualquier excusa vale para disfrutar con sus actitudes violentas. Es casi un deporte, como si fuera un tipo más de lucha deportiva (y además *por equipos*). Evidentemente, la verdadera relación que dichas actitudes tienen con el Deporte, es la de constituir una auténtica aberración deportiva, tan repugnante como la de esos nuevos deportes clandestinos, y por supuesto ilegales, del "*todo vale*", consistentes en una abominable lucha a muerte.

La violencia por diversión puede llegar a presentar execrables niveles de lo más macabro y siniestro, como el caso de algunos asesinos en serie, para quienes matar seres humanos resulta de lo más emocionante, según manifiestan a veces al ser juzgados. Comparan sus fechorías con una especie de cacería, en la que la presa y el cazador son el animal más inteligente y peligroso del Planeta: el hombre. No deja de ser un contrasentido el que estos despreciables criminales, hasta que son descubiertos y detenidos, vivan en el seno de una sociedad compuesta por seres humanos, cuando esos asesinos precisamente van contra las personas y, más contradictorio aún, encima utilizan los progresos de ese ser humano al que persiguen y atacan.

Pues bien, muchos violentos del ámbito deportivo utilizan la violencia como diversión. Alborotan para gozar y pasarlo en grande, como una gran juerga, utilizando el pretexto de la celebración de la victoria para ello. Y esta violencia es de similares características a la de algunos asesinos en serie, como se ha visto, aunque las consecuencias, afortunadamente, no lleguen tan lejos.

Los desórdenes por victoria los menciono en el capítulo 10 "Otras consideraciones acerca de la violencia en el deporte", dentro del apartado "Tipos de desórdenes públicos en los actos deportivos" → La clasificación de

Smith (1983) → actos violentos sin motivo → Situacionales → Desorden por victoria.

14. EL CONSUMO DE ALCOHOL

Está demostrada la relación del alcohol con los hechos violentos. El efecto desinhibitorio del alcohol da rienda suelta a las pulsiones interiores que, en ciertas personas, se manifiesta bajo la forma de conductas violentas. Los sujetos que presentan este tipo de respuesta ante la ingesta alcohólica excesiva, suelen tener una predisposición previa a la violencia, lo que explica que la mayor parte de los que transgreden los límites de tolerancia alcohólica no muestran ese tipo de reacción antisocial. Quienes sí lo hacen, generalmente son seres agresivos que en condiciones normales reprimen su violencia por timidez o por condicionamientos sociales. El alcohol desenmascara su verdadera personalidad (pero no siempre es ese el motivo):

En otras ocasiones puede deberse a reacciones bioquímicas del alcohol en el organismo del individuo, debidas a la idiosincrasia bioquímica de la persona. En esas reacciones se producen alteraciones en los neurotransmisores, que alteran la conducción bioeléctrica de las sinapsis neuronales de ciertas áreas cerebrales provocando aumento de la violencia o disminución del control de impulsos.

Valga lo expuesto como una minúscula muestra, la cual, a su vez, es una síntesis tremendamente escueta de las acciones del alcohol a nivel neuronal y psicológico.

La violencia de origen alcohólico se presenta principalmente con ocasión de la celebración de la victoria.

15. LA DESINHIBICIÓN EN UN ENTORNO MASIVO

El amparo en el anonimato que proporciona la masa de espectadores constituye otra de las causas de este género de violencia. Quienes así actúan, ven en la multitud la ocasión para realizar acciones que nunca se atreverían a ejecutar a título individual, pues el grupo les hace sentirse fuertes. Según varios estudios sociológicos, esta motivación se presenta con mayor frecuencia en personas de estratos socioeconómicos bajos, y poco conocidas por la colectividad, con lo que el riesgo de ser reconocidas es mínimo. En este móvil de conducta confluyen a su vez otras causas ya comentadas, como la descarga de tensiones psíquicas acumuladas, la compensación inconsciente por sus frustraciones, la protesta por situaciones sociales, etc. En definitiva, las grandes aglomeraciones que constituyen los espectáculos deportivos producen en algunos sujetos psicológicamente débiles, acomplejados y reprimidos un efecto desinhibitorio, que sumado al producido por el alcohol pueden desembocar en la violencia.

Vistas las causas más evidentes de la violencia que suelen presentarse con mayor frecuencia en el entorno deportivo, paso a continuación, en el siguiente capítulo, a hacer una revisión de algunas de las teorías sobre la violencia pertenecientes al ámbito de la Psicología.

CAPÍTULO 8

TEORÍAS SOBRE LA VIOLENCIA EN GENERAL

La Violencia en el Deporte es una de las múltiples clases de violencia que el ser humano es capaz de producir. En consecuencia, para conocer los factores generadores de los actos violentos en el deporte, es preciso exponer y analizar los estudios sobre la violencia en general. Por dicho motivo expongo en primer lugar una revisión de las principales teorías que estudia la Psicología acerca de la violencia en su más amplio sentido, antes de proceder a revisar las teorías acerca de la violencia en el deporte.

TEORÍAS SOBRE LA VIOLENCIA

Teorías de la Psicología Social o Teorías Psicosociales:

Valoran la importancia de la interacción de los individuos en el contexto del grupo, en lugar de considerarlos aisladamente. En las teorías de mayor inclinación hacia el aspecto sociológico, el estudio de la violencia se canaliza hacia el ámbito social y cultural en que se produce la violencia y tratan de demostrar que es la propia sociedad quien genera y utiliza la violencia.

Teorías asentadas fundamentalmente en las características individuales de la persona

Interpretan las conductas violentas en función de los factores propios del individuo.

Teorías sobre el procesamiento psíquico de la información

Analizan la conducta violenta de la persona, considerando que el comportamiento está condicionado por los procesos cognitivos que modulan su atención y determinan qué estímulos percibir y cómo hacerlo.

En la violencia deportiva influyen factores individuales y de grupo o interacción social.

La esencia de la actividad deportiva competitiva es la interacción social, más aún si cabe en el caso de las competiciones por equipos, que precisamente son el escenario casi exclusivo de la violencia en el deporte, siendo excepcional que se presente en competiciones individuales.

Por lo expuesto, para analizar el comportamiento violento en el deporte hay que hacer referencia, principalmente, a las teorías fundamentadas en la interacción social, motivo por el que, dada su importancia, se exponen en primer lugar:

TEORÍAS BASADAS EN LA INTERACCIÓN SOCIAL

Para la psicología social, las conductas violentas de los individuos están fundamentalmente determinadas por el entorno social.

La psicología social sostiene diversas teorías y modelos que permiten definir, entender y explicar las conductas violentas en general y, a partir de ahí, las conductas relativas a la violencia deportiva.

Abordaremos primero el contexto teórico más destacado de la psicología social en lo referente al tema que nos ocupa:

COGNITIVISMO SOCIAL
Y COMPORTAMIENTO COLECTIVO

El cognitivismo social describe la conducta violenta en relación con los factores sociales que rodean a la persona. El cognitivismo social está considerado como el modelo teórico que mayor influjo tiene en la psicología social.

En este sentido hay diversas teorías que tratan de explicar el comportamiento colectivo y la violencia:

TEORÍA DEL INFLUJO SOCIAL Y EL COMPORTAMIENTO COLECTIVO

A esta línea de pensamiento pertenece SHERIF, quien en 1936 postulaba que cuando el sujeto se encuentra en circunstancias ambiguas, desprovisto de un modelo de referencia, suele superarlo mediante la interacción social con los otros componentes del grupo. Ese proceso de solución de la situación, consiste en un intercambio de información sobre el contexto ambiguo con otros miembros del grupo, lo que desemboca en la instauración de una norma común, consiguiendo así la normalización.

ASCH realizó en 1952 **estudios sobre la conformidad,** los cuales señalaron que la conformidad es un proceso de influencia social a través del cual el individuo adecúa sus sentimientos, opiniones y conductas a la postura establecida por la mayoría en el contexto del grupo con el que se identifica.

MODELO DE LA INQUIETUD SOCIAL DE BLUMER (1951)

Blumer postula que un estado de malestar social originado por deseos no satisfechos provoca en la persona impulsos a comportarse de modo errático en cuanto a las manifestaciones externas de su psiquismo, y en su interior experimenta tensiones y sentimientos perturbadores (Jiménez Burillo, 1981)

Blumer estableció en 1975 la siguiente secuencia de actuación de los pasos que sigue el desarrollo de la acción colectiva en el descontento social:

Un evento excitante provoca una conducta de concentración, la cual a su vez produce la emergencia de un objeto común, ésta conduce al fomento de los impulsos comunes, lo cual desemboca en una conducta colectiva elemental.

Pero, además, la excitación colectiva existente en estas situaciones potencia, por una parte, la emergencia de un objeto común, retroalimentando la secuencia anterior y, por otra, favorece el contagio social.

TEORÍA DE LA IDENTIDAD SOCIAL

Entre los autores relacionados con esta teoría, destacan los siguientes: Taifel (1971, 1986), Reicher (1987, 1996), (Turner, 1987) (Turner, 1986).

TAJFEL afirma en 1971 que las personas se comportan de modo diferente cuando se consideran integrantes del grupo. El sujeto aspira a una identidad positiva, reinterpretando la realidad grupal y reclamando una revalorización de las particularidades del grupo, de modo que conduzcan a una connotación propicia. Asimismo, a partir de lo anterior demandan reconocimiento.

REICHER (1987, 1996) emplea la Teoría de la Identidad Social o Teoría de categorización del yo (TURNER, 1987) al analizar las reacciones de la muchedumbre. Afirma que la multitud es una forma de grupo social, en definitiva, una amalgama de individuos que "adoptan una identificación social común" (Reicher, 1984).

Esta teoría de la identidad social se apoya en tres supuestos esenciales (Tajfel y Turner, 1986):

1. Los esfuerzos de las personas van encaminados a la obtención de un concepto positivo de sí mismo, consiguiendo un grado aceptable de autoestima y una identidad social positiva.
2. En esencia, los grupos tienen integradas las connotaciones positivas o negativas que contribuyen a la identidad social del sujeto. Dichas connotaciones se asocian al grupo mediante los procesos de comparación social.
3. Los grupos sociales se miden mutuamente y esas comparaciones se realizan atendiendo al tamaño de los mismos. Cuando la conclusión de dicha comparación se traduce en una identidad insatisfactoria, la persona puede utilizar diferentes opciones para recobrar una identidad positiva.

TEORÍA DE LA NORMA EMERGENTE

Esta teoría fue formulada por Turner y Killian, (1987), quienes argumentan que el comportamiento colectivo surge en situaciones que los individuos perciben con una importante carga de tensión en medio de circunstancias ambiguas. En este contexto, las personas se encuentran sin reglas de actuación y tratan de encontrar algo que les señale el comportamiento adecuado.

De este modo, el comportamiento de una minoría compuesta por individuos significativos del grupo, se erigirá en norma emergente, una vez que los actos de los miembros más significativos acaben considerándose acciones propias del grupo.

Previamente al establecimiento de las normas emergentes, hay un tiempo de cierta indefinición en cuanto a las reglas del grupo, hasta que se instaura la norma.

Algunos componentes más relevantes del grupo tratan de convencer al resto, para que asuman como propia la norma emergente, denostando cualquier conducta divergente. Así se limitan y recortan los comportamientos del grupo a través de la norma emergente, pues ésta condiciona dichas conductas.

HARPER & ROW, 1969

Son dignos de ser citados por su contribución a la Psicología Social.

LAS TEORÍAS DEL CONTROL

Según la teoría del control, la violencia proviene del desequilibrio entre los impulsos conducentes a la actividad violenta y los controles sociales o físicos que la frenan, previenen o reprimen. Esta teoría se relaciona con HIRSCHI, quien publicó en 1969 *Causes of Delinquency*. En este libro afirmaba que las clases de vínculo a través de las cuales los individuos se integran en la sociedad y se identifican con los comportamientos respetuosos con la ley son cuatro: el apego, el compromiso, la implicación y la creencia. Mientras estos elementos sean lo suficientemente fuertes, contribuirán al sostenimiento del control social y la conformidad, al conseguir que las personas *no sean libres* para transgredir las normas. Por contraposición, si esos vínculos con la sociedad son frágiles y endebles, puede generarse delincuencia y violencia. Hirschi explica que los delincuentes generalmente son sujetos con un nivel de autocontrol muy bajo a causa de una inadecuada socialización en el hogar o en la escuela (Gottfredson y Hirschi, 1990).

TEORÍAS INTERACCIONISTAS

Los sociólogos pertenecientes a la corriente sociológica fundamentada en la tradición interaccionista sostienen, tras analizar las conductas desviadas, que la violencia se genera socialmente. Los interaccionistas cuestionan la definición de los comportamientos desviados y el criterio por el que se clasifica a algunos grupos como pertenecientes a una categoría específica. En consecuencia, se oponen al planteamiento relativo a la existencia de clases de conducta inherentemente "desviadas".

INTERACCIONISMO SIMBÓLICO y COMPORTAMIENTO COLECTIVO

BLUMER (1951) formuló esta teoría. Posteriormente, TURNER (1957) y KILLIAN (1987) trabajaron en la misma, desarrollándola. En relación con la aplicación de esta teoría a la conducta colectiva, consideran tres planteamientos:

1. El orden social no es algo estático sino que evoluciona en un curso activo de movimiento y cambio; Consideran al cambio social integrado en la evolución continua de la conducta.
2. La persona, en cuanto es consciente de sus actos, estructura y construye su conducta mediante representaciones simbólicas de sí mismo y de su definición de la realidad, y de lo que los demás esperan de él (THOMAS, 1928). En este sentido, su comportamiento es la reacción derivada de su forma de interpretar la realidad, no una respuesta a una realidad objetiva.
3. Destaca la función de la interacción en la generación de significados compartidos y en la coordinación de las conductas individuales.

TEORÍA DEL ETIQUETAJE

Entre los sociólogos relacionados con esta corriente, uno de los más destacados por su aportación es BECKER (1963). Sostuvo que las identidades desviadas no se producen a causa de motivaciones o conductas desviadas, sino que lo hacen por medio del etiquetaje. Según esta corriente, los representantes de las fuerzas de la ley y el orden o los que tienen la potestad de imponer definiciones de la moralidad convencional, son los principales generadores de etiquetaje.

En consecuencia, las etiquetas empleadas para establecer categorías de desviación reflejan cómo está estructurado el poder en la sociedad (GUIDDENS, 2001).

EXPLICACIONES SUBCULTURALES

CLOWARD y OHLIN (1960) así como otros investigadores no vinculados con estos autores, han relacionado la desviación con la presencia de grupos subculturales, que incorporan como propias ciertas reglas que alientan o premian las conductas delictivas. Postulan que los delincuentes juveniles pertenecen en su mayor parte a un estrato social obrero bajo. No obstante, destacan que los jóvenes más proclives a incurrir en estas conductas son los que han interiorizado los valores de clase media, estando particularmente predispuestos a incurrir en actos delictivos si no pueden conseguir sus propósitos.

A esta línea de pensamiento pertenece igualmente CLARKE, quien en 1978 propuso, además, una teoría sobre el gamberrismo en el fútbol. Dicha teoría se reseña en el Capítulo 9 "Teorías que intentan explicar la violencia en el deporte", en el apartado "Teoría sobre los estudios subculturales: Clarke, 1978".

TEORÍAS FUNCIONALISTAS

Son teorías de perfil más sociológico. Se proponen esclarecer por medio del contexto social la naturaleza funcional de la violencia y del comportamiento colectivo. Las teorías funcionalistas sostienen que la violencia tiene asimismo dos cometidos útiles para la sociedad:

1) Función adaptadora, al incorporar en la sociedad nuevos retos, además de crear la necesidad de innovar, generando transformaciones en la sociedad que favorecen el progreso.
2) Contribuye a fijar la frontera entre comportamientos "buenos" y "malos" (GUIDDENS, 2001).

Formando parte de este grupo de teorías, conviene destacar las siguientes:

-   Teoría de la privación relativa de HYMAN (1942) STOUFFER (1949) y MERTON y KITT (1950).
-   Teoría del comportamiento colectivo de SMELSER (1962).

TEORÍA DE LA PRIVACIÓN RELATIVA

Esta teoría fue construida por HYMAN, 1942; STOUFFER, 1949; MERTON Y KITT, 1950, quienes postulaban que la insatisfacción, el descontento o la frustración provocan la actuación colectiva. Las personas cuantifican sus logros o pertenencias conseguidos en la vida comparándolos con sus grupos de referencia. Si han alcanzado menos de lo esperado, les invade el descontento. Los factores por los que surge la inadaptación subjetiva se explican a partir del proceso de inadaptación social formulado por DURKEHEIM, (1895), COHEN, (1955) y VALVERDE, (1988). Dichos factores son los siguientes:

1. Influjo mutuo entre el individuo y el entorno social.
2. Reacciones ante la relación conflictiva: expectativa social e insuficiencia o falta de medios.
3. Institucionalización del conflicto entre el individuo y la situación.
4. La conducta inapropiada deja de ser coherente y comienzan las agresiones y los trastornos de personalidad.
5. Inadaptación subjetiva.

En este sentido, DAVIES, (1962, 1969) propugna la hipótesis de las expectativas crecientes: si las expectativas creadas concuerdan con las necesidades, coinciden la satisfacción real de necesidades y la satisfacción esperada, con lo que no se genera violencia; pero cuando se estanca la satisfacción real y siguen subiendo las expectativas, se produce un brusco desnivel que la persona percibe como insoportable. Cuando ese desnivel excede los rangos de tolerancia de la persona se desencadena la violencia. **ESTA SITUACIÓN ES PROPIA DE LAS REVOLUCIONES,** según el citado modelo de las expectativas crecientes formulado por Davies (1962, 1969).

Una vez expuestas resumidamente las teorías fuertemente basabas en la interacción social, pasamos ahora a describir brevemente las teorías fuertemente basadas en los aspectos individuales, los cuales también influyen en la conducta violenta:

TEORÍAS FUNDAMENTADAS
EN ASPECTOS INDIVIDUALES

Desde tiempos históricos, remontándonos a un pasado de varios siglos, ya se analizaba la violencia a partir del estudio del individuo. Evidentemente, las características individuales pueden pertenecer a múltiples categorías. En consecuencia, se han formulado varias teorías basadas en las cualidades de la persona. El denominador común de dichas teorías consiste en considerar que las características inherentes a la persona son las causantes de la violencia y de la desviación de la conducta.

De entre las teorías fundamentadas en aspectos individuales, resaltaré las siguientes:

TEORÍAS BASADAS EN LAS CARACTERÍSTICAS FÍSICAS (TANTO ANATÓMICAS COMO NEUROFISIOLÓGICAS)

A) TEORÍAS BASADAS EN LAS CARACTERÍSTICAS ANATÓMICAS

LOMBROSO, 1870

Realizó un estudio sobre las peculiaridades anatómicas de los criminales, analizando especialmente el aspecto del cráneo y de la frente, el tamaño del maxilar inferior, así como la longitud de las extremidades superiores, determinando que las características que se observan en los criminales ya estaban presentes en etapas evolutivas primitivas, perpetuándose a lo largo de los eones del tiempo.

SHELDON, 1949

Habló de tres clases de estructura física del ser humano, una de las cuales era característica de los violentos.

B) TEORÍAS BASADAS EN CARACTERÍSTICAS NEUROFISIOLÓGICAS

LA PATOLOGIA CEREBRAL FOCAL puso en evidencia desde hace décadas la intervención de áreas encefálicas específicas de la agresividad y la violencia. Desde 1835 se vienen describiendo casos de personalidad anti-social, tras lesión del lóbulo frontal. Varios estudios recientes demuestran que una lesión frontal acaecida antes de los ocho años de edad constituye un factor de riesgo de conducta impulsiva, agresiva y antisocial en la adolescencia. Otros trabajos evidenciaron que los veteranos de guerra con lesión en el córtex de la región frontal desarrollaron conductas criminales en un porcentaje significativamente superior al resto de los excombatientes.

Asimismo, se admite que el 57% de los criminales violentos presentan patología frontal (especialmente en regiones órbito-frontal y ventro-medio-frontal), según múltiples estudios realizados sobre la materia.

Existen varias investigaciones en las que se exploró mediante electroencefalografía así como estudio de los Potenciales Evocados a sujetos con personalidad antisocial, que evidenciaron alteraciones en la corteza cerebral frontal en un porcentaje muy superior a la población general.

Asimismo, se descubre en el electroencefalograma que las alucinaciones con mayor contenido violento presentes en diversas patologías cerebrales revelan asociación con espigas de origen anterior.

Estudios de RNM (Resonancia Nuclear Magnética) en criminales violentos con psicopatía asociada, muestran una disminución del espesor cortical pre-frontal.

Pruebas funcionales de Tomografía Computarizada por Emisión de Positrones (PET) y de Tomografía por Emisión de Fotón Único (SPECT) en personas con un elevado índice de agresividad y en asesinos, evidencian un descenso de la tasa metabólica frontal bilateral.

AUTORES RELEVANTES:

WALTER RUDOLF HESS

(Nada que ver con el nazi Rudolf Hess, lugarteniente de Hitler).

Este suizo que trabajaba en Estados Unidos fue premio Nobel en Medicina y Fisiología en 1959 por sus trabajos desde comienzos de la década de los años treinta del siglo veinte en el país norteamericano, en los cuales aportó importantes conocimientos sobre las relaciones de las diferentes estructuras cerebrales con la respuesta que producía el estímulo de las mismas.

En sus investigaciones aplicaba minúsculos impulsos eléctricos, a través de finas agujas que llegaban hasta el cerebro de animales de experimentación en estado consciente, para estudiar la relación de las diferentes áreas cerebrales con sus funciones específicas.

JOSÉ MANUEL RODRÍGUEZ DELGADO

Importante neurofisiólogo español quien, siguiendo la línea de investigación de Walter Rudolf Hess, inició otra línea nueva. La labor investigadora la realizó igualmente en los Estados Unidos. Sus experimentos de electroestimulación neuronal en los años sesenta del siglo veinte, tuvieron una gran repercusión mundial en los medios de comunicación de la segunda mitad de dicho siglo. Rodríguez Delgado divulgó dichos trabajos en su libro "El control físico de la mente. Hacia una sociedad psicocivilizada". Posteriormente hizo lo mismo a través de otros libros suyos de los cuales, por abreviar, sólo cito "El control de la Mente" (Espasa-Calpe, 1995).

En la mencionada década de los sesenta, dirigió un experimento en la isla de Hall (Bermudas) en el que se implantaron electrodos en el cerebro de decenas de gibones, a los cuales pudieron controlar en sus reacciones, estimulando sus cerebros a distancia mediante ondas de radio. Dichos implantes inventados por Rodríguez Delgado, que se denominaron estimorreceptores (stimoreceivers), además proporcionaban datos sobre la actividad cerebral de dichos simios.

Tras el regreso a España del científico a finales de 1970, continuó con sus investigaciones, realizando un famoso experimento con novillos de toro bravo de lidia, a los que implantó unos microelectrodos en el lóbulo temporal del cerebro. Mediante control a distancia por radio, podía estimular o inhibir las áreas cerebrales de la agresividad, lo que provocaba, respectivamente, la embestida del animal contra todo aquello que se movía ante él o, por el contrario, cuando se inhibían dichas áreas de la agresividad por control remoto, el animal mostraba una increíble mansedumbre, pudiendo incluso acercarse cualquiera a acariciarle.

DAMASIO

Este actual profesor de Psicología, Neurociencia y Neurología en la Universidad del Sur de California, postuló que "la expresión de emoción es la historia que construye el cerebro para explicar los efectos periféricos que induce esta experiencia". Al no ser uniforme la respuesta autonómica, diferentes emociones inducen diversos patrones de respuesta autonómica

ARNOLD

Aporta el concepto del "inconsciente del estímulo" que hace una evaluación inconsciente, apoyada por la memoria, antes de que el cerebro proceda a la respuesta de la información periférica. El miedo a circunstancias que no sabemos explicar, probablemente se deba a que la memoria emocional posea otros circuitos de activación diferentes a los de nuestra memoria semántica, de objetos, caras, etc.

Durante todo el pasado el siglo veinte y hasta nuestros días, el conocimiento de las estructuras cerebrales de los sujetos violentos ha progresado significativamente.

Este hecho ha reforzado las referidas teorías que relacionan las conductas violentas con las peculiaridades neurofisiológicas de la persona.

Se sabe que las emociones (entre las que se encuentran la agresividad, rabia, estupor, hostilidad, miedo, pena, euforia, placer, depresión) desencadenan respuestas neurológicas y endocrinas, secretando neurotransmisores y hormonas que ponen en estado de alerta a la corteza cerebral, tras llegar los estímulos a estructuras mediales subcorticales. Cuando estas emociones son conscientes, el sujeto percibe una sensación que desencadena una respuesta, incorporándose dicha reacción a la memoria del individuo. En esa percepción consciente interviene la corteza cerebral, especialmente la frontal y el cíngulo. La respuesta periférica (del sistema nervioso autónomo, del sistema endocrino o del músculo-esquelético) se produce a partir de las siguientes estructuras encefálicas: centros en la amígdala, hipotálamo, ganglios basales y tronco cerebral.

En la línea basada en las alteraciones de las estructuras encefálicas, cabe citar a Sanmartín (2002) quien, a raíz de sus investigaciones, apoya la idea de que la corteza prefrontal es el principal regulador de la agresividad, modulada por la amígdala. Su acción es ambivalente, pues puede consistir tanto en favorecer la agresividad, como en disminuirla o incluso inhibirla.

Los autores partidarios de esta línea neurológica, explican que los sujetos con importante inclinación a la violencia, presentan alteraciones anatómicas o, al menos, de funcionamiento en una porción de su corteza prefrontal, concretamente en el área ventromedial, la cual interviene en la función de conferir significado emocional a las acciones.

Siguiendo esta perspectiva existen diferentes teorías:

TEORÍAS ACERCA DE LA INTEGRACIÓN DE ESTE ESTADO EMOCIONAL-PERIFÉRICO EN UN ESTADO CONSCIENTE-CENTRAL,

Estudian el papel de las estructuras cerebrales en la génesis de las emociones. Quienes sustentan estas teorías, conceden una gran importancia a las lesiones y alteraciones de las mismas en el origen de la violencia, lo cual demuestran mediante experimentos en animales de experimentación y a través de la sintomatología de los afectados por las lesiones específicas de cada área cerebral.

Cabe destacar los siguientes autores:

TEORÍA DE JAMES Y LANGE

Otorgan una gran importancia al hipotálamo y al tálamo en relación con la mediación de la emoción, debido a su función de regulación de los signos periféricos de la emoción.

Según estos autores, cuando el individuo percibe el peligro, reacciona con una respuesta neurovegetativa. Esa reacción es percibida como algo muy desagradable y se instaura el miedo.

TEORÍA DE CANNON-BARD

Se trata de una teoría diametralmente opuesta a la anterior: La percepción del peligro conduce, en primer lugar, a la aparición del miedo, emoción que desencadena posteriormente la respuesta física neurovegetativa.

Para Cannon y Bard primero es el miedo y después la reacción neurovegetativa; al contrario que para James y Lange, para quienes lo primero es la reacción neurovegetativa y después el miedo.

WILLIAM JAMES

Este autor, a finales del siglo XIX, sostuvo que cuando un individuo percibe un estímulo que le perjudica, presenta alteraciones fisiológicas como taquicardia, disnea, ansiedad, temblor, etc. El cerebro es consciente de estos síntomas, a raíz de lo cual se producen las emociones. Es decir, según James las emociones serían las sensaciones físicas.

WALTER CANNON Y PHILLIP BARDAND

Walter Cannon rebatió, en 1929, la teoría de James formulando otra. La teoría de Cannon enseguida fue tratada y modificada por Phillip Bardand, a partir de lo cual pasó a denominarse teoría Cannon-Bardand. De acuerdo con esta teoría, si el sujeto atraviesa por una circunstancia que le afecta especialmente, el impulso nervioso se dirige al tálamo, dentro del cual el mensaje se desdobla en otros dos, que posteriormente se conducen por vías diferentes: Uno alcanza la corteza cerebral, generando experiencias subjetivas como la ira, el miedo, la tristeza, la alegría, etc. El otro llega al hipotálamo provocando las alteraciones periféricas neurovegetativas, que serían los síntomas. Según esta teoría, las reacciones físicas y las vivencias emocionales son simultáneas.

JAMES PAPEZ

Este neuroanatomista pensaba que la corteza cingulata, y subsidiariamente otras zonas corticales, eran las principales responsables de la vivencia de la emoción Se creía que el hipotálamo era quien controlaba la expresión emocional. El gyrus cingulata establece conexiones con el hipocampo el cual, a su vez, lo hace con el hipotálamo mediante un haz de axones que constituyen el fórnix. Por último, los estímulos salen del hipotálamo, y alcanzan la corteza cerebral pasando por el tálamo (El error fundamental de la teoría Cannon-Bardand consistió en considerar al tálamo como el punto de partida de las emociones).

James Papez probó en 1937 que la emoción no radica en un centro cerebral concreto. Por el contrario, está vinculada a un circuito que comprende cuatro estructuras conectadas entre sí: el hipocampo, el hipotálamo con sus cuerpos mamilares, el gyrus del cíngulo y el núcleo talámico anterior. Dicho circuito, denominado circuito de Papez, está relacionado con las funciones centrales de las emociones (afectividad) y con las expresiones periféricas (síntomas).

PAUL MAC-LEAN

Es un neurofisiólogo norteamericano, siendo además **Director del Laboratorio de Evolución Cerebral y Conducta del Instituto Nacional de Salud Pública de California** (1997) quien, siguiendo la perspectiva de Papez, introdujo en 1952 el término sistema límbico, tras añadir otros elementos al circuito del anterior: las cortezas orbitofrontal y frontal media (área prefrontal), el lóbulo parahipocampal y grupos subcorticales como el núcleo talámico medio, el área septal, la amígdala, el núcleo basal prosencefálico y determinadas estructuras del troncoencéfalo.

Mac-Lean expuso en 1952 su modelo anatomofisiológico cerebral, según el cual el cerebro se divide en tres componentes principales que el llamó cerebros o unidades cerebrales. **Serían tres cerebros distintos integrados en un solo cerebro.** Cada uno de ellos pertenecería a diferentes estados evolutivos y de desarrollo embrionario, al aparecer en diferentes momentos filogenéticos y ontogénicos, respectivamente. Empleando un símil muy gráfico y ampliamente conocido, estos tres cerebros propuestos por Mac-Lean se superponen como los estratos cronológicos de un yacimiento arqueológico.

Según Mac Lean, esos tres cerebros son centros de procesamiento de la información que, pese a estar mutuamente conectados entre sí, ha conservado cada uno sus específicas clases de inteligencia, subjetividad, conciencia del tiempo y el espacio, movilidad y otras funciones más generales.

Esas tres unidades cerebrales o cerebros presentes en un único cerebro serían:

1. El cerebro archipallium o primitivo (reptiliano) presenta una localización posteroinferior. Está formado por estructuras del troncoencéfalo (como el bulbo raquídeo y el mesencéfalo) uno de los núcleos basales (el más primitivo), el cerebelo, el globo pálido y los bulbos olfatorios.

2. El cerebro paleopallium o intermedio es el **sistema límbico.** Común al cerebro de los mamíferos inferiores. Se encuentra en una situación intermedia, circundando por encima al anterior.

3. El cerebro neopallium (mamíferos superiores hasta llegar al hombre) está formado por el **neocortex** (con lo cual abarca casi la totalidad de los hemisferios cerebrales) y ciertos grupos neuronales subcorticales. Se localiza en la posición más superior y hacia delante. Es el cerebro racional o superior, constituido por una enormemente compleja red neuronal responsable de las **funciones intelectuales superiores.**

Esos tres cerebros están estrechamente intercomunicados mediante vías anatómicas que transmiten un flujo bidireccional de información, como formando un solo cerebro en el que está integrados los tres.

El primero de estos cerebros, el archipallium o primitivo, también es denominado por Mac Lean como Complejo R (de reptil)

Está directamente relacionado con los mecanismos de agresión y con la violencia. En ese cerebro radica la inteligencia básica, relacionada fundamentalmente con las rutinas, rituales, etc. En esta zona del cerebro humano persisten estructuras que corresponden al estado evolutivo de los reptiles, presentando por ello gran afinidad con el cerebro de los reptiles actuales. Estas estructuras son responsables de la supervivencia biológica y de las reacciones agresivas con finalidad defensiva. Cuando el sujeto supera el episodio impulsivo, se queda extrañado de lo desmesurado de su propia reacción. Esto es debido a que dicha reacción es una respuesta instintiva muy primitiva, que durante un determinado lapso de tiempo bloquea el funcionamiento de los centros corticales superiores, los cuales rigen el comportamiento humano en condiciones normales. Las conductas determinadas por este cerebro primitivo son con mayor frecuencia automáticas e inconscientes, las cuales se manifiestan especialmente cuando el sujeto se siente amenazado por un peligro, desarrollando una conducta reactiva. En definitiva, esta estructura cerebral es responsable de algunos actos involuntarios e igualmente de las reacciones y comportamientos instintivos como, por ejemplo, los relacionados con la agresividad, la sensación de seguridad, los hábitos, los comportamientos rutinarios y los repetitivos, el acondicionamiento, los patrones fijos de conducta, el alejamiento de aquello que resulta desagradable, la atracción por lo que percibimos como grato, el fenómeno del ritualismo, el asentamiento de sistemas jerárquicos y el sentimiento de territorialidad, por lo que este cerebro primitivo es responsable de la delimitación del propio territorio.

Ese sentimiento de territorialidad es uno de los sentimientos fundamentales que manifiesta la hinchada violenta de un club, desembocando en una fuerte carga de violencia. Y dicho sentimiento de territorialismo apareció con estas estructuras primitivas.

En este cerebro primitivo es donde tiene lugar el control de ciertas funciones fisiológicas imprescindibles para el mantenimiento de la vida. (cardiacas, respiratorias, digestivas, etc.). Tanto el bulbo olfatorio como sus conexiones nerviosas son responsables de la discriminación de los estímulos olfatorios y de la mayor calidad de las respuestas ante esos estímulos, entre las cuales se encuentran el ataque, la huida y la reproducción.

Como consecuencia del progreso evolutivo, algunas funciones *reptilianas* quedaron reducidas a una minúscula presencia o incluso desaparecieron.

(Si se me permite un humorístico inciso, y dicho sea de paso con todos los respetos a los nacionalistas, pues lo revelado sobre el cerebro primitivo o reptiliano ha dado siempre lugar a algunas bromas políticas sobre los nacionalismos e, incluso, sobre los regionalistas (en todo el mundo, no sólo en España) pues, como ya se ha expuesto anteriormente:

***"Este cerebro primitivo es responsable del sentimiento de territorialidad, y dicho sentimiento de territorialismo apareció con estas estructuras primitivas, repito. Con el progreso evolutivo, algunas funciones reptilianas quedaron reducidas a una minúscula presencia o desaparecieron"**, ante lo que se bromea en medios científicos internacionales que en los nacionalistas no se produjo dicha evolución y se quedaron con el cerebro primitivo o reptiliano.*

Por supuesto, esto de los nacionalistas es sólo una broma científica, ¡que nadie lo tome al pie de la letra!...

Lo que sí que está comprobado es que el sentimiento de territorialidad depende del cerebro primitivo o reptiliano o complejo R, como ya se ha expuesto.

En señal de respeto democrático hacia dichos políticos y ciudadanos nacionalistas añado que huelga comentar que las causas por las cuales un político se decide por posturas nacionalistas son múltiples (dependen, evidentemente, de cada caso particular) e, independientemente de que se esté o no de acuerdo con ellos, la mayoría de dichas decisiones son respetables, salvo casos concretos de acceso a la Política por intereses particulares u otros igualmente poco edificantes, lo cual, obviamente, puede ocurrir también (y de hecho ocurre) entre quienes militan en cualquier otra postura política).

El segundo cerebro es el sistema límbico, cerebro paleopallium o intermedio

Es el siguiente en antigüedad evolutiva y común a los mamíferos primitivos.

Ahí es donde fundamentalmente se localizan las emociones y la inteligencia emocional (afectiva y metamotivacional).

Es responsable de la satisfacción y placer por el aprendizaje y el trabajo (por tanto, estimula la productividad).

Dicho cerebro está implicado en las siguientes experiencias y expresiones de la emoción: el sentirse o no afectado, la depresión, el miedo, el amor, la alegría e, igualmente, controla la conducta sexual y maternal. También efectúa el procesamiento de la información sensorial. Una vez filtrada, esta información se dirige al neocortex.

El tercer cerebro es el neocórtex o cerebro neopallium

Es el más evolucionado. Está situado sobre el sistema límbico, y dividido en dos hemisferios (izquierdo y derecho), cada uno con funciones propias (Sperry, Gazzaniga y Bogen):

A finales de los años sesenta del siglo veinte, el californiano Roger Sperry (premio Nobel en Medicina) y su equipo explicaron las diferencias entre ambos hemisferios. Muy resumidamente serían:

Hemisferio izquierdo: En él radica la inteligencia racional.

Permite el razonamiento.

Es responsable de la capacidad de procesar secuencialmente los pensamientos de forma lógica y lineal, es decir, de establecer unos pasos en el proceso del pensamiento.

Hemisferio derecho: involucrado en la inteligencia asociativa, intuitiva y creativa. Permite el pensamiento holístico.

También está vinculado con las sensaciones y emociones.

Interviene en la regulación del control en la expresión de los sentimientos y emociones, facilitando la liberación de dicho control.

Esto tiene gran importancia en pedagogía (y, por tanto, en la prevención de la violencia) pues la educación, indirectamente, estimula el uso preferente de uno u otro hemisferio, produciendo a la larga individuos rígidos o permisivos, impositivos o participativos, inflexibles o flexibles.

INCISO:

Haré un inciso a título de mera anécdota (aunque puede ser un punto de reflexión, si bien parcialmente ajena al tema que nos ocupa):

*Si se me permite la respetuosa licencia humorística, diré que estos **tres cerebros distintos (o unidades cerebrales) integrados en un solo cerebro** que postuló Mac Lean a raíz de sus investigaciones en Neurofisiología, recuerdan lejanamente el misterio de la Santísima Trinidad, salvando las infinitas distancias, y dicho sea de paso, repito, con el mayor y más reverente de los respetos como creyente que considero que soy. Además, hasta podría ser una sencilla forma de aproximación a la explicación de dicho Misterio, aunque el parangón con el tema expuesto sea muy relativo pues, al contrario que los tres "cerebros" o unidades cerebrales en que se divide el cerebro humano, que son de muy diferentes niveles y funciones, sin embargo, y muy al contrario, en el caso de la Santísima Trinidad sus tres Personas son iguales en Dignidad y demás atribuciones, según la Fe.*

Aclaración hecha en señal de respeto, pues la antedicha gracia inocente y bien intencionada no tenía propósito alguno de herir sensibilidades, ni de faltar al respeto a la libertad de pensamiento, la cual el ateo no suele respetar creyéndose en posesión absoluta de la verdad y denostando a quien no piensa como él. Dicho sea esto de paso también con todos mis respetos hacia el ateo, pues no todo el mundo tiene capacidad intelectual para entender las cuestiones de tipo religioso, ya que la etiología más frecuente del ateísmo suele ser una falta de capacidad mental para manejar conceptos relacionados con la religión y la espiritualidad en general. Es lo que se denomina déficit de inteligencia religiosa o espiritual (por supuesto que también hay otras causas de ateísmo, como es sabido).

Como todos también sabemos, la Psicología actual habla de varias clases de inteligencia (como, por ejemplo, la muy en boga inteligencia emocional y otras como la inteligencia musical, la inteligencia espiritual o religiosa, etc.). Evidentemente, no todo el mundo tiene ni los mismos niveles, ni las mismas clases de inteligencia, y no sería justo minusvalorarles a causa de dicho déficit, pues se comprende igualmente que no todas las personas tienen capacidad para entender ciertos conceptos de la Religión (quizá por eso dichos conceptos se asientan sobre todo en la fe, al estar por encima del limitado entendimiento humano. Por ejemplo, imaginemos que la existencia de la energía nuclear sólo se comunicara a los que realmente entienden la Física Nuclear, sus fórmulas, postulados, etc. Ya sabemos que no es así, pues la población general conoce su existencia "como un acto de fe", "porque se lo han dicho" a pesar de que no entiende sus fórmulas, más aún, ni siquiera las conoce). Pues bien, la comprensión de algunos conceptos religiosos, asimismo se fundamenta en gran medida en la intuición, facultad mental que la moderna Psiconeurología considera como la función intelectual más importante, sin la cual no podríamos vivir en este mundo. Baste citar el conocido ejemplo que hasta exponen en los documentales de divulgación científica sobre neurociencias. El ejemplo es el siguiente: a la hora de elegir el traje a ponerse por la mañana, lo habitual es tomar una decisión instantánea. Pero si lo hiciéramos de modo exclusivamente lógico, estaríamos un tiempo interminable analizando los pros y los contras de un número de datos a favor y en contra en constante y casi interminable aumento para elegir una u otra prenda, situación de la cual se puede hacer una cómica parodia (y de hecho la hacen en programas de divulgación científica). Dicha elección de la vestimenta, el cerebro la hace instantáneamente utilizando la facultad de la intuición, o inteligencia intuitiva en lugar de la mecánica y maquinal lógica, la cual, no obstante, es imprescindible en otras actividades, como las matemáticas o en buena parte de la investigación científica, donde, no obstante, los mayores logros partieron de ideas inicialmente intuitivas.

Cuando nos compramos un nuevo dispositivo electrónico solemos empezar a manejarlo de manera intuitiva sin necesidad de consultar el libro de instrucciones. La misma informática "a nivel de usuario" es, en buena medida, intuitiva.

Lo mismo ocurre con la Religión, que se basa en gran medida en la inteligencia intuitiva (además de la Fe, por su puesto, y principalmente).

En fin, no somos simples máquinas o robots que sólo pueden utilizar la lógica en su funcionamiento.

Los humanos, afortunadamente, disponemos de otras funciones intelectuales superiores, además de la lógica, por supuesto..., la simple, pero también totalmente imprescindible lógica..., pero sin excluir otras funciones superiores, y reitero.

Al principio de este inciso decía que el mismo es parcialmente ajeno al tema que nos ocupa. Digo" parcialmente", pues tiene también relación con la violencia en el sentido de que hay una menor frecuencia de hechos violentos protagonizados por personas religiosas que por individuos no practicantes, agnósticos o ateos, pues la región supone un freno extra para evitar las conductas delictivas, ya que para el religioso, además de ser ilegales como para el resto de la población, por añadidura son pecado para él, con lo que por ello quien practica la Religión tiene dos mecanismos de control de la violencia, lo que refuerza dicho control. Por supuesto que también se dan casos de hechos violentos protagonizados por personas religiosas pero, repito, la frecuencia con la que se producen es mucho menor. Incluso los actos violentos relacionados con los fanatismos religiosos son muy poco frecuentes (en realidad, muy esporádicos) en relación con la totalidad de las cuestiones de orden público, e incluso es muy superior el número de muertes violentas por otras causas en el mundo. Además, muchos de los supuestos fanatismos religiosos, en realidad son fanatismos políticos, con lo que el número de fallecidos por fanatismo religioso es aún menor. Bien es verdad que no debería haber ni una sola muerte violenta de cualquier clase en el mundo.

Mucho más frecuentes son los fanatismos "laicos" como el fanatismo por un equipo deportivo, por una idea política, incluso en el pasado existió el fanatismo antirreligioso, de ahí los múltiples mártires que hubo, incluso en el aparentemente civilizado (al menos para la época) Imperio Romano (y no hace falta remontarse tan lejos en la Historia.... Incluso en pleno siglo XXI aún existe el fanatismo y el fundamentalismo antirreligioso...).

Muchos olvidan que hasta la Constitución prohíbe cualquier tipo de discriminación por motivos de sexo, raza o religión, etc.

ESTRUCTURAS CEREBRALES RELACIONADAS CON LA GÉNESIS Y LA REGULACIÓN DE LAS EMOCIONES

CORTEZA FRONTAL: ÁREA PREFRONTAL

Los individuos que tienen importante inclinación a la violencia presentan alteraciones anatómicas o, al menos, de funcionamiento en una porción de su corteza prefrontal, concretamente en el área ventromedial, la cual interviene en la función de conferir significado emocional a las acciones.

Las investigaciones de Sanmartín en 2002 confirmaron la idea de que la corteza prefrontal es el principal regulador de la agresividad, modulada por la amígdala cerebral. Su acción es ambivalente. Puede consistir tanto en favorecer la agresividad, como en disminuirla o incluso inhibirla.

El área prefrontal incluye toda la zona no motora del lóbulo frontal. Aunque dicha área no pertenece al circuito límbico, está muy relacionada con él a través de sus importantes vías de conexión con el tálamo, la amígdala y otras estructuras subcorticales, las cuales conducen información en ambos sentidos.

Esta relación es la responsable de la intervención del área prefrontal en la generación de los estados afectivos y, sobre todo, en la expresión de los mismos. Está comprobado que en las lesiones de esta región el individuo pierde su sentido de la responsabilidad social (también se afecta la capacidad de concentración y abstracción).

En el ser humano, esa red de conexiones entre el área prefrontal y el circuito límbico es la más amplia de la Naturaleza.

Muchos autores atribuyen a esta característica el hecho de que seamos capaces de desplegar la gama más variada de sentimientos y emociones del reino animal.

El área prefrontal adquiere un importante tamaño en el ser humano y en algunas especies de delfines.

AMIGDALA CEREBRAL

Se localiza en la región anteroinferior del lóbulo temporal. Interviene en la expresión somática de la emoción. Es responsable de la expresión facial y corporal a través de las cuales expresamos emociones como miedo, rabia o sorpresa. Así prepara al individuo ante la posible amenaza para poder optar, bien por la respuesta de huida, o por la del ataque. Esta mediación se produce tanto en el estado emocional consciente, como en el no consciente, motivo por el que la activación de la amígdala antecede a la respuesta ante el estímulo.

La amígdala establece conexiones con el área prefrontal, el núcleo medio dorsal del tálamo, el hipotálamo y el núcleo septal. Por medio de dichas conexiones efectúa su cometido de mediación y control en las funciones afectivas como el amor, afecto, amistad, camaradería o la expresión de estados anímicos como la ira, la agresión o el miedo.

Otra función de la amígdala consiste en la identificación del peligro.

CICUNVOLUCIÓN DEL CÍNGULO

El cíngulo interviene en la modulación de la conducta agresiva y en la respuesta emocional ante el dolor. En su zona anterior se produce la asociación de las imágenes visuales y los olores, a los recuerdos agradables relacionados con emociones previamente fijadas en la memoria.

HIPOTALAMO

Más que con la generación de estados afectivos, el hipotálamo está relacionado con la coordinación en la expresión periférica de las emociones, es decir, controla la expresión fisiológica del estado emocional, lo que realiza al regular el sistema nervioso autónomo mediante su acción sobre el troncoencéfalo.

La ira está vinculada con las zonas laterales del hipotálamo.

Además tiene otros cometidos, como su intervención en las funciones vegetativas y la regulación térmica, las sensaciones de hambre o de sed, el placer, la sexualidad, entre otras múltiples y variadas funciones que podrían citarse, cuya exposición alargaría excesivamente el tema que nos ocupa.

Las lesiones en el hipotálamo determinan alteraciones en dichas funciones, cada una de las cuales está localizada en uno de los núcleos del hipotálamo.

Entre las propiedades propias del hipotálamo destaca su función endocrina al liberar al menos nueve hormonas con efecto inhibidor o estimulante sobre la secreción de otras tantas hormonas segregadas por la adenohipófisis, y otras dos que se dirigen a la neurohipófisis, donde se almacenan y se secretan. Estas dos últimas hormonas son la ADH (hormona antidiurética o vasopresina) y la oxitocina, producidas en el nucleo supraóptico y en el paraventricular. Este último núcleo además regula la temperatura corporal.

En el hipotálamo se sintetizan diversas sustancias químicas (neuropéptidos o neurohormonas) relacionadas con las emociones, como la rabia, tristeza, sensación de enamoramiento, etc.

También regula el ritmo circadiano (núcleo supraquiasmático del hipotálamo) y varias sensaciones (algunas ya comentadas) como el hambre (núcleos laterales del hipotálamo), la saciedad (núcleo ventromedial), la sed (núcleo hipotalámico anterior), Interviene en la función parasimpáica (núcleo preóptico del hipotálamo), en la función simpática (núcleo hipotalámico posterior). El hipotálamo también participa en la memoria a través de su núcleo mamilar.

En la conducta emocional participa el núcleo arcuato, el cual también tiene actividad endocrina liberando GnRh (hormona liberadora de gonadotrofina).

Existen importantes conexiones entre el hipotálamo y otras áreas proencefálicas y el mesencéfalo.

HIPOCAMPO

Tiene la función de órgano efector que decide la respuesta a seguir: enfrentarse o huir.

El hipocampo almacena la memoria emocional que determina la respuesta futura del sujeto.

Esto es muy importante en Psicopatología.

Almacena la memoria a largo plazo, e interviene en la fijación de la misma. En caso de destrucción de ambos hipocampos, no puede ser fijado nada en la memoria.

FORNIX Y CIRCUNVOLUCIÓN PARAHIPOCAMPAL

Son importantes estructuras que se encuentran en la vía de conexión con el sistema límbico.

TÁLAMO

Al hablar del tálamo es preciso señalar los núcleos medio dorsal y anterior por su importante relación con la regulación de la conducta emocional, a través de la conexión nerviosa de estos núcleos con otros elementos del sistema límbico.

En dicha conexión radica la importancia de los citados núcleos, más que en el propio tálamo.

El núcleo medio dorsal establece conexiones con las áreas corticales de la región prefrontal y con el hipotálamo.

Existen conexiones entre el núcleo anterior y los cuerpos mamilares. Éstos se conectan con la circunvolución del cíngulo y el hipocampo, mediante vías nerviosas que pasan por el fornix. Dichas conexiones forman parte del circuito de Papez.

EL CIRCUITO DE PAPEZ

Es un grupo de estructuras conectadas entre sí y pertenecientes al sistema límbico.

Están relacionadas con la regulación de las emociones. Este circuito fue descubierto en 1937 por James Papez, a quien debe su nombre.

Paul Mac Lean añadió en 1952 otras estructuras a ese circuito, tras lo cual lo denominó circuito límbico. Esas estructuras son: las cortezas orbitofrontal y frontal media (área prefrontal), el lóbulo parahipocampal y grupos subcorticales como el núcleo talámico medio, el área septal, la amígdala, el núcleo basal prosencefálico y determinadas estructuras del tronoencéfalo.

Ya en 1878, el neurólogo francés **Paul Broca** describió un área sobre la superficie media del cerebro de los mamíferos, debajo de la corteza cerebral, que presenta múltiples núcleos de sustancia gris (por tanto, neuronas). A esa región la designó con el término de lóbulo límbico (del latín limbus, borde, frontera) al constituir un borde en el contorno del tronoencéfalo. No obstante, y como es sabido, el Lóbulo Límbico de Broca y el Sistema Límbico son dos conceptos diferentes (El sistema límbico, reitero, fue descrito por Paul Mac Lean, quien en 1952 le denominó con este término; y el lóbulo límbico fue descrito por Broca en 1878, como se acaba de exponer).

SISTEMA LÍMBICO

En el sistema límbico se generan funciones afectivas especificas y las emociones y sentimientos, como la ira, el odio, el miedo, la pasión, el amor y la tristeza.

Muchos mecanismos de la memoria radican en dicha estructura, del mismo modo que ciertos aspectos de la propia identidad.

Este circuito es responsable de algunas conductas relacionadas con la supervivencia en los mamíferos.

Interviene en las funciones por las cuales el animal diferencia entre lo agradable y lo desagradable.

El sistema límbico hizo su aparición filogenética en el grupo de los mamíferos inferiores. En los reptiles y anfibios es prácticamente inexistente.

No obstante, se ha demostrado que los pájaros son capaces de percibir algunas señales de afecto.

Este circuito está constituido por estructuras del tálamo, hipotálamo, hipocampo, amígdala cerebral, cuerpo calloso, septum y mesencéfalo.

EL TRONCOENCÉFALO O TALLO ENCEFÁLICO

Resumiendo, el **sistema límbico** es la zona encargada de las "reacciones emocionales". Son respuestas de tipo reflejo (estímulo-respuesta).

Este tipo de reacciones **son propias de los reptiles, anfibios y otros vertebrados inferiores,** pues el **troncoencefálo procede de dicha etapa evolutiva,** como un residuo anatómico y funcional de la misma.

Las **estructuras que intervienen** son el **locus coeruleus y la formación reticular.**

El **tallo encefálico** colabora, asimismo, en el **control del ciclo sueño-vigilia.**

RECEPTORES BETA-ADRENÉRGICOS

En el proceso de grabación de la memoria emocional, también intervienen los receptores beta-adrenérgicos pues, como igualmente es sabido, los betabloqueantes obstaculizan el proceso de fijación de la experiencia emocional vivida.

EL COMPONENTE GENÉTICO DE LA PREDISPOSICIÓN A LA VIOLENCIA

La herencia juega un papel destacado en el comportamiento del individuo, como lo demuestran múltiples estudios en gemelos, así como en trabajos epidemiológicos que contrastan las diferencias de conducta entre los hijos adoptados y los biológicos.

Actualmente se están realizando importantes investigaciones en materia de Biología Molecular y Genómica, que tratan de identificar los genes implicados en el control del mecanismo de producción de neurotransmisores y en la formación de receptores relacionados con la conducta humana.

De entre estos neurotransmisores destacamos, en primer lugar, la 5-HT (5-hidroxitriptamina o SEROTONINA). Inhibe la agresividad impulsiva (algunos estudios (entre ellos los de Linnoila & Virkkunen, 1992; Kruesi et al., 1992) han puesto de manifiesto una alteración en la neurorregulación central de la serotonina: "síndrome de serotonina baja"). Esta alteración se da también en el **trastorno de control de impulsos y agresividad.**

La serotonina es catalizada por la enzima TPH (TRITÓFANO HIDROXILASA), la cual es producto de un gen localizado en el brazo corto del cromosoma 11. Se han descrito dos polimorfismos de este gen relacionados con la conducta impulsiva y violenta. En los sujetos afectados, el Ácido 5 Hidroxi-indol acético (5HIAA), metabolito de la Serotonina, está reducido en el líquido céfalo-raquídeo, lo que implica una disminución de la actividad serotoninérgica central, bien por disminución de la producción de serotonina, o por alteración en los receptores de la misma. Se ha comprobado un **descenso en los valores de 5HIAA** en individuos que habían **protagonizado uno o varios intentos de suicidio, en autores de hechos violentos** y en personas con desórdenes de la personalidad que muestran conducta agresiva durante toda su vida.

En los últimos años, **la teoría serotoninérgica** se ha visto reforzada por recientes estudios que demuestran la disminución de los niveles de 5HAA en el líquido cefalorraquídeo de los alcohólicos. Y el alcohol está ligado a la conducta violenta (según trabajos estadísticos realizados en Estados Unidos, el 34% de las conductas extremadamente violentas, estaban asociadas al alcohol).

Esta reducción en los niveles de 5HIAA (ácido 5 Hidroxi-indol acético) en líquido cefalorraquídeo se demuestra en los alcohólicos tipo II (inicio precoz a temprana edad, antecedentes paternos de alcoholismo y trastorno antisocial de la personalidad).

No obstante, en investigaciones realizadas con esquizofrénicos violentos, se demuestran valores normales de 5HIAA en líquido cefalorraquídeo. Considero que estos estudios no son incompatibles con la teoría serotoninérgica, pues en el caso de la esquizofrenia entramos en el terreno de la psicosis, las cuales se rigen por principios psicopatológicos diferentes. Futuras investigaciones quizá aclaren el mecanismo de la violencia en estos casos.

Otro neurotransmisor cerebral implicado en la agresividad es la NORADRENALINA, cuyo metabolismo está regido por dos enzimas controladas genéticamente:

1. La MAO (monoaminooxidasa): Los estudios efectuados en detenidos acusados de actos violentos, muestran una disminución de los valores de esta enzima en sus plaquetas.

El mismo resultado se ha obtenido en varones con coeficiente intelectual bajo y comportamiento violento.

Varios trabajos de laboratorio en ratones Knock-out, modificados genéticamente para que no produzcan dicha enzima MAO, muestran un comportamiento enormemente agresivo.

2. Otra enzima del metabolismo nor-adrenérgico asociada a la violencia es la COMT, la cual presenta cuatro isoformas.

El polimorfismo de esta enzima se relaciona con la conducta agresiva en la esquizofrenia y en sujetos esquizoafectivos.

Obviamente, la genética no lo es todo. El medio ambiente juega un papel muy importante en la formación de la personalidad del individuo. Especialmente decisivos son la educación y los modelos de comportamiento que ve el niño y el adolescente a su alrededor y que le sirven de ejemplo a imitar. **Incluso el componente genético tiene una importante interacción con el entorno.**

Por ejemplo, como es sabido, pese a que los polimorfismos son genéticamente transmitidos, la expresión del gen está condicionada a su vez por otras interacciones genéticas y por el medio ambiente.

Se hicieron estudios de los niveles de ácido 5-hidroxindolacético (5HIAA) que, como es sabido es un metabolito de la serotonina) en **el líquido cefalorraquídeo de un grupo de monos.** El conjunto de monos a estudiar estaba subdividido en dos cohortes: **los criados por su madre, y los que lo fueron por otra hembra,** obteniéndose unos resultados diferentes de 5HIAA en el líquido cefalorraquídeo en uno y otro subgrupo.

El influjo genético en la violencia no se limita exclusivamente a los neurotransmisores. Grant Steen, en su publicación "Naturaleza y destino", revela que los hijos cuyos progenitores biológicos tienen un cociente intelectual muy alto, cuando son adoptados por familias de un nivel de inteligencia correspondiente a la media de la población, el intelecto de estos niños está 16 puntos por encima del de sus padres y hermanos adoptivos.

Asimismo, en el caso de los hijos biológicos de alcohólicos, cuando son adoptados a temprana edad por padres sobrios, pese a ello presentan un riesgo de futura incidencia de adicción al alcohol ocho veces mayor que sus hermanos adoptivos.

En la misma línea, los hijos biológicos de los criminales, al ser adoptados por hogares normales, presentan un riesgo de incurrir en conducta criminal cuatro veces superior que sus parientes adoptivos.

Diversos trabajos de investigación sobre gemelos, revelan en el caso de los gemelos univitelinos (los cuales, como todos sabemos, presentan idéntico material genético), una elevada probabilidad (un 52%) de heredar la homosexualidad de su progenitor. En cambio, si se trata de mellizos, es decir, gemelos bivitelinos (material genético no idéntico) sólo la heredan el 22%. En los hermanos adoptados por parejas homosexuales, el porcentaje es aún inferior (el 11%).

Lo expuesto demuestra la importancia de la genética en la conducta. Lo cual no implica determinación absoluta, pues en ningún caso se llega a un porcentaje del 100%. La genética es uno de los varios factores a tener en cuenta. También influyen el ambiente, así como la capacidad de raciocinio y de elección de entre diferentes opciones de conducta, dependiendo a su vez dicha capacidad de infinidad de otros factores: culturales, educativos, historia personal, vivenciales, nivel intelectual, capacidad de discriminación y criterio, asertividad, etc.

Pese a que ya conocemos el genoma humano completo, aún queda un largo camino hasta que se logre descifrar la totalidad de las características de todos los genes, así como las interacciones entre ellos, sus productos, estructura. etc. Y más lejano aún está el día en el cual, eso que periodísticamente se ha dado en llamar ingeniería genética, consiga actuar sobre la totalidad de los genes, pudiendo incluso *rediseñar a fondo* al ser humano y mejorar el funcionamiento del organismo. Además se conseguirá curar las alteraciones y enfermedades de origen genético. Y entre ellas estará la *curación de la violencia* (al menos de la predisposición genética a la misma, pues el resto de las causas tendrán que ser abordadas por otros medios). Por ello considero que la manipulación genética no restará libertad al ser humano sino, antes al contrario, le liberará de las tendencias que le esclavizan y podrá ser de verdad más humano, al poder actuar con más libertad gracias a sentirse libre de la tiranía de la naturaleza, pues los impulsos no dejan de ser conductas automáticas. El hombre dejaría de ser un robot de sus impulsos, como en parte lo es, en especial cierta clase de individuos. El resto, no obstante, también lo es en mayor o menor medida. Sin embargo, como es sabido y ya se ha expuesto, la genética no es responsable de una determinación absoluta. Por mucho que se avanzara en el control genético, nunca se llegaría a poder controlar a voluntad al ser humano. Hay, reitero, otros factores determinantes de la conducta.

Estas consideraciones de tipo genético se abordan con mayor amplitud en el capítulo "Discusiones"

RITMOS CIRCADIANOS Y CONDUCTA VIOLENTA

Los ritmos circadianos tienen una destacada importancia en el comportamiento humano.

Antes de abordar la relación de dichos ciclos con la violencia, es preciso presentar una breve aproximación a los mismos, por lo que paso a exponer un breve recuerdo fisiológico sobre este tipo de biorritmos.

Prácticamente todos los procesos biológicos presentan un curso que se repite con una periodicidad más o menos constante, que puede ir desde fracciones de segundos en algunos procariotas, hasta años en ciertas especies. El ritmo biológico suele estar asociado con un cambio ambiental rítmico que sincroniza el ritmo endógeno (por ejemplo la sucesión de estaciones climatológicas en el caso de la floración o de la alternancia entre el día y la noche en el del ritmo sueño-vigilia).

Estos ritmos biológicos persisten en un medio aislado sin señales externas, como ocurre en condiciones de aislamiento en laboratorio.

Los cambios cíclicos ambientales que actúan como estímulos externos sincronizadores del periodo de los ritmos endógenos se denominan con la palabra alemana zeitgeber o temporizador (de zeit: periodo, geber: dador).

Cuando el proceso se repite cada 24 horas, decimos que sigue un ritmo circadiano (del latín, circa: cerca de, alrededor; dies: día).

Si la frecuencia de repetición es superior a las veinticuatro horas, dicho ritmo se denomina infradiano (porque se repite menos de una vez en 24 horas) y si es inferior al día recibe el nombre de ultradiano.

La totalidad de los seres vivos tenemos "relojes biológicos" por los cuales nuestra vida está adaptada a este planeta que rota cada veinticuatro horas sobre su eje polar, produciéndose así el día y la noche, como todos sabemos.

Los ritmos biológicos más estudiados son los circadianos, los cuales se presentan en la casi totalidad de los seres vivos.

En el ser humano y otros mamíferos, el núcleo supraquiasmático del hipotálamo es el reloj biológico cerebral que regula estos ritmos, entre los que se encuentran los ciclos de sueño-vigilia, la fluctuación periódica a lo largo del día de los valores de la temperatura corporal, de la intensidad del metabolismo, de la presión arterial y la liberación de varias hormonas y neurotransmisores en las sinapsis neuronales.

EL NÚCLEO SUPRAQUIASMÁTICO

Como hemos visto, el *zeitgeber* circadiano de los mamíferos se localiza en el núcleo supraquiasmático, un grupo de neuronas del hipotálamo medial. Cuando esta estructura se afecta o destruye, se produce una desaparición absoluta de los ritmos regulares. En algunos trabajos de laboratorio se han cultivado in vitro células de dicho núcleo, evidenciándose que conservan su propio ritmo en ausencia de señales externas. Así se demostró que el núcleo supraquiasmático constituye el "reloj interno" o endógeno que regula los ritmos circadianos.

El núcleo supraquiasmático recibe información lumínica a partir de los ojos: la retina, además de los fotorreceptores, contiene también células ganglionares portadoras del pigmento melanopsina; a partir de estas células y mediante el tracto retinohipotalámico se conduce la información al núcleo supraquiasmático, el cual capta e integra dicha información sobre el ciclo luz/ oscuridad externo, la interpreta, y la envía al hipotálamo que, en respuesta, secreta la hormona melatonina. La secreción de melatonina se rige por un ritmo circadiano: es baja durante el día, aumentando en horario nocturno, con lo cual se produce la inducción al sueño.

El zeitgeber circadiano tiene un valor de periodo que posibilita la sincronización con ritmos ambientales. Dicho valor de periodo se cuantifica entre 20 y 28 horas.

Características de los ritmos biológicos circadianos:

a) Son endógenos, persisten en ausencia de estímulos externos.

b) Presentan una oscilación espontánea con un periodo de 25 horas (si nuestro ritmo es en realidad de 24 horas se debe a la estimulación lumínica propia de nuestro día de 24 horas).

c) En oscilación espontánea, la longitud del periodo varía ligeramente o nada al oscilar la temperatura, porque presentan mecanismos de compensación de temperatura.

d) Son susceptibles de sincronizarse con los ritmos ambientales que posean un valor de periodo aproximado de 24 horas, como los ciclos de luz y de temperatura.

e) El ritmo puede perderse con ciertas condiciones ambientales, como luz muy brillante.

f) Dejados los ritmos circadianos endógenos en oscilación libre o espontánea, sin sincronizadores externos, el período para especies diurnas es, en general, mayor de 24 horas y para especies nocturnas ese período suele ser menor de 24 horas (Ley de Aschoff).

La secreción de los neurotransmisores que intervienen en la conducta sigue un ritmo circadiano, al igual que la mayor parte del resto de secreciones y funciones del organismo. Por ejemplo, la dopamina (producida en las neuronas de los ganglios basales del cerebro) tiene su pico de secreción a las dos de la madrugada y el mínimo a las diez de la mañana. Esta variación cíclica está condicionada, en parte, por los niveles plasmáticos de su precursor, la tirosina, que a su vez presenta un ritmo circadiano-dependiente. Y sabido es que el neurotransmisor dopamina estimula, entre otras cosas, la impulsividad y la adicción, lo cual se ha demostrado en varios estudios desde hace años. Por dicho motivo hay personas que durante el día muestran una conducta completamente normal, mientras que por la noche se vuelven más desinhibidas e impulsivas. En algunos individuos, esa impulsividad desemboca en la violencia. Además, la dopamina está relacionada con los comportamientos antisociales. A partir de un estudio reciente basado en técnicas de neuroimagen (publicado en Archives of General Psychiatry) se concluye que los individuos violentos tienen más sustancia gris en las áreas cerebrales mesolímbicas, donde se libera mayor cantidad de dopamina.

Las citadas alteraciones circadianas de la conducta constituyen otro motivo más a favor de que los espectáculos deportivos no se celebren en horario nocturno.

El motivo expuesto habría que añadirle a las **recomendaciones en el mismo sentido que dan los responsables de las Fuerzas de Seguridad, aconsejando la celebración diurna de los espectáculos deportivos por motivos de seguridad,** pues entonces se consigue un **mayor control de cualquier situación.** Por el contrario, la menor luminosidad nocturna favorece los altercados y la criminalidad (esto ya se tuvo en cuenta en el Código Penal, el cual contemplaba el agravante de "nocturnidad" hasta el año 1995, fecha de la última reforma de dicho texto legal).

Otros factores que inciden en el aumento de la violencia nocturna es el incremento del consumo de alcohol y drogas en horario nocturno, lo cual repercute en el aumento de la violencia. Dicho mayor consumo alcohólico y de drogas por la noche está asociado fundamentalmente con el mencionado incremento nocturno en la secreción de dopamina, dada la probada relación de este neurotransmisor con las conductas adictivas.

A su vez, drogas como la cocaína, el opio, la heroína, el alcohol ¡y la nicotina! promueven la liberación de dopamina, agravando aún más la situación.

Si pese a todo se opta por la celebración nocturna del encuentro, sería precisa la mayor iluminación posible del recinto deportivo, de sus accesos y de las inmediaciones, todo lo cual reseño igualmente más adelante en el apartado de la prevención de la violencia en el deporte.

Hoy en día, la celebración diurna de los encuentros de fútbol es casi una utopía, pues los clubes no están dispuestos a renunciar a las cuantiosas ganancias económicas que les proporcionan los contratos por la emisión televisiva en horario nocturno, al ser el de mayor audiencia para las cadenas de televisión. Una vez más, en el deporte prima el dinero sobre las vidas humanas, al contrario que en otros sectores, pese a la negligencia que supone la celebración nocturna por el referido riesgo de altercados e incluso de pérdida de vidas humanas (curiosamente, el interés del pueblo chino por la Liga Española y el deseo de los clubes o de las televisiones de retransmitir en directo a China, implica la celebración diurna de algún que otro partido de fútbol a causa de la diferencia horaria entre China y España).

Se han realizado múltiples estudios que ponen de la manifiesto las alteraciones, tanto orgánicas como psíquicas que, en mayor o menor medida, experimentan quienes actúan en contra de su reloj biológico como, por ejemplo, los trabajadores sometidos a diversos tipos de turnos rotativos, siendo el caso más acusado el de los astronautas, pues los vuelos espaciales en órbitas circunterrestres bajas, les crea un auténtico caos en sus ritmos circadianos al experimentar la salida y puesta de sol cada noventa minutos, tiempo que tardan cubrir una vuelta completa al Planeta a la velocidad requerida para mantenerse en órbita (28.800 kilómetros por hora, es decir, ocho kilómetros por segundo, que contrarresta la acción de la gravedad terrestre impidiéndoles caer a la Tierra, y que es inferior a la velocidad de escape que les alejaría indefinidamente de nuestro mundo por la acción de la fuerza centrífuga).

Los trastornos producidos por las alteraciones de los ritmos circadianos son muy diversos. Pueden ir desde alteraciones del sueño, hasta desórdenes emocionales como la depresión o, en ocasiones, trastornos de la conducta de tipo impulsivo.

ALTERACIÓN DE LOS RITMOS CIRCADIANOS

La alteración en la secuencia de estos ritmos no sólo causa efectos negativos a largo plazo; también produce efectos inmediatos como el denominado síndrome de jet-lag. Muchos lo han padecido, en mayor o menor medida, tras realizar un desplazamiento en avión a través de varios husos horarios, experimentando cansancio, cierto grado de desorientación e insomnio. Algunos procesos psiquiátricos y neurológicos, como el trastorno bipolar y ciertas alteraciones del sueño, se asocian a funcionamientos irregulares de los ritmos circadianos en sentido general, no sólo del ciclo sueño-vigilia.

Las consecuencias a largo plazo de los cambios en los ritmos circadianos, además de repercutir en la conducta afectan igualmente a múltiples sistemas de la esfera orgánica. Por ejemplo, provocan exacerbaciones de las enfermedades cardiovasculares.

Se podría aumentar la eficacia y reducir los efectos adversos de muchos tratamientos pautándolos de acuerdo con los ritmos circadianos. Por ejemplo, esto es especialmente importante en el tratamiento de la hipertensión arterial: se ha demostrado que el tratamiento de la misma con inhibidores de la enzima convertidora de angiotensina (IECAs) subordinado al *reloj corporal*, reduce más eficazmente los valores nocturnos de presión arterial que cuando no se tiene en cuenta el ritmo circadiano de la tensión arterial. Pese a la obviedad de lo expuesto, no siempre se tiene en cuenta.

La importancia psicológica y biológica de los ritmos circadianos es de tal entidad, que ir contra ellos es ir *contra natura*, por lo cual se pueden desestabilizar tanto el organismo como la conducta.

En conclusión, es preciso reiterar que, por las reseñadas alteraciones en la conducta producidas cuando se alteran los ritmos circadianos, las cuales pueden desembocar en la violencia, hay que tener en cuenta dichos ciclos a la hora de estudiar la violencia en el deporte, así como en los planes de prevención de la misma (hemos visto la importancia en este sentido del horario de celebración de los encuentros).

TEORÍA PSICOANALÍTICA

El psicoanálisis también ha abordado el estudio de la conducta agresiva.

Sigmund Freud propugnó en 1921 que este comportamiento se produce a causa del trabajo que realiza la persona para tratar de que la tensión nerviosa disminuya al máximo. En dicho año expuso la famosa y controvertida hipótesis basada en los conceptos del *eros* y el *tánatos,* a la que tantos puntos débiles se le han descubierto posteriormente. Como es sabido, dicha hipótesis formulaba que todo ser vivo dirige su conducta hacia el placer para reducir tensiones y, asimismo, busca la muerte como liberación total de la estimulación. Según Freud, esa búsqueda puede ser la razón de la violencia.

Otros autores freudianos han abordado también el problema de la violencia. Los más reseñables son Martin (1920) y el psiquiatra Strecker (1940). Ambos abordaron el estudio del comportamiento de la muchedumbre.

Concluyeron que **dicho comportamiento se manifiesta de modo descontrolado, siendo de características emocionales.** Aseguran que esto es así como consecuencia de que los impulsos reprimidos a causa de las normas sociales se liberan cuando el individuo forma parte de una masa de gente.

Como es sabido, y siguiendo la perspectiva del psicoanálisis, la dificultad o imposibilidad, en mayor o menor medida, para el correcto control de los impulsos de origen instintivo (donde interviene el Ello), constituye el mecanismo psicológico de la agresividad, la cual a su vez, puede desembocar en la violencia.

Cuanto mayor sea el grado de inmadurez psíquica del individuo, más aumenta la probabilidad de que el Yo, al no poder regular la tensión, descargue en forma de agresión, la cual puede seguir las siguientes vías:

1. Puede ir dirigida hacia su persona,
2. dirigirse hacia el entorno,
3. o bien consigue contenerla por un mecanismo defensivo o de otra manera.

TEORÍAS BASADAS EN EL APRENDIZAJE

Estudian los comportamiento violentos tratando de desvelar los mecanismos que se ponen en marcha en la persona para producir comportamientos violentos.

Hay varios autores a favor de estas teorías. De entre ellos, es obligado citar a los precursores de las mismas, entre los que se encuentran **Dollard, Doob, Miller, Mowerer, y Sears,** quienes formularon en 1939 la ampliamente conocida **hipótesis de la frustración-agresión, consistente en que la frustración conduce invariablemente a la agresividad y, a su vez, la agresividad tiene su origen en la frustración**

En contra de lo anterior hay abundantes indicios que restan importancia al papel de la frustración, destacando a continuación los dos más notorios y de todos conocidos:

Primero:

Los seres frustrados no siempre reaccionan violentamente ante sus frustraciones.

Segundo:

No se puede afirmar que cualquier agresión responda a una frustración anterior.

En consecuencia, la postura más generalizada en la **Psicología actual** es la de **no admitir que el origen de la agresividad radique siempre en la frustración.**

Berkowitz abordó en 1962 la hipótesis de los determinantes de la agresión **en el sentido de reconsiderar dicho planteamiento,** aclarando que la frustración genera sólo una **predisposición** a la agresión, que únicamente se expresará cuando el objetivo pueda ser agredido, sea visible o suficientemente distinguible, raro, además de generar cierto disgusto y rechazo previos. Asimismo añade que las frustraciones no desembocan siempre en respuestas violentas.

Dentro de la perspectiva del análisis de las reacciones ante la frustración, es interesante citar a **Pastor,** quien realizó en 1988 la siguiente afirmación, (que por otra parte es de lo más obvio): **"Se puede producir una reacción más racional y constructiva para intentar resolver la contrariedad que coarta la consecución del objetivo perseguido".**

Ese planteamiento constituye otro argumento más que rebate la mencionada hipótesis de los autores Dollard, Doob, Miller, Mowerer, y Sears, (1939) de que la frustración siempre conduce a la violencia.

Bandura y Walters (1963), formulan la teoría del aprendizaje social, la cual se basa en que, según estos investigadores, los niños aprenden fundamentalmente a través de dos mecanismos:

1. **El reforzamiento:** La conducta de la persona depende de los beneficios (refuerzos), o de los perjuicios resultantes de sus actos. Es decir, cuando los refuerzos, tanto materiales como sociales o de cualquier otro tipo, que premian una conducta son mayores que los perjuicios, el sujeto tendrá tendencia a reincidir en esa conducta en lo sucesivo.

2. **El modelado:** Es la emulación del comportamiento de los demás. Los medios de comunicación ejercen un papel destacado en este

mecanismo, pues algunos niños y jóvenes pueden elegir como modelos de conducta los presentados en la televisión y el resto de los medios, copiando el modo de actuar de sus ídolos.

Asimismo, algunos sujetos se inician en el aprendizaje de los comportamientos violentos a través del modelo que les ofrecen unos progenitores agresores, con lo que el niño aprende a resolver sus conflictos siguiendo el modo de solucionarlos de sus padres.

Bandura y Ribes en 1980 y desde la perspectiva de la teoría del aprendizaje social, afirman que las conductas violentas efectuadas por la persona están condicionadas por la sociedad, siendo la causa de las mismas la restricción de los reforzadores sociales a un núcleo parcial de sociedad y la utilización represiva de métodos abusivos de control conductual para controlar el hecho violento.

Añaden estos autores que los medios de comunicación también intervienen en el referido mecanismo del condicionamiento social de la violencia al exponer modos de respuesta violentos ante diversas circunstancias. Hasta la mera exposición de esa violencia modela las conductas, aun cuando los medios muestren claro rechazo hacia los hechos violentos.

Sin embargo, la responsabilidad en la transmisión de la violencia es ampliable a toda la sociedad, aunque no sea esa su intención.

De ahí se concluye que el entorno humano inmediato no es el único responsable del refuerzo directo de la agresión.

En consecuencia, hemos visto que hay dos grandes líneas que intentan explicar la violencia atendiendo a los factores individuales:

Por una parte, **las orientaciones biológicas que se basan en características físicas** que inducen a las manifestaciones violentas de la agresividad en los sujetos.

Y, por otra, **las teorías psicológicas de la personalidad**, según las cuales las causas de la delincuencia están fundamentalmente en el funcionamiento interno de su psiquismo. Estas teorías se basan en los tipos de personalidad.

Entre ellas destaco la siguiente:

Teoría de EYSENCK (1964):

Se basa en que los estados mentales anómalos son hereditarios y que provocan tendencia a la violencia en el descendiente o pueden generar dificultades en el proceso de socialización.

Haciendo uso del análisis factorial en su estudio, descubre tres factores que facilitan u obstaculizan el aprendizaje de respuestas de evitación de la violencia:

La extraversión, el neuroticismo y el psicoticismo.

Matizando, Eysenck explicó que los individuos más proclives a incurrir en comportamientos violentos o criminales son aquellos cuya personalidad presenta una gran extraversión, elevado neuroticismo y alto psicoticismo.

TEORÍAS SOBRE EL PROCESAMIENTO PSÍQUICO DE LA INFORMACIÓN

Hay múltiples estudios que demuestran la existencia de un procesamiento de la información en la mente de la persona, convirtiéndose ésta en un agente activo de su propia conducta, lo que implica que el individuo capta la información del entorno que le rodea, la interpreta activamente, e inmediatamente la procesa para generar una respuesta. La persona pone en marcha este mecanismo mediante sus cualidades individuales, el material biológico de que está constituido, sus mecanismos de aprendizaje y su personalidad. Este procesamiento de la información puede generar diversos tipos de respuesta, entre las cuales se encuentra la violenta.

La existencia de un procesamiento de la información en la mente de la persona, es un concepto ampliamente admitido en Psicología.

Algunos autores han creado modelos que revelan el mecanismo psicológico que utiliza el individuo para analizar la información que posee y cómo procesa el modo de adaptarse a las circunstancias en las cuales se ve inmerso. Los diversos modos de evaluación y procesamiento de la información dependen, como es lógico, de las características específicas de la personalidad de cada individuo en concreto.

Entre dichos autores, es obligado mencionar a:

BAUMEISTER, SMART Y BODEN, 1996

Estos autores, en su trabajo publicado en 1996, sugieren que los individuos poseedores de una alta autoestima, son quienes generan la violencia.

Por el contrario, quienes experimentan un sentimiento moderado o negativos de sí mismos, presentan una menor tendencia a incurrir en hechos de violentos.

BERK, 1974

Berk, coincidiendo con la corriente de las teorías del aprendizaje social (que, recordemos, incidía en los efectos de los reforzadores), formuló en 1974 el modelo de recompensas-costos, el cual se sustenta en el "Principio de maximización de la utilidad esperada". Según dicho modelo de Berk, quien elige la decisión más adecuada (el decisor ideal, según sus palabras), seleccionará la actuación que proporcione el efecto más favorable. Berk estudió el mecanismo que sigue la mente humana para evaluar las consecuencias más probables de cada toma de decisión y cómo asume el concepto de probabilidad.

Según la Teoría de la decisión de BERK (1974), cuando la persona se encuentra formando parte de un enorme cúmulo de gente, percibe la situación desde la perspectiva de la compensación a percibir o del coste que le va a suponer el hecho de encontrarse en dicha circunstancia. Para el sujeto, la masa supone una interesante ocasión, en la intenta maximizar las recompensas y minimizar los costos.

A continuación se muestra la secuencia del proceso que sigue el individuo:

1. Busca información
2. Prevé los acontecimientos que posiblemente sucederán
3. Analiza las potenciales conductas a seguir
4. Clasifica ordenadamente los diferentes resultados previsibles
5. Determina qué acto, de entre todas las opciones posibles, es el que maximiza recompensas y minimiza costos
6. Opta por una acción.

Beck enunció la siguiente fórmula:

$$Pa = [Ra - \underline{Ra} \, (S)]$$

Los términos de la ecuación son los siguientes:

Pa: Probabilidad de acción
Ra: resultado anticipado de la acción
$\underline{Ra}$: no actuar
(S): Probabilidad de apoyo colectivo

En consecuencia, en las conductas violentas su protagonista valorará las probabilidades de conseguir el mayor premio al menor precio posible. Cuando la elección resulta ventajosa, esa conducta es percibida por la persona como un refuerzo (lo *aprende*). De este modo el hecho se integrará en su repertorio conductual.

No obstante, estas teorías conductistas que sitúan el origen del comportamiento violento en el reforzamiento positivo, tuvieron sus detractores, entre los cuales destacan:

JONES Y HESKIN, 1988

Estos autores se basan en el modelo de Clark, 1977

CLARKE, 1977

Este investigador considera la conducta violenta a partir de varios factores, tras analizar el comportamiento delictivo.

Resalta la gran influencia de la educación, las circunstancias y acontecimientos de la vida, la estructura de la personalidad y las variables situacionales, así como el modo de interacción de esas variables para ocasionar un incidente violento.

Hay otros factores que predisponen pero no determinan. Entre ellos citaremos: la herencia y la personalidad.

Según Clark, "el comportamiento delincuente es la función de una compleja interacción de variables y no es causa-efecto de un modo lineal".

Varios estudios han analizado la vinculación entre el entorno psicosocial de la persona y el comportamiento violento.

En esta corriente cabe destacar a **JONES Y HESKIN,** quienes estudiaron dichos vínculos (1988).

Para dicha investigación, se basaron en la teoría de la inversión de APTER (1982).

APTER, 1982

Formuló en 1982 su teoría de la inversión, la cual explica la presencia de estados meta-motivacionales o estructuras mentales que modifican las preferencias por ciertas actividades.

Este autor, en dicho año de 1982, propugnó que la causa del comportamiento delictivo juvenil se encuentra en dos estados metamotivacionales: el continuo télico-paratélico y el continuo negativismo-conformismo, los cuales se explican más ampliamente en el apartado siguiente (Teorías que intentan explicar la violencia en el deporte) al hablar del modelo psicosocial de John Kerr, 1994, pues dicho modelo se basa en la integración de la Teoría de la Inversión de Apter (1982, 1989) y el modelo de Manipulación de Tono Hedónico de Brown (1991).

Una vez abordado escuetamente el problema de la violencia en general que afecta a la sociedad, nos encontramos en condiciones de adentrarnos en el siguiente capítulo en el análisis de diversas teorías acerca de la violencia en el deporte:

CAPÍTULO 9

TEORÍAS QUE INTENTAN EXPLICAR LA VIOLENCIA EN EL DEPORTE

Dentro de la violencia en general, una de las formas más peculiares de ésta es la violencia en el deporte.

Todos nos hemos preguntado alguna vez ¿cómo es posible que una actividad tan noble como lo es el Deporte, esté igualmente contaminada por la lacra de la violencia, cuando deportividad es sinónimo de caballerosidad y respeto por las reglas?

Asimismo, a todos nos llama la atención el hecho de que pese a los notorios avances históricos y presentes de nuestra civilización, el ser humano aún se encuentra en una fase evolutiva tan primitiva que todavía sigue conviviendo con la violencia, pese a ese gran *invento* humano que es la sociedad, a partir de la cual las aportaciones y descubrimientos de cada individuo se suman al acervo común de la Humanidad. Entonces, ¿cómo se explica que dentro de esa misma sociedad existan acciones contra ella misma como, por ejemplo, la violencia? Realmente, aún tenemos muy poco de civilizados...

Ante esta contradicción por la que todos (o casi todos) nos preguntamos, he considerado conveniente mencionar en primer lugar la Escuela de Leicester, pues llama la atención que dicha escuela, al estudiar el problema de la violencia en el deporte, indirectamente profundiza en la situación del ser humano como ser civilizado pues, como se verá a continuación al reseñar la mencionada Escuela de Leicester, este grupo analiza la *falsabilidad* del modelo civilizador, al utilizarle para analizar la violencia en el deporte, motivo por el que, repito, me ha parecido indicado presentarla primer lugar (en la Filosofía de la Ciencia, el término falsabilidad (refutabilidad) se refiere a la posibilidad de demostrar por medio de la experiencia un resultado que contradiga la afirmación original):

ESCUELA DE LEICESTER

En el estudio de la violencia presente en el deporte, la Escuela de Leicester constituye un referente de obligada e imprescindible mención por su rigor y profundidad.

Como acabo de mencionar, esta Escuela, al analizar la violencia en el deporte, trata el modelo civilizador siguiendo la denominación popperiana. Además, los estudios de los integrantes del grupo de Leicester sobre la violencia, cumplen la función añadida de tener el valor de prueba para juzgar la falsabilidad del modelo civilizador.

NORBERT ELÍAS, 1978

En esta perspectiva destaca el sociólogo Norbert Elías quien, en el año 1978, decide analizar la falsabilidad del modelo, a raíz de la siguiente cuestión que planteó referente al deporte: "admitiendo que el modelo civilizador proporciona explicaciones e hipótesis ciertas, entonces ¿Cómo es posible que exista un aumento de la violencia deportiva?"

Igualmente manifestó en 1978 que la violencia moderna tiende a ser más eficiente e impersonal; es más un medio racional para lograr determinados fines que una descarga emocional.

(En definitiva, *la violencia sería un instrumento para conseguir un objetivo*).

DUNNING, 1986

Dunning admitió, en 1986, que la existencia de la violencia en el deporte *"introduce una aparente contradicción en el proceso de civilización"*.

El modelo civilizador propugna que, como consecuencia del fenómeno histórico civilizador, ciertos valores generados a través de modos particulares de socialización han ido sufriendo una creciente exclusión, paralelamente a la paulatina incorporación a la sociedad de segmentos progresivamente crecientes de la clase obrera.

Los reductos que aún perviven de la denominada "clase trabajadora dura", hacen acto de presencia en el entorno de los espectáculos futbolísticos, los cuales constituyen para ellos una magnífica ocasión para la manifestación de posturas previas, amparándose en la masa.

El proceso civilizador condicionó una transformación en el modelo de lazos sociales, de modo que los lazos funcionales acabaron sustituyendo casi por completo a los segmentarios, a causa de que cada vez ha ido aumentando más el peso específico de los lazos correspondientes al entorno laboral y las relaciones sociales y, en cambio, se ha ido reduciendo la relevancia de los lazos familiares y de identificación con la zona donde vive el individuo. Este proceso está favorecido por el auge de la economía, la intervención del Estado en el control de la sociedad y el empleo adecuado y con mesura de la fuerza por parte de la Autoridad.

Por el contrario, en 1984 hizo alusión a los lazos segmentarios al estudiar la violencia en los espectáculos futbolísticos:

Enunció entonces la hipótesis según la cual el comportamiento agresivo de los seguidores violentos del fútbol, deriva principalmente de las pautas de masculinidad y, por ende, es inherente con la estructura social de los lazos segmentarios.

LA PRENSA Y EL ORIGEN DE LA VIOLENCIA EN EL DEPORTE SEGÚN LA ESCUELA DE LEICESTER

La relación de la prensa con la violencia en el deporte la abordé más ampliamente en el capítulo 6 ("El periodismo y la violencia en el deporte"). No obstante, y dado que la Escuela de Leicester abordó dicha relación, es obligado hacer ahora una mención a la misma.

Sabido es que en múltiples ocasiones se ha señalado a los medios de comunicación, como probables causantes de la violencia en el deporte, pese a que posiblemente nunca quisieron provocarla e, incluso, en múltiples ocasiones se han opuesto muy activamente a ella. Pues bien, el grupo de Leicester también abordó esta perspectiva.

DUNNING, 1988

Explicó la responsabilidad de la prensa en la violencia en el deporte. Habló del lucro que entrañaba la violencia para los medios, cuyo objetivo es aumentar las ventas a expensas, entre otras, de este tipo de noticias.

DURAN, 1996

Duran y otros autores de la Escuela de Leicester, relacionan los medios de comunicación con la génesis de la violencia, como ya se ha comentado en el capítulo 6 ("El periodismo y la violencia en el deporte"). Culpaba de este fenómeno al popularmente denominado sensacionalismo periodístico, cuya finalidad principal era vender más periódicos, pero que, sin proponérselo, aumentaba la resonancia de los acontecimientos violentos. Esto suponía una publicidad de los mismos, que inducía a los violentos a imitar esos comportamientos violentos, pese a que no era esa la intención de la prensa.

TEORÍA SOBRE LOS ESTUDIOS SUBCULTURALES: CLARKE, 1978

Fuente: Dr. D. Francisco de Miguel, profesor de la Escuela de Medicina de la Educación Física y el Deporte de la Universidad Complutense de Madrid.

Según Clark: "El gamberrismo en el fútbol debe entenderse como una intervención social simbólica de los jóvenes, en un intento por desarrollar un sentido de su identidad diferencial". Buscan eco en su lucha social.

(*Las denominadas "culturas urbanas", los "grupos subculturales" (como por ejemplo los grupos "ultra"), "las tribus urbanas" o como quiera que queramos definir ese fenómeno sociológico, en cierto modo están financiadas por los propias entidades deportivas, al pagarles los viajes para seguir al equipo y las entradas a los espectáculos deportivos, etc. Ninguno de los clubes de fútbol aceptó la desaparición de los "grupos ultra"*).

JOSÉ MARÍA CAGIGAL, 1978

Fuente: Dr. D. Francisco de Miguel, profesor de la Escuela de Medicina de la Educación Física y el Deporte de la Universidad Complutense de Madrid.

Según Cagigal, las diversas teorías que se han formulado para explicar la violencia en el deporte, parten del reconocimiento de la existencia de un problema de estructura social ("Agresión y Violencia en el Deporte", José María Cagigal, 1978). Este investigador analiza la Violencia en el Deporte en relación con distintos modelos sociales.

MODELO PSICOSOCIAL DE JOHN KERR, 1994

Este modelo es otro referente de obligada e imprescindible mención en cualquier revisión sobre la violencia, por los siguientes motivos:

1. Porque, como veremos a continuación, además de estudiar el fenómeno de la violencia propone soluciones, es decir, es un modelo explicativo y predictivo, por lo que se sitúa en un nivel muy destacado, sobresaliendo dentro de la inmensa pléyade de modelos, hipótesis y teorías sobre el tema que nos ocupa.
2. Por el contenido de su programa de investigación.
3. Por las novedades que ha aportado en investigación.

A causa de las razones expuestas, reitero, sería ineludible citar a este autor.

John Kerr (1994) estudió la violencia en el deporte basándose en la aplicación simultánea de una teoría y un modelo preexistentes, realizando una síntesis de ambos -la Teoría de la Inversión de Apter (1982, 1989) y el modelo de Manipulación de Tono Hedónico de Brown (1991)-.

A partir de dicha unificación, creó su modelo psicosocial de interpretación de la violencia. Pero este modelo va más lejos de dicho cometido: A través de esta concepción teórica de John Kerr se puede, además, plantear una potencial actuación ante la violencia, para lo cual se basa en el referido modelo de Manipulación del Tono Hedónico de Brown (1991). Dicha propuesta de intervención confiere un valor añadido al mencionado modelo Psicosocial de Kerr, al compararlo con otros. Por lo expuesto, se le considera un modelo predictivo y explicativo, como ya se ha comentado anteriormente.

Antes de describir las mencionadas concepciones teóricas [la Teoría de la Inversión de Apter (1982, 1989) y el modelo de Manipulación de Tono Hedónico de Brown (1991)] en las que se basa John Kerr (1994) para crear su modelo psicosocial, es preciso resaltar la importancia del trabajo de este autor, la cual reside, ante todo, en su programa de investigación, cuyo contenido empírico es superior al de otros modelos, pues si realizamos un estudio de la metodología de dicho programa, se observa el empleo simultáneo de dos teorías (una teoría psicológica, y una teoría de la personalidad) unificándolas para analizar, exponer y pronosticar los sucesos violentos. Por lo expuesto, este programa de investigación es, obviamente, un programa de investigación Lakatosiano (como es sabido, la sistemática lakatosiana, formulada por Imre Lakatos en su "Methodology of scientific research programmes", (1978), determina que es deseable la confluencia de varios constructos teóricos al abordar una materia determinada. En consecuencia, reúne teorías mutuamente relacionadas, analizándolas en su conjunto. Su idea del programa científico de Investigación "consiste en una sucesión de teorías relacionadas entre sí, de modo que cada una deriva de las anteriores. Esas teorías incluidas en un programa de investigación, tienen en común un núcleo central firme"). Lakatos propugnó que la evaluación y análisis de las teorías científicas, además de abarcar la descripción de las mismas, debería asimismo incluir una serie de teorías que tratan sus predicciones, así como las evidencias a favor de su confirmación o falsación).

Esta consideración de tipo epistemológica le confiere al Modelo Psicosocial de John Kerr la comentada propiedad de sobresalir entre el resto de los modelos y teorías.

Como antes comentaba, uno de los mencionados constructos teóricos que forman parte del modelo psicosocial de John Kerr (1994) es:

La teoría de la inversión de Apter (1982, 1989): es una teoría de personalidad que trata de descubrir qué es lo que incita al individuo a incurrir en acciones delictivas, cuáles son los motivos que le empujan a ello. El fundamento de esta teoría es la alternancia en los estados metamotivacionales, los cuales son estructuras mentales que orientan y dirigen al ser humano en su manera de discernir las razones para actuar de un modo específico en cada circunstancia concreta y su predilección por determinadas actividades. Si se producen modificaciones en el estado metamotivacional operativo, los estados metamotivacionales coexisten dentro del mismo sistema ocasionando una inversión.

Los pares de estados metamotivacionales que intervienen en un comportamiento violento son (Kerr, 1994):

1. Télico-Paratélico: en el estado metamotivacional télico la conducta del individuo se dirige hacia la obtención de un objetivo, mientras que en el estado paratélico la tendencia de la conducta es hacia la espontaneidad, no presentando orientación alguna a metas, además de mostrar una elevada predilección por sensaciones inmediatas.

2. Conformidad-Negativismo: El estado de conformidad consiste en que la persona experimenta la necesidad de acatar las reglas impuestas. Por el contrario, en el estado negativista percibe un enorme deseo y necesidad de oponerse a las normas instituidas.

Esta teoría maneja otros tres conceptos, aparte del relativo al estado metamotivacional ya expuesto:

1. *Arousal:* Este concepto consiste en el grado de excitación. A su vez se distinguen dos tipos:

   - el *arousal* sentido
   - y el *arousal* deseado.

2. El *tono hedónico:* Se relaciona con la interpretación positiva o negativa que realiza el sujeto del *arousal* sentido; es decir:

   - Si dicha interpretación produce un tono hedónico positivo, percibe la circunstancia como agradable o placentera,
   - pero cuando el tono hedónico que experimenta el sujeto es negativo, percibe esa realidad como desagradable o displacentera.

3. *Marco protector:* Este concepto está en relación con las emociones negativas que pueden ser percibidas como positivas si aparecen en un estado paratélico. Gracias al conocimiento de este mecanismo, podemos comprender la razón del gozo de algunos individuos cuando realizan actividades peligrosas controladas, como en el caso del puenting, o de quienes disfrutan con una película de miedo.

Apter demostró en 1982 la presencia de unas características vinculadas con el estado télico y paratélico. Asimismo, evidenció la existencia de predilección por un diferente nivel de *arousal* en cada uno de esos estados:

1. Si una persona presenta un tono hedónico positivo, es decir, considera placentera la circunstancia por la que está atravesando, se muestra relajado en el estado télico y excitado en el paratélico.
2. Mientras que si el tono hedónico es negativo, cuando el individuo se encuentra en estado télico está ansioso y en el paratélico siente aburrimiento. De lo expuesto se deduce que uno de los motivos más probables por los cuales ciertos sujetos incurren en altercados violentos, en acciones de vandalismo y en hechos delictivos en general, es para huir del aburrimiento y llegar de ese modo al estado

metamotivacional en el que el *arousal* sentido concuerde con el deseado el cual, cuando consideramos el estado paratélico, es un arousal elevado

Según ya se ha comentado, el modelo de John Kerr (1994), además de basarse en la Teoría de la Inversión de Apter (1982, 1989), lo hace también en el modelo de Manipulación del Tono Hedónico de Brown (1991) para, a través de este modelo, plantear potenciales actuaciones de lucha contra la violencia, por lo que paso a reseñar dicho modelo de Manipulación del Tono Hedónico:

Brown se interesó por las adicciones humanas, por lo que en 1991 llevó a cabo estudios sobre dependencias tales como el alcoholismo y el juego. Creó su modelo de Manipulación del Tono Hedónico en el curso de sus investigaciones sobre esta materia. Este modelo de Brown propugna que todas las adicciones, independientemente de que lo sean a sustancias o a conductas, se generan y desarrollan del mismo modo, observando idéntico proceso. Según este autor, ese curso evolutivo que se sigue, tanto para introducirse en una adicción, como para el progreso y mantenimiento de misma, está constituido en diferentes etapas. Esto lo aplicó John Kerr, en 1994, al análisis de la génesis y evolución de la adicción a la conducta del gamberrismo deportivo, a través de su mencionado modelo psicosocial, distinguiendo las siguientes etapas en su desarrollo:

(1) Predisposición personal a esta adicción de conducta.
(2) Vulnerabilidad a dicha adicción al gamberrismo deportivo, cuya conducta es propia de los comúnmente denominados *hooligans*.
(3) Una primera toma de contacto con esta clase de actividad, consistente en interesarse por la misma, realizando un acercamiento al mundo del *hooligamnismo.*
(4) Elección del gamberrismo deportivo o *hooliganismo,* como conducta a seguir
(5) La persona pasa a la acción, protagonizando acciones de gamberrismo deportivo.
(6) Existencia de ciclos o episodios reiterados de esta clase de comportamiento.
(7) Instauración de adicción a esta conducta de gamberrismo o *hooliganismo.*

Una vez fijada la adicción en el psiquismo de la persona, cada vez que ésta atraviese por eventuales espacios de tiempo en los que no realice actos violentos, al no satisfacer la adicción a dicha conducta, se generará un síndrome de abstinencia.

El plan de actuación (o estrategias de intervención) preconizado en el mencionado modelo de Kerr (1994), consta de las tres siguientes tácticas:

El plan de actuación (o estrategias de intervención) preconizado en el mencionado modelo de Kerr, consta de las tres siguientes tácticas:

1. Incorporar al sujeto a actividades integradas en la sociedad.
2. Buscar opciones nuevas de actividades reforzantes.
3. Lograr el restablecimiento de antiguas actividades reforzantes socialmente admisibles

EXPLICACIÓN DE LA VIOLENCIA EN LOS PROPIOS RASGOS DEL JUEGO DEPORTIVO

Fuente: Dr. D. Francisco de Miguel, Profesor de la Escuela de Medicina de la Educación Física y el Deporte de la Universidad Complutense de Madrid. Elaboración propia a partir de dicha fuente.

Esta perspectiva la han abordado varios autores e instituciones públicas. Entre ellos, cabe citar:

TAYLOR, 1971

La relación entre el club y los seguidores se ha ido deteriorando con el paso del tiempo, produciéndose un aumento progresivo de la alienación entre ambos. (*Los seguidores, en su fuero interno, se sienten poco identificados con su entidad deportiva, agrediendo algunos de ellos al propio club*).

CONSEJO DE INVESTIGACIÓN EN CIENCIAS SOCIALES SOBRE "DESÓDENES PÚBLICOS Y COMPETICIONES DEPORTIVAS", 1978

Las competiciones deportivas tienen lugar ante y entre grandes masas de espectadores que atraídos y estimulados por la excitación del juego, en ocasiones provocan estallidos de violencia.

SOCIÓLOGOS RADICALES DE LA NUEVA IZQUIERDA
(Últimas décadas)

PERSPECTIVA MARXISTA

TAYLOR, CLASS, *1982*

En su obra "*Violence and Sports*", 1982, estos autores teorizan, dentro de una perspectiva marxista, que la Violencia en el Deporte tiene que entenderse dentro del marco de las relaciones primarias entre las clases sociales y el Estado.

Según ellos la violencia en el Deporte podríamos entenderla, por un lado, como una forma de protesta ante la crisis, mientras que por otro lado es una expresión de desafío al Estado represor.

Afirman que las personas alienadas desembocan en la violencia en el deporte. Asimismo, consideran la pérdida de los valores de la Sociedad a causa del consumismo, como otro factor generador de actitudes violentas en el ámbito deportivo.

Sin embargo, este argumento no parece muy sólido, pues en los antiguos países comunistas del este europeo también había Violencia en el Deporte, aunque en menor cuantía, si bien debido a una presencia policial incomparablemente mayor que en Occidente. No olvidemos que los países del otro lado del "Telón de Acero" eran auténticos *estados policiales*, por lo que las teorías de Taylor y Class son difícilmente sostenibles.

DEPARTAMENTOS DE LA ADMINISTRACIÓN PÚBLICA

Intentan buscar una explicación más integradora. Entre ellos está la Comisión Nacional Antiviolencia, o Comisión Nacional contra la Violencia en los Espectáculos Deportivos, la cual se describe más adelante, en el capítulo 11.

CAPÍTULO 10

OTRAS CONSIDERACIONES ACERCA DE LA VIOLENCIA EN EL DEPORTE

Algunos autores afirman que la violencia es innata a la Sociedad, la cual además evoluciona hacia mayores niveles de violencia. Por consiguiente, también lo hace el Deporte, al formar parte de la Sociedad.

Cada época y cada sociedad determinan lo que se considera un acto violento.

Es preciso recordar el comentario ya reseñado de NORBERT ELÍAS, quien en 1978 manifestó que la "violencia moderna tiende a ser más eficiente e impersonal; es más un medio racional para lograr determinados fines que una descarga emocional".

Postulaba, recordemos, que *la violencia es un instrumento para conseguir un objetivo.*

PERFIL DEL PROTAGONISTA DE ACTOS VIOLENTOS EN EL DEPORTE EN LOS PAÍSES DESARROLLADOS (y factores que determinan ese perfil):

Fuente: Dr. D. Francisco de Miguel, profesor de la Escuela de Medicina de la Educación Física y el Deporte de la Universidad Complutense de Madrid.

Elaboración propia a partir de dicha fuente.

1. SEXO: El sexo masculino produce más actos violentos que el femenino como consecuencia de la cultura machista que subyace en el mundo moderno. No obstante, la mujer ya se está sumando como espectadora al Deporte, incorporándose a los actos violentos.

SMITH (1981): dice que es un *machismo por imitación;* habla de la *mujer masculina.* Es decir, la mujer adopta roles masculinos.

2. NIVEL SOCIAL: La mayor parte de las personas que ejercen la violencia en los espectáculos pertenecen a un estrato social bajo.

Además, las personas pertenecientes a un nivel bajo gozan de gran anonimato, al no tener relevancia social ni profesional, y por tanto son poco conocidas fuera de su entorno cercano, padeciendo, además, un mayor grado de frustración social que puede llegar a conducirles a la violencia, hasta el extremo de infligir castigos físicos a sus hijos (si bien dichos castigos también se presentan en niveles medios y elevados, aunque en menor proporción).

En definitiva, la concurrencia del mencionado anonimato y la frustración social condicionan la mayor incidencia de violencia en las clases sociales bajas.

(A lo precedente sería preciso añadir como otro factor de riesgo, la existencia de un menor nivel educativo-cultural en el violento).

3. EDAD: Se ha constatado que los jóvenes participan en más actos violentos porque buscan más notoriedad social, liderazgo entre sus iguales, sobresalir entre sus compañeros, reivindicar el hecho de ser más que otros (bueno, esto también se da muchas veces entre las personas supuestamente maduras), reivindicación social: luchan contra lo establecido.

CLASES DE VIOLENCIA EN LA ACTUALIDAD

Fuente: Dr. D. Francisco de Miguel, profesor de la Escuela de Medicina de la Educación Física y el Deporte de la Universidad Complutense de Madrid. Elaboración propia a partir de dicha fuente.

La violencia se puede clasificar en dos grupos principales:

A)   Violencia racional
B)   Violencia instintiva o irracional.

A)   **La violencia racional** es consciente. Busca un objetivo concreto. Es el tipo violencia presente en el mundo deportivo moderno. Su objetivo es "intentar que el equipo gane como sea". Así justifican la violencia. Es más patente en el fútbol, aunque también se da en otros deportes. Es la clase de violencia a la que hace referencia NORBERT ELÍAS en 1978 al definir la violencia moderna.

B) **La violencia instintiva o irracional,** es la violencia innata. Tiene su origen en la agresividad, que es un instinto básico. Quienes manifiestan esta tendencia son personas cuyo carácter es violento.

TIPOS DE DESÓRDENES PÚBLICOS EN LOS ACTOS DEPORTIVOS

Fuente: Dr. D. Francisco de Miguel, profesor de la Escuela de Medicina de la Educación Física y el Deporte de la Universidad Complutense de Madrid. Elaboración propia a partir de dicha fuente.

Entre las clasificaciones más destacables figuran las siguientes, que son las usadas por la Comisión Antiviolencia para esclarecer los actos violentos:

- Clasificación de Lang (1976)
- Clasificación de Mann (1979)
- Clasificación de Smith (1983)

CLASIFICACIÓN DE SMITH (1983)

Se basa en una creencia legitimante: Cualquier creencia o ideología que mantienen las personas que participan en un acto violento en el deporte y que las vincula directamente a un problema social (las personas se están legitimando para participar en actos violentos.

Este autor distingue dos tipos de actos violentos:

A) **CON MOTIVO:** La base de estos actos violentos está en la creencia legitimante: hay un conflicto social en la base de los actos violentos.

B) **SIN MOTIVO:** No existe creencia legitimante: no hay conflicto social en su base

A) **ACTOS VIOLENTOS CON MOTIVO:**
   1.- DESÓRDENES ESTRUCTURALES
   2.- DESÓRDENES SITUACIONALES

1.- DESÓRDENES ESTRUCTURALES

A su vez, pueden ser:
- DEMOSTRACIOMES
- CONFRONTACIÓN

I) DEMOSTRACIONES

Es el producto de un intento planeado para llevar a cabo lo que es en realidad una toma de posición política.

Por ejemplo, al pasar la Vuelta Ciclista a España por el País Vasco, a veces se interrumpía la retransmisión televisiva durante un minuto porque había alguna manifestación política, es decir había demostraciones de conflicto por una situación que los manifestantes no aceptan.

II) CONFRONTACIÓN

Se refiere a los sucesos violentos que tienen lugar como consecuencia del enfrentamiento espontáneo entre dos facciones o hinchadas tradicionalmente rivales.

Es el conflicto más grave que existe en los actos deportivos. Suele acontecer en el fútbol. Se trata de "machacar" al rival, de aniquilarle.

Tyli (1981) dice que en estos actos de confrontación subyace la violencia instintiva o irracional. Él lo denomina Agresividad Primaria. Son los que más chocan con la policía y, en general, con las fuerza de seguridad.

2.- DESÓRDENES SITUACIONALES:

I) DESORDEN POR FALTA DE ENTRADAS

Se produce cuando un grupo de espectadores que no ha conseguido una entrada para ver un encuentro deportivo trata de entrar violentamente en el recinto deportivo o protesta violentamente por haber quedado excluido.

II) DESORDEN POR DERROTA

Se produce por una derrota que suele ser percibida como injusta por los seguidores del grupo perdedor.

B) ACTOS VIOLENTOS SIN MOTIVO:

1. DESORDEN DEL TIPO TIEMPO DE DESCANSO:
Hace referencia a los actos violentos que tienen lugar en fines de semana, fiestas, celebraciones o en cualquier ocasión especial que las habituales prescripciones contra la violación de las normas morales se suspenden o relajan.

2. DESORDEN POR VICTORIA:
Se origina al celebrar abierta y ruidosamente la victoria del equipo del que se es seguidor.

Son típicos de esta clase de desórdenes los desperfectos del mobiliario urbano, llegando a convertirse dicha actitud en un rito relacionado con la victoria, como por ejemplo, el ritual de la invasión de la plaza de Cibeles de Madrid por parte de los seguidores del Real Madrid cuando el equipo gana, convirtiendo la zona en el objetivo de sus ataques en un aberrante contexto lúdico festivo de celebración con el resultado de múltiples lesionados. Conocidas son las medidas de seguridad que se adoptan en las ciudades con ocasión de la celebración de partidos importantes en el sentido de proteger determinados lugares o monumentos ante la *preocupación* de que el equipo local gane y se produzca la tragedia: múltiples heridos, destrozos en el patrimonio urbano y comercial...

Se han realizado estudios con la finalidad de ver la relación numérica entre la incidencia de agresiones físicas y el resultado de los partidos de fútbol examinados.

Dichos trabajos se basan en la comparación entre el número de lesionados asistidos en los centros de emergencias sanitarias de la zona los días en los que el equipo local gana, comparándolos con las ocasiones en las que pierde. Como resultado se constataron dos hechos:

El primero es que el número de lesionados que acuden a recibir asistencia es notablemente mayor cuando se celebra un partido de fútbol en el lugar.

En segundo término, se comprobó que cuando se produce la victoria local, el número de lesionados es mayor que en caso de derrota, lo que confirma la hipótesis de que la victoria incita más a la violencia que la derrota.

El incremento de heridos siempre es directamente proporcional a la importancia del encuentro.

La explicación psicológica de la violencia a causa de la victoria, es que ésta suele incrementar en el hincha los niveles de seguridad en sí mismo, reafirmación del yo y patriotismo, con lo que el sujeto se siente imbuido de sentimientos enervantes de superioridad, poder y desdén hacia los demás, que le hacen más proclive a materializar su violencia, especialmente si concurren características previas de la personalidad tales como un bajo nivel de madurez.

Asimismo, existen estudios que muestran un incremento en la incidencia de violencia doméstica coincidiendo con la victoria del equipo del agresor.

En definitiva y redundando, los citados estudios que relacionan la victoria con la violencia, demuestran que ésta es más notoria si se produce el triunfo del equipo local que cuando por el contrario pierde

Por añadidura, dada la costumbre social de celebrarlo casi todo habitualmente con alcohol, las celebraciones deportivas no iban a ser menos. Pero cuando el consumo alcohólico se convierte en abuso en lugar de uso sobreviene el desastre, pues el etilismo desemboca en la violencia cuando se produce en personas con esta clase de reacción ante el alcohol.

El efecto desinhibitorio del alcohol libera las pulsiones interiores manifestándose en actos violentos, si la persona tiene previamente predisposición a la violencia, aunque también puede haber otros mecanismos de producción de la violencia motivados por el alcohol, como escuetamente ya expuse en el capítulo 7 ("Causas de la violencia en el deporte"), al hablar del consumo de alcohol como una de las causas de violencia en el deporte.

CAPÍTULO 11

PREVENCIÓN DE LA VIOLENCIA EN EL DEPORTE

INTRODUCCIÓN

La lucha contra la violencia en el deporte hay que plantearla en diversos frentes pero, indudablemente, la mejor actuación es la prevención, la cual puede actuar a diversos niveles.

Entre los más destacables se encuentran el educativo y el legislativo. Una diferencia sustancial entre ambos es que el efecto del primero es a largo plazo, y el del legislativo es inmediato.

El resto de las medidas destacables para la prevención de estos actos violentos son, a título resumido, las siguientes:

- Cámaras de videovigilancia dispuestas estratégicamente en el recinto deportivo y aledaños.
- Atendiendo a motivos de seguridad, sería más conveniente la celebración diurna de los espectáculos deportivos, pues entonces se consigue un mayor control de cualquier situación.

Antes al contrario, la menor luminosidad nocturna favorece los altercados y la criminalidad. Asimismo, por la noche es mayor el consumo de alcohol y drogas, otros factores que inciden en el aumento de la violencia. Si pese a todo se opta por la celebración nocturna del encuentro, sería precisa la mayor iluminación posible del recinto deportivo (ésto se cumple) de sus accesos y de las inmediaciones.

- Adecuada dotación en miembros de seguridad para poder afrontar cualquier eventualidad y, ante todo, para efectuar los controles de acceso precisos en todas las entradas y salidas del recinto.

- Organizar la salida de las aficiones rivales de modo que, finalizado el encuentro, primero salga una de ellas, no permitiendo la salida de la otra hasta que la anterior se encuentre a una distancia lo suficientemente importante como para garantizar la seguridad.

- Llegar a un acuerdo con el mundo periodístico en el sentido de no publicar antes de los encuentros deportivos las declaraciones provocativas de los jugadores. Para no vulnerar la libertad de prensa y de expresión, esta medida sólo puede ser tomada voluntariamente por parte de la prensa, de ahí la importancia del consenso con los medios.

Para terminar esta breve introducción sobre las medidas preventivas, a continuación comento resumidamente las ya aludidas como las dos más destacables:

En la esfera educativa educativo: Sería muy importante incluir en los planes educativos un área de enseñanza de ética deportiva, en la cual se instruyera al alumno en el respeto al rival en el deporte y en la vida, y que estimulara al educando en la satisfacción por el juego limpio.

El nivel educativo y el socioeconómico son inversamente proporcionales a la incidencia de las acciones violentas. Según el resultado de múltiples estudios que buscan una relación entre la incidencia de violencia y dichos niveles, se comprueba que mayores niveles educativos y socioeconómicos en los espectadores implican menores probabilidades de violencia. Basta citar ejemplos como el golf y el tenis, donde la violencia es excepcional, en contraposición a lo que ocurre en los espectáculos futbolísticos, en los cuales la violencia se convierte en un fenómeno de masas.

Pero el nivel más importante de prevención y de mayor inmediatez es el legislativo, habida cuenta que el Derecho regula la convivencia en la Sociedad. El fenómeno de la violencia en el deporte ha sido también estudiado por los legisladores. El mundo jurídico se ha preocupado por la violencia en el deporte, abordando la prevención a través de medidas de tipo represivo-sancionador, entre otras.

A título de breve introducción previa destaco lo siguiente:

La Ley 10/1990, de 15 de octubre, del Deporte abordó, entre otros asuntos deportivos, el problema de la violencia, contemplando penas para las personas que ayuden a realizar actos delictivos y de violencia en las inmediaciones de los espectáculos deportivos.

Resumidamente, está penado lo siguiente:

- Ser portador de armas de fuego o blancas.
- Introducir fuegos artificiales o similar en el estadio.
- Formar grupos cuya finalidad sea cometer actos delictivos.
- Faltar al respeto a cualquier funcionario público encargado de la defensa del orden.
- Destruir o dañar una cosa mueble o inmueble.

Este apartado se trata con mayor amplitud en el próximo capítulo al exponer la **Ley 19/2007, de 11 de julio, contra la violencia, el racismo, la xenofobia y la intolerancia en el deporte**, la cual deroga algunos artículos del título IX de la ley 10/1990

ORGANIZACIÓN DE LA PREVENCIÓN DE LA VIOLENCIA EN ESPAÑA

Fuente: Consejo Superior de Deportes, en su página web.

Las líneas maestras de la política de prevención de la violencia deportiva en España se articulan en torno a tres tipos de medidas: organizativas, preventivas y de carácter represivo.

1. MEDIDAS ORGANIZATIVAS

Estas medidas versan sobre la actividad desarrollada por los Cuerpos y Fuerzas de Seguridad, que por lo que respecta al Estado se distribuye entre la Dirección General de la Policía o la Dirección General de la Guardia Civil (según la demarcación que tienen asignada) velar por el mantenimiento del orden y la seguridad publica en los acontecimientos deportivos.

La Dirección General de la Policía ha creado una unidad que coordina y centraliza toda su actividad en el ámbito de la violencia en el deporte, denominada Oficina Nacional de Deportes, actuando como punto de enlace con las policías de otros Estados. La OND coordina la actividad de los Coordinadores de Seguridad a los que corresponde dirigir y supervisar el dispositivo de seguridad de determinados acontecimientos deportivos (en la práctica, en la Liga ACB y en las 1ª y 2ª División "A" y "B" de fútbol). A tal fin, el Coordinador de Seguridad, actúa bajo la autoridad de los Delegados o Subdelegados del Gobierno, coordinando la actividad de todos los servicios encargados de velar por el orden y seguridad del evento en cuestión (Policía local, bomberos, protección civil, seguridad privada del Club o SAD, etc.).

Dentro de las medidas organizativas, debe hacerse una mención especial a:

LA COMISIÓN ESTATAL CONTRA LA VIOLENCIA, EL RACISMO, LA XENOFOBIA Y LA INTOLERANCIA EN EL DEPORTE

(Este tema se amplía en el próximo capítulo al exponer la Ley 19/2007)

La preocupación social originada por incremento de la violencia en el ámbito deportivo motivó la creación de la Comisión Nacional contra la Violencia en los Espectáculos Deportivos, constituyendo una de las principales innovaciones de la Ley 10/1990 del Deporte, lo cual se enmarca dentro de las recomendaciones contenidas en el Convenio Europeo de 1985.

El Real Decreto 75/1992, de 31 de enero, regula su composición y funcionamiento (en realidad fue puesta en marcha mediante el Real Decreto) estableciendo su adscripción orgánica al Ministerio de Educación y Ciencia, a través del Consejo Superior de Deportes, en adelante C.S.D.

A partir de la Ley 19/2007, la referida Comisión Nacional pasó a denominarse **Comisión Estatal contra la Violencia, el Racismo, la Xenofobia y la Intolerancia en el deporte.**

Pese a ser un órgano de naturaleza administrativa, cuenta con una composición interna plural y abierta a otros estamentos con responsabilidades y funciones en la materia.

A la Comisión le corresponden, fundamentalmente, funciones de propuesta, careciendo de facultades para sancionar directamente, pese a que algunos medios de comunicación aluden erróneamente y de forma habitual a sanciones impuestas por la Comisión, funciones que corresponden a los Delegados del Gobierno u otras autoridades del Ministerio del Interior.

Las funciones de la Comisión se limitan a la tutela y vigilancia, provocando la crítica de quienes quisieran dotarla de mayor vigor ejecutivo.

Algunas voces críticas apuntan lo siguiente:

1.- Que cuando esta Comisión se reúne, lo hace con la única función de sancionar.

Por lo expuesto, esta afirmación participa del precitado error, fruto de la ignorancia acerca de las funciones de la Comisión, las cuales, y reitero, se limitan a la tutela y vigilancia

No obstante, aunque así fuera, considero que la sanción en sí ya es una forma de lucha contra la violencia en el Deporte y de las más efectivas, aunque no es competencia de la Comisión.

2.- Que la referida Comisión no recoge todos los datos sobre violencia en el Deporte, sino sólo los que se denuncian.

Estimo que una posible solución para poder abarcar todos los actos violentos, consistiría quizá en aumentar los medios de la Comisión.

3.- Que debería haber creado una comisión de estudio sobre la génesis de la violencia.

En realidad, la Comisión también realiza dicha clase de estudios, como se verá en el próximo capítulo al describir las funciones de la misma, las cuales se exponen en la Ley 19/2007.

Los clubes deportivos (salvo excepciones) no demuestran hacer mucho caso de las recomendaciones de esta Comisión, pues (repito, salvo excepciones) no han aceptado de facto resoluciones como, por ejemplo, la no financiación a los grupos *ultras,* ni la de permitir y favorecer la participación de los socios en el club.

Todo ello va en contra de una de las funciones de la Comisión que, como se verá en el próximo capítulo, es elaborar orientaciones y recomendaciones a los Clubes Deportivos, ligas profesionales y a las Federaciones Españolas para la organización de todos aquellos espectáculos en los que razonablemente se prevea la posibilidad de actos violentos.

OBSERVATORIO DE LA VIOLENCIA, EL RACISMO Y LA INTOLERANCIA EN EL DEPORTE

Los actos de carácter racista o, en términos generales, el racismo asociado al deporte, se contempla en nuestra legislación como una forma integrante del concepto más amplio de violencia asociada al deporte. Así se consta en la Ley 19/2007, y anteriores (en la previsión contenida en el artículo 66 de la Ley 10/1990, de 15 de octubre, del Deporte, en la redacción dada por la Ley 53/2002, de 30 de diciembre, de Medidas Fiscales, Administrativas y del Orden Social, ubicado dentro del Título IX "Prevención de la violencia en los espectáculos deportivos")

Esta legislación confirma la preocupación a un nivel institucional por este problema, que ha sido objeto de plasmación en nuestra Ley del Deporte. Como fruto, asimismo, de esta preocupación nace el OBSERVATORIO DE LA VIOLENCIA, EL RACISMO Y LA INTOLERANCIA EN EL DEPORTE:

El Observatorio nace en el seno de la COMISIÓN NACIONAL CONTRA LA VIOLENCIA, incardinado en la Subcomisión de Estudios y Prevención. Con esta medida se pretende obtener un estado de la situación del fenómeno, sistematizar las medidas adoptadas en este ámbito; difundir las acciones desarrolladas para prevenir y combatir el racismo en el deporte; así como alentar o fomentar la investigación y el desarrollo de acciones de prevención y lucha contra el racismo en la comunidad deportiva.

El Observatorio, presidido por D. Javier Durán González (2007), Doctor en Sociología del Deporte, se concibe como un foro que reúna a los colectivos implicados en la lucha contra la violencia, el racismo y la intolerancia en el mundo del deporte.

Así, el Observatorio nace con la siguiente COMPOSICIÓN:

- Consejo Superior de Deportes.
- Ministerio del Interior.
- Federación Española de Municipios y Provincias.
- Real Federación Española de Fútbol.
- Liga Nacional de Fútbol Profesional.
- Asociación de Futbolistas Profesionales
- Asociación de Federaciones Españolas de Peñas de Fútbol
- Asociación Movimiento contra la Intolerancia
- Asociación Española de la Prensa Deportiva
- Coalición Española contra el Racismo, la Xenofobia y Discriminaciones Relacionadas.

2. MEDIDAS PREVENTIVAS

En este ámbito se establece, como punto de partida, la cláusula de responsabilidad general de los organizadores de espectáculos deportivos prevista anteriormente en el art. 69 de la Ley 10/1990 del Deporte, y en la más reciente Ley 19/2007 de 11 de julio, que deroga dicho artículo.

Medidas aplicables a los recintos deportivos en los cuales se celebren competiciones de carácter profesional en la modalidad de fútbol (1ª y 2ª División A) y baloncesto (Liga ACB).

Sin lugar a dudas son las más importantes, pudiendo distinguir los siguientes aspectos:

1°) Sistema de acceso al recinto y venta de entradas.

Debe disponerse de un sistema informatizado de control y gestión de venta de entradas (claramente orientado a la separación de aficiones rivales) y del acceso al recinto (para lograr evitar un posible exceso de aforo).

Los billetes de entrada deben informar sobre las causas que permiten impedir el acceso al recinto. Información que también debe estar visible en las puertas de acceso (especialmente importante en los acontecimientos deportivos internacionales).

2°) Asientos en las gradas y ubicación de aficiones rivales.

Han de disponer de zonas reservadas y distantes entre sí para situar a las aficiones de los equipos contendientes.

Deben contar con localidades numeradas y con asientos para todos los espectadores, elemento físico que dificulta las avalanchas y evita los excesos de aforo.

3°) La Unidad de Control Organizativo.

Es el centro desde donde el Coordinador de Seguridad ejerce la dirección del dispositivo de seguridad, en todas sus fases, durante el acontecimiento deportivo. La Unidad de Control Organizativo (UCO) debe estar situada en una zona estratégica y dominante del recinto deportivo, disponiendo de buenos accesos y comunicaciones con el interior y exterior del campo.

La dotación de una U.C.O. es distinta en las instalaciones de los clubes o sociedades anónimas deportivas de fútbol o de baloncesto:

En el FÚTBOL debe disponer de los siguientes elementos:

Circuito cerrado de televisión: contará tanto con cámaras fijas como móviles. Las fijas controlarán el exterior y el interior del recinto deportivo, cubriendo todas las zonas de acceso así como las gradas y proporcionando una visión total del recinto.

Las cámaras móviles deberán situarse en los espacios que el Coordinador de Seguridad estime necesario controlar especialmente en cada acontecimiento deportivo.

El circuito cerrado de televisión dispondrá, asimismo, de medios de grabación para registrar las actitudes negativas de los asistentes y el comportamiento de los grupos violentos.

Megafonía: la Unidad de Control Organizativo tendrá un sistema de megafonía propio, con capacidad y alcance suficiente tanto para el interior como el exterior del recinto y con dispositivo de seguridad que permita anular el sistema general de aquél.

El sistema de megafonía habrá de estar dotado de los medios humanos necesarios para efectuar la traducción y emisión de las indicaciones, advertencias o mensajes que hayan de efectuarse en más de un idioma.

Enlaces de radio y telecomunicación: la emisora directora de la Unidad de Control Organizativo del recinto deportivo comprenderá las mallas integradas de la red de Policía Local, Medios Sanitarios y Protección Civil; las mallas de las Unidades de Intervención del Operativo policial, incluyendo las unidades polivalentes de aquéllas, las del distrito policial, las especiales, las de escolta, helicópteros y TEDAX, así como las mallas policiales del servicio integradas por la oficina de denuncias, medios sanitarios y centros de detenidos.

Personal técnico: los clubes, sociedades anónimas deportivas u organizadores de los acontecimientos deportivos proporcionarán el personal especializado necesario para el mantenimiento y asistencia técnica de todas las instalaciones integradas en la Unidad de Control Organizativo. En la práctica es personal de la Liga Nacional de Fútbol Profesional.

La UCO de los equipos de BALONCESTO debe contar con la siguiente dotación:

Megafonía: igual que en el fútbol.

Enlaces de radio y telecomunicación: contará con las extensiones policiales exteriores e interiores que permitan, en todo momento, la comunicación libre con el personal y las instituciones relacionadas con la seguridad colectiva de los asistentes y del público en general.

Personal técnico: como en fútbol.

3. MEDIDAS DE CARÁCTER REPRESIVO. RÉGIMEN SANCIONADOR

Estas medidas se detallan en el próximo capítulo al hablar de Ley 19/2007, la cual regula estas medidas (anteriormente se contemplaban en el Título

IX de la Ley 10/1990, de 15 de octubre, del Deporte, hoy superado por la antedicha ley 19/2007).

SITUACIÓN EN EL CONTEXTO INTERNACIONAL

Fuente: Francisco de Miguel. Profesor de la Escuela de Medicina de la Educación Física y el Deporte de la Universidad complutense de Madrid. Elaboración propia.

En el año 1977 el Consejo de Europa patrocinó un Congreso Internacional relacionado con la violencia en el Deporte.

El primer simposio internacional dedicado al Deporte Mundial y a la lucha contra la violencia y por el Juego Limpio se celebró en Mónaco (noviembre de 1.982), arrojando el siguiente resultado:

Creación y animación de representantes nacionales de la Entente Internacional con la colaboración de todos los organismos responsables y especialmente del Comité Olímpico Internacional, las federaciones, los comités olímpicos nacionales y las asociaciones de periodistas deportivos, así como la exhibición de una exposición itinerante destinada a dar a conocer las actuaciones de la entente; y colaborar en el mayor número de manifestaciones deportivas.

España creó en el año 1988 la "COMISIÓN ESPECIAL DE INVESTIGACIÓN DE LA VIOLENCIA EN LOS ESPECTÁCULOS DEPORTIVOS, CON ESPECIAL REFERENCIA AL FÚTBOL".

A continuación se detallan los papeles que representan el Consejo de Europa y La Unión Europea (El Consejo de la Unión Europea y el Parlamento Europeo):

1. EL PAPEL DEL CONSEJO DE EUROPA

Fuente: Consejo Superior de Deportes

Dentro de las iniciativas tomadas a escala continental, puede distinguirse entre las adoptadas por el Consejo de Europa y por la Unión Europea. A continuación reseño las del primero.

El Consejo de Europa ha desarrollado un papel fundamental en el ámbito de la prevención de la violencia en los espectáculos deportivos, pues en su seno ha sido aprobado el principal instrumento de Derecho Internacional en este campo: el "Convenio Europeo sobre la violencia e irrupciones de espectadores con ocasión de manifestaciones deportivas y especialmente de partidos de fútbol", concluido en Estrasburgo (Francia) el 19 de agosto de 1985.

Este Convenio es un referente indiscutible en la prevención de la violencia asociada al deporte, radicando su importancia en que ha diseñado un conjunto integral de medidas que han sido implantadas por la mayoría de los Estados europeos, entre ellos el español; inspirando los modelos de regulación de Estados radicados fuera del Viejo Continente. Asimismo, ha instaurado un marco de cooperación internacional en esta materia, a través de un Comité Permanente encargado de velar por el grado de cumplimiento del Convenio en los Estados, perfilando iniciativas posteriores auspiciadas desde la Unión Europea.

Siguiendo la propia sistemática del Convenio, podemos clasificar las medidas que los países signatarios se comprometen a adoptar como sigue:

1. Este convenio europeo recomienda la creación de órganos de coordinación interna con la finalidad de dotar de cohesión a las medidas emprendidas desde el sector público para prevenir la violencia en los espectáculos deportivos. En esta línea se inscribe la creación en España de un órgano como la Comisión Nacional contra la Violencia en los Espectáculos Deportivos.

2. El Artículo 3 del convenio se ocupa de la coordinación en el ámbito funcional, recogiendo además la mayor parte de las medidas auspiciadas por el Convenio.

3. Especial relevancia revisten las medidas a adoptar por los organizadores para impedir y sofocar estallidos de violencia e irrupciones de los espectadores.

4. El Convenio hace gran énfasis en las medidas de cooperación policial internacional entre Estados, previstas en el Artículo 4, por el que las Partes asumen el compromiso de cooperar estrechamente entre sí, institucionalizando la cooperación internacional en éste ámbito.

5. El Artículo 5 del Convenio versa, específicamente, sobre la identificación y tratamiento de los infractores. Las Partes asumen el compromiso de procurar que espectadores que cometan actos de violencia u otras acciones punibles sean individualizados y perseguidos con arreglo a la Ley.

6. El Artículo 6 de este Convenio europeo prevé unas medidas complementarias, que versan sobre:

    a. La cooperación estrecha de los Estados parte con sus organizaciones deportivas nacionales así como con los clubes competentes;

b. La promoción de un sistema de fijación de criterios para la selección de los estadios donde se celebren partidos que puedan atraer a gentío numeroso o revoltoso

c. El compromiso de las Partes firmantes de estimular a sus organizaciones deportivas nacionales a revisar de modo continuo sus reglamentos con el fin de contribuir a controlar los factores que puedan provocar estallidos de violencia por parte de deportistas o espectadores.

7. Señalar el Artículo 3.5 del Convenio, relativo a las medidas sociales y educativas que alude a la necesidad de tener en mente la importancia potencial de los medios de comunicación social, y se refiere a los siguientes aspectos:

a. Promover el ideal deportivo mediante campañas de educación y de otro tipo;

b. Apoyar y fomentar la noción de "fair play o "juego limpio", especialmente entre los jóvenes.

c. Estimular el incremento de la participación activa en el deporte.

2. EL PAPEL DE LA UNIÓN EUROPEA

Pese a carecer de competencias en materia de deporte, las instituciones comunitarias han dispensado atención específica a una serie de aspectos que plantea la violencia en el deporte. Tanto el Parlamento Europeo como la Comisión han incidido en los aspectos sociales y educativos que coadyuvan en la prevención de este fenómeno, así como en la problemática jurídica que plantea la articulación de las medidas proyectadas por el Consejo y aplicadas por los Estados.

2.1 EL CONSEJO DE LA UNIÓN EUROPEA
Y LA COOPERACIÓN POLICIAL

La acción de la U.E. en este ámbito se inscribe dentro del Tercer Pilar, relativo a la cooperación en asuntos de justicia e interior, en la que el papel del Consejo de la Unión Europea es predominante.

A partir del año 1996, la acción del Consejo se centra, básicamente, en la cooperación policial contra el gamberrismo en el fútbol, con el convencimiento de que uno de los principales instrumentos para atajar ese problema es el intercambio de información policial.

Destaca la Acción Común acordada por el Consejo de la Unión Europea el 26 de mayo de 1997, relativa a la cooperación en el ámbito de la seguridad y el orden públicos.

El nuevo marco jurídico instaurado por el Tratado de Amsterdam contempla la cooperación policial, directa o a través de Europol, como uno de los ámbitos de actuación específicos del Tercer Pilar de la Unión.

Dentro de la cooperación reforzada que se desarrolla a través del sistema Schengen, los aspectos más relevantes que suscita la aplicación de este acervo a los acontecimientos deportivos son los siguientes: (1) el restablecimiento de las fronteras interiores por razones de orden público y seguridad nacional, (y 2) la utilización del Sistema de Información Schengen y la protección de datos de carácter personal.

Tras la entrada en vigor del Tratado de Amsterdam el Consejo ha aprobado la Resolución de 6 de diciembre de 2001, referente a un **manual de recomendaciones para la cooperación policial internacional y de medidas de prevención y lucha contra la violencia y los desórdenes relacionados con partidos de fútbol de dimensión internacional en que se vea afectado al menos un Estado miembro.** El objetivo de la Resolución es proporcionar a los ciudadanos un alto grado de seguridad en un espacio de libertad, seguridad y justicia, en especial en las manifestaciones deportivas.

2.2. LA INTERVENCIÓN DEL PARLAMENTO EUROPEO

En la Resolución de 11 de julio de 1985, el Parlamento Europeo se pronunció sobre las medidas necesarias para la represión del vandalismo y la violencia en los encuentros deportivos, solicitando a la Comisión de Juventud, Cultura y Deporte la elaboración de un informe definitivo sobre la violencia en el deporte, que se presentó ante el Pleno de la Cámara el 11 de noviembre de 1987. El documento analiza en primer lugar aquellos factores que se sitúan en la raíz del problema, examinando los condicionantes que rodean a la actividad deportiva (entre otros, los condicionantes económicos, mediáticos, deportivos, simbólicos, etc.) y recomienda la adopción, por las instituciones comunitarias, de medidas complementarias a las que se tomen en otros ámbitos y, preferentemente, de carácter preventivo antes que represivo; dedicando atención específica al papel del deporte en el terreno formativo.

Posteriormente, el Parlamento Europeo aprobó la Resolución A4-0124/96 que trata de armonizar la aplicación de las medidas por los diferentes estados para erradicar el comportamiento vandálico, con el respeto y la garantía de los derechos de los ciudadanos.

Una vez expuesta la organización de la prevención de la violencia en España y en el ámbito internacional, paso a reseñar en el siguiente capítulo parte de la legislación vigente en materia de violencia en el deporte, por la gran importancia que tiene el componente legislativo en la lucha contra dicha violencia.

CAPÍTULO 12

LEGISLACIÓN VIGENTE SOBRE VIOLENCIA EN ESPECTÁCULOS DEPORTIVOS

El punto de partida es la Constitución Española que contiene disposiciones que inciden sobre la materia.

Por una parte se ha de aludir a las previsiones contenidas en los artículos 24 y 25 de la Constitución, que consagran principios aplicables al Derecho Administrativo sancionador según reiterada jurisprudencia del Tribunal Constitucional.

Por otro lado, ha de tenerse en cuenta el orden constitucional de distribución de competencias en este ámbito, establecido por los artículos 148 y 149 de la Constitución.

En este sentido, la intervención de la Administración del Estado en este campo viene avalada por el artículo 149.1.29, que atribuye al Estado competencia en materia de seguridad pública, tal y como ha refrendado el **Tribunal Constitucional** en la **Sentencia de 1 de junio de 2000 (Nº 148/2000)**: el Tribunal declara que esta norma tiene por objeto regular la materia seguridad pública (descartando que se estén regulando materias como deporte y espectáculos deportivos), trazando una diferenciación entre seguridad pública y policía de espectáculos.

Por lo que respecta al desarrollo legislativo en esta materia, cabe diferenciar entre la normativa aprobada por las Comunidades Autónomas y el Estado central, y, dentro de esta última, entre la normativa común y la normativa sectorial:

a) **La normativa sectorial,** específicamente dictada para la regulación de la prevención de la violencia en los espectáculos deportivos, aparece conformada por las siguientes disposiciones:

- Ley 19/2007 de 11 de julio contra la Violencia, el Racismo, la Xenofobia y la Intolerancia en el Deporte
- Título IX de la Ley 10/1990, de 15 de octubre, del Deporte, modificado por la Ley 53/2002, de 30 de diciembre, de Medidas Fiscales, Administrativas y de Orden Social. El referido Título IX de la Ley 10/1990 **ha sido derogado en algunos de sus artículos por la anteriormente citada Ley 19/2007.**
- Título X de la Ley 10/1990, de 15 de octubre, referente a Instalaciones Deportivas.
- Real Decreto 75/1992, de 31 de enero, que dio origen a la Comisión Nacional contra la Violencia en los espectáculos deportivos.
- Real Decreto 748/2008, de 9 de mayo, por el que se regula la Comisión Estatal contra la Violencia, el Racismo, la Xenofobia y la Intolerancia en el Deporte.
- Real Decreto 203/2010, de 26 de febrero, por el que se aprueba el Reglamento de prevención de la violencia, el racismo, la xenofobia y la intolerancia en el deporte.
- Real Decreto 769/1993, de 21 de mayo, por el que se aprueba el Reglamento para la Prevención de la Violencia en los espectáculos deportivos, modificado por el Real Decreto 1247/1998 de 19 junio.
- Orden de 31 de julio de 1997 por la que se regula el funcionamiento del Registro Central de Sanciones impuestas por infracciones contra la seguridad pública en materia de espectáculos deportivos.
- Orden de 22 de diciembre de 1998 por la que se regulan las Unidades de Control Organizativo para la prevención de la violencia en los espectáculos deportivos.

b) **Normativa común** con incidencia en la prevención de la violencia en los espectáculos deportivos:

- Ley Orgánica 1/1992, de 21 febrero, sobre Protección de la Seguridad Ciudadana
- Real Decreto 2816/1982, de 27 agosto, por el que se aprueba el Reglamento General de Policía de Espectáculos y Actividades Recreativas.
- Título IX de la Ley 30/1992, de 30 de noviembre, de Régimen Jurídico de las Administraciones Públicas y del Procedimiento Administrativo Común; donde se regulan los principios de la potestad sancionadora

de la Administración y aspectos procedimentales de necesario cumplimiento.

En cuanto a la LEGISLACIÓN AUTONÓMICA que incide o puede incidir sobre la materia, es preciso hacer mención a las normas sobre prevención de la violencia incorporadas en las Leyes del Deporte de algunas Comunidades Autónomas y la legislación aprobada en materia de espectáculos públicos y actividades recreativas. Dentro de la variedad de legislaciones autonómicas sobre la materia menciono sólo algunas (una de cada comunidad autónoma):

- Ley 6/1998, de 14 de diciembre, de Andalucía.
- Ley 4/1993, de 16 de marzo, de Aragón.
- Ley 2/1994, de 29 de diciembre, del Principado de Asturias.
- Ley 3/1995, de 21 de febrero, de las Islas Baleares.
- Ley 8/1997, de 9 de julio, de las Islas Canarias.
- Ley 2/2000, de 3 de julio, de Cantabria.
- Ley 9/1990, de 22 de junio, de Castilla y León.
- Ley 1/1995, de 2 de marzo, de Castilla-La Mancha.
- Ley aprobada por el Decreto Legislativo 1/2000, de 31 de julio, de Cataluña.
- Ley 2/1995, de 6 de abril, de Extremadura.
- Ley 11/1997, de 22 agosto, de Galicia.
- Ley 8/1995, de 2 de mayo, de La Rioja.
- Ley 15/1994, de 28 de diciembre, de la Comunidad de Madrid.
- Ley 2/2000, de 12 de junio, de la Región de Murcia.
- Desarrollo reglamentario de Navarra.
- Ley 14/1998, de 11 de junio, del País Vasco.
- Ley 4/1993, de 20 de diciembre, de la Comunidad Valenciana.
- Igualmente, es preciso nombrar el Decreto de creación de la Comisión de la Violencia de Cataluña.

De entre toda la legislación referente a la materia que nos ocupa, de la cual acabo de relacionar una pequeña muestra, expondré sólo la siguiente por motivos de espacio:

- Título X de la Ley 10/1990, de 15 de octubre.
- Ley 19/2007 de 11 de julio contra la Violencia, el Racismo, la Xenofobia y la Intolerancia en el Deporte

- Asimismo, reseño el Protocolo de Actuaciones contra el racismo, la xenofobia y la intolerancia en el fútbol, refrendado el 18 de Marzo de 2005 por firmantes de diferentes estamentos del Estado y del Deporte.

TÍTULO X DE LA LEY 10/1990 DE 15 DE OCTUBRE DEL DEPORTE (INSTALACIONES DEPORTIVAS)
Artículo 71 de la Ley del Deporte

1. Las instalaciones destinadas a los espectáculos deportivos, donde se celebren competiciones de ámbito estatal e internacional, y en especial las que puedan acoger un número importante de espectadores, deberán proyectarse y construirse en el marco de la normativa aplicable, de manera que impidan o limiten al máximo las posibles acciones de violencia de acuerdo con las recomendaciones de los Convenios Internacionales sobre la Violencia en el Deporte suscritos por España.

2. A efectos de lo previsto en el apartado anterior, en el plazo que reglamentariamente se establezca, las localidades deberán ser numeradas con asiento para todos los espectadores, en todas las instalaciones donde se celebren competiciones profesionales de ámbito estatal. En estas instalaciones existirá un puesto o unidad central de control organizativo, situada en zona estratégica y dotado de los medios técnicos necesarios.

3. En el acondicionamiento de las instalaciones a efectos de seguridad, se tendrán especialmente en cuenta los siguientes aspectos:

    a. Distancia y elementos de separación entre el terreno de juego y la primera línea de espectadores.
    b. Túneles de acceso a vestuarios.
    c. Conexión de radio y sistemas de megafonía exterior.

4. A los mismos efectos, se tendrán en cuenta los siguientes aspectos:

    a. En la ejecución de obras en las instalaciones ya existentes:

        - La restricción de la edificación, con finalidad deportiva o de cualquier otro uso, tanto en volumen como en ocupación de suelo.
        - Prohibición o limitación del aumento del número de espectadores.

b. En la construcción de instalaciones nuevas:

- La superficie inedificable en la parcela a utilizar y aneja a la misma.
- Las distancias mínimas de la instalación a los linderos de la parcela.
- La franja de terrenos totalmente libre, incluso de aparcamientos, alrededor de la instalación.

Dada la importancia cualitativa y cuantitativa del fútbol en relación con el problema de la violencia, reseño a continuación el protocolo de actuaciones **referido exclusivamente al fútbol,** contra el racismo, la xenofobia y la intolerancia en el fútbol, firmado en Madrid el 18 de marzo de 2005 por, entre otros firmantes, el Consejo Superior de Deportes, la Secretaría de Estado de Inmigración y Emigración, la Real Federación Española de Fútbol, la Liga Nacional de Fútbol Profesional, los clubes u organizadores de partidos de fútbol, la Asociación de Futbolistas Españoles. Asimismo, el Comité Técnico de Árbitros, como representante de todo el colectivo de árbitros de fútbol, se adhiere a los postulados que contiene el presente documento. Del mismo modo, el Comité Nacional de Entrenadores de la Real Federación Española de Fútbol apoya estas medidas. También se adhieren las organizaciones de aficionados, que integran peñas y aficionados de toda España.

PROTOCOLO DE ACTUACIONES CONTRA EL RACISMO, LA XENOFOBIA Y LA INTOLERANCIA EN EL FÚTBOL

Madrid, a 18 de Marzo de 2005

Fuente: Consejo Superior de Deportes, en su página web

Los firmantes, conscientes del papel que desempeña el deporte en nuestra sociedad, de su función de integración social, de promoción de la diversidad, de educación y de contribución a la salud pública, así como de los valores que emanan del mismo, como son el respeto mutuo, la tolerancia, la deportividad y la no discriminación de las personas; resueltos a desarrollar adecuadamente el ingente potencial que ofrece el fútbol para rechazar y combatir activamente todo comportamiento vejatorio, discriminatorio o que resulte de algún modo ofensivo, atentatorio o intimidatorio hacia las comunidades étnicas o sus integrantes; convencidos de la necesidad de profundizar en la colaboración entre las instituciones y agentes implicados en el empeño de lograr que el deporte se desarrolle en un entorno en el que esté garantizada la libertad, la seguridad, la justicia y el respeto de la dignidad humana; considerando que el racismo, la discriminación racial, la xenofobia y la intolerancia son fenómenos que constituyen una amenaza grave para el deporte y para sus valores éticos, urge la adopción de medidas integrales tendentes a prevenir y erradicar del fútbol esas deleznables manifestaciones; decididos a evitar que el fútbol pueda ser utilizado por racistas, xenófobos y violentos como un altavoz para la realización de conductas deplorables; y resueltos a tomar medidas precisas para rechazar y combatir activamente todo comportamiento vejatorio, discriminatorio o que resulte de algún modo ofensivo, atentatorio o intimidatorio hacia las comunidades étnicas o sus integrantes; expresan un rechazo frontal y una condena abierta de los actos racistas, xenófobos, intolerantes y violentos, así como de cualquier intento de legitimación, justificación o banalización de tan graves comportamientos. A tal fin, han convenido aceptar y asumir libremente este compromiso y, en virtud del mismo, se obligan a garantizar, a cumplir y, en su caso, a exigir el cumplimiento de las siguientes medidas:

MEDIDAS DE PREVENCIÓN Y DE PROTECCIÓN DE LA INTEGRIDAD FÍSICA Y MORAL DE LAS VÍCTIMAS DE ACTOS RACISTAS, XENÓFOBOS E INTOLERANTES EN EL ÁMBITO DEL DEPORTE

1. Los firmantes se comprometen a impulsar, promocionar y desarrollar campañas de prevención del racismo en el fútbol, iniciativas o acciones conjuntas de difusión de este tipo de medidas, así como fórmulas de adhesión o apoyo alternativas.

2. La Real Federación Española de Fútbol, la Liga Nacional de Fútbol Profesional y la Asociación de Futbolistas Españoles se comprometen a elaborar y publicar conjuntamente una *Guía de actuaciones contra el racismo en el fútbol*, que será objeto de la máxima difusión, y que se confeccionará partiendo de las iniciativas desarrolladas por las Federaciones, Asociaciones, Ligas y Clubes de fútbol, tanto en España como en otros países.

3. La Asociación de Futbolistas Españoles se compromete a difundir el Protocolo entre sus asociados, fomentando entre los mismos conductas

solidarias de apoyo hacia aquellos compañeros que sean víctimas de actos racistas, xenófobos o intolerantes.

4. La Real Federación Española de Fútbol, la Liga Nacional de Fútbol Profesional y los clubes u organizadores de partidos de fútbol se comprometen a adoptar un *Plan de acción contra el racismo*, basado en el presente documento, que será objeto de una difusión adecuada y que contendrá:

a) **Medidas disciplinarias internas,** que los clubes aplicarán a su personal, asociados, abonados y/o clientes causantes de incidentes de índole racista, xenófobo o intolerante en el ámbito del deporte.

b) **Medidas de concienciación y sensibilización** del personal (deportivo o no) y de sus aficionados y simpatizantes, sobre la grave amenaza que supone el racismo, la xenofobia y la intolerancia tanto para el fútbol, como para los valores que encarna.

c) **Acciones dirigidas a prohibir, erradicar y/o prevenir la difusión** –por cualquier vía o medio- de mensajes, símbolos y/o consignas de contenido racista, xenófobo o intolerante; las medidas previstas en el citado plan serán debidamente publicitadas y serán parte integrante de los vínculos jurídicos asumidos por los clubes u organizadores con sus asociados.

5. Los clubes se comprometen a difundir y explicitar, a través de la megafonía y de los sistemas audiovisuales del estadio, mensajes en los que claramente:

a) Se condene y repruebe todo tipo de acto o conducta racista, xenófoba o intolerante.

b) Se dignifique, apoye y respalde a las víctimas de actos racistas xenófobos o intolerantes, así como a sus familiares.

c) Se informe adecuadamente de las medidas disciplinarias que se adoptarán frente a quienes sean identificados como autores de conductas racistas, xenófobas o intolerantes.

d) Se recuerde la posibilidad de eludir la imposición de medidas disciplinarias contra el club organizador o atenuar su responsabilidad, cuando la participación de los aficionados o asistentes a los encuentros permita localizar e identificar a los autores de actos racistas, xenófobos o intolerantes.

6. La Real Federación Española de Fútbol, la Liga Nacional de Fútbol Profesional, los clubes y los organizadores de partidos de fútbol se

comprometen a aplicar, de forma inmediata, las prácticas protocolarias de fomento de la deportividad y el Juego limpio que aplican otras Federaciones Nacionales de fútbol en sus respectivas competiciones nacionales, así como UEFA y FIFA en partidos de fútbol internacional (tanto en competiciones de clubes como en Campeonatos de equipos nacionales). Dichas prácticas incluirán la salida conjunta al terreno de juego de los árbitros y de los jugadores de ambos equipos y el saludo de todos los participantes antes de la iniciación de los partidos y a su conclusión.

7. Los clubes y organizadores de partidos de fútbol firmantes del presente documento se obligan a prohibir la venta o distribución de panfletos, carteles, fanzines, pegatinas o cualquier publicación racista, dentro y en los alrededores de los recintos. Igualmente se comprometen a borrar inmediatamente todas las pintadas racistas, xenófobas o de contenido similar que sean realizadas en sus instalaciones deportivas.

8. Los firmantes coinciden en la necesidad de suprimir y eliminar las barreras que dificultan la participación en competiciones deportivas de deportistas extranjeros aficionados que estén residiendo en nuestro país, respaldan las iniciativas de integración intercultural a través del deporte y desean liderar un proceso de modificación de las reglamentaciones deportivas que coadyuve a la conformación de una sociedad más integradora y respetuosa con los inmigrantes.

El Consejo Superior de Deportes y la Secretaría de Estado de Inmigración y Emigración se comprometen a promover e impulsar un proceso de modificación de las reglamentaciones deportivas para permitir la participación de deportistas extranjeros aficionados que estén residiendo en nuestro país en las mismas condiciones que los nacionales.

La adopción de esta medida se hará extensible a todas las modalidades deportivas, se aplicará sin excepciones en categorías inferiores y podrá ser modulada o adaptada en las restantes categorías de la competición, en función de las particularidades concurrentes en cada deporte.

El Consejo Superior de Deportes y la Secretaría de Estado de Inmigración y Emigración se comprometen a efectuar un seguimiento y análisis del impacto de esta medida, en colaboración con las entidades deportivas, a fin de valorar la conveniencia de adoptar medidas adicionales para favorecer la integración intercultural a través de la práctica deportiva.

Los firmantes invitan a otras entidades públicas o privadas a adoptar una política semejante en materia de admisión de deportistas extranjeros aficionados en las competiciones deportivas.

9. La Real Federación Española de Fútbol se compromete a proponer a la UEFA la introducción del comportamiento antirracista de los aficionados como parámetro para la clasificación en competiciones internacionales basada en el Juego limpio.

10. El Consejo Superior de Deportes, la Real Federación Española de Fútbol, la Liga Nacional de Fútbol Profesional y los clubes firmantes se comprometen a proporcionar dotación económica que permita financiar la realización de programas de prevención del racismo en el fútbol y de fomento de la interculturalidad.

11. El Comité Técnico de Árbitros, como representante de todo el colectivo de árbitros de fútbol, respalda las líneas inspiradoras del presente documento y se adhiere a los postulados que lo sustentan. La Real Federación Española de Fútbol desea que los árbitros sigan contribuyendo activamente a la prevención de este fenómeno y puedan actuar con determinación ante estas deplorables conductas. A tal fin, la Real Federación Española de Fútbol impartirá las siguientes directrices o instrucciones en materia de arbitraje:

a) Se instruirá a los árbitros para que las actas arbitrales reflejen, de forma específica, todo tipo de ofensas o incidentes racistas en que tomen parte tanto los participantes como el público. Asimismo, y de forma progresiva, se adoptarán los formularios y modelos de actas para consignar este tipo de incidencias.

b) La paralización o interrupción momentánea de los partidos donde se produzcan conductas racistas, xenófobas o intolerantes -tanto de obra como de palabra- será una facultad reservada a los árbitros.

c) Cuando los árbitros hagan uso de la facultad prevista en el apartado anterior instarán al organizador para que transmita -a través de la megafonía y de los sistemas audiovisuales del estadio- mensajes que condenen ese tipo de conductas y que insten a los asistentes a observar un comportamiento respetuoso con todos los participantes.

d) Cuando los árbitros consideren que las ofensas o conductas racistas, xenófobas o intolerantes revistan suma gravedad, y antes de adoptar la decisión de suspender el partido, agotarán las vías dirigidas a lograr que prosiga su celebración. En este sentido, consultarán sobre la conveniencia de adoptar semejante decisión a los capitanes de ambos equipos y a los mandos de las Fuerzas y Cuerpos de Seguridad desplegadas, y ordenarán al organizador que difunda -a través de la megafonía y de los sistemas audiovisuales del estadio- la posibilidad de acordar la suspensión en caso de que prosiguieran los incidentes en cuestión.

12. La Real Federación Española de Fútbol y su Comité Nacional de Entrenadores apoyan las medidas que contiene el presente documento y se comprometen a divulgarlas entre los entrenadores, invitando a todo el colectivo de entrenadores a que observen las pautas de comportamiento plasmadas en el presente documento y a que inculquen entre los jugadores bajo su dirección técnica la observancia del presente Protocolo.

13. Las organizaciones de aficionados se comprometen a promover la adhesión a este protocolo entre los abonados, socios, simpatizantes y sus peñas. A tal efecto, Aficiones Unidas, asociación que actualmente integra agrupaciones de peñas y aficionados de España se compromete a:

a) Incluir en sus Estatutos las previsiones del protocolo, hacerlo extensivo a todas las federaciones de peñas integradas en su Asociación Nacional, y promover su adopción por todas las peñas legal o válidamente constituidas.

b) No admitir o, en su caso, expulsar de las organizaciones de aficionados a quienes contravengan las obligaciones asumidas e incorporadas en el protocolo.

c) Difundir activamente el protocolo entre aficionados, abonados, socios, simpatizantes y sus peñas.

MEDIDAS DE LOCALIZACIÓN Y CONTROL DE PARTICIPANTES EN INCIDENTES RACISTAS, XENÓFOBOS, INTOLERANTES Y VIOLENTOS EN EL FÚTBOL

Conscientes de que las medidas de prevención del racismo y otras conductas violentas son necesarias, pero no suficientes, para la erradicación de esta lacra, y de que el mejor servicio que cabe realizar tanto a las víctimas de este tipo de abusos, como a sus familiares, es localizar y sancionar a los infractores, los firmantes convienen en la necesidad de avanzar y completar las medidas actualmente aplicadas para la identificación de potenciales transgresores, por lo que se comprometen a adoptar las siguientes iniciativas:

Las autoridades públicas, el Ministerio del Interior y las Fuerzas y Cuerpos de Seguridad del Estado se comprometen a:

14. Optimizar la utilización de las videocámaras y los sistemas de videovigilancia para ayudar a la identificación de los causantes de incidentes racistas, xenófobos o intolerantes.

15. Implantar un *Plan de intervención específico para prevenir y reprimir los brotes de racismo, xenofobia e intolerancia en el fútbol profesional.* La puesta en práctica de dicho plan, que se efectuará de forma progresiva, podrá ser extendida a otras competiciones y comprenderá:

a) Una relación o enumeración de los problemas, dificultades y límites operativos o logísticos, que plantea el sistema actual de prevención de la violencia en espectáculos deportivos a la hora de articular iniciativas de localización, control y represión de los brotes de racismo en el fútbol.

b) La elaboración de un sistema de información específico que permita confeccionar un *mapa de situación*, proporcionando datos a nivel nacional sobre la entidad de los incidentes, su distribución territorial y la ubicación en las instalaciones de los causantes de este tipo de incidentes.

c) El diseño y puesta en práctica, en colaboración con la Real Federación Española de Fútbol, la Liga Nacional de Fútbol Profesional, los clubes y los organizadores de partidos de fútbol, de acciones de formación especiales dirigidas a Coordinadores de Seguridad y responsables de seguridad privada de las organizaciones deportivas.

d) El fomento de la cooperación internacional en este ámbito, secundando las iniciativas que a nivel internacional se puedan plantear, a través de los cauces y foros existentes.

e) La Oficina Nacional de Deportes de la Dirección General de la Policía realizará un seguimiento específico sobre el grado de aplicación y cumplimiento del Plan, para lo que confeccionará informes trimestrales, semestrales y anuales.

16. Las autoridades públicas se comprometen a poner a disposición de los clubes de fútbol los medios técnicos y los recursos actualmente disponibles, siempre que ello sea posible, a fin de que las organizaciones deportivas privadas puedan tomar medidas disciplinarias internas frente a sus asociados, socios, abonados y/o clientes que se vean implicados en incidentes de tipo racista, xenófobo o intolerante y, en general, en actos que vulneren la normativa sobre prevención de la violencia en los espectáculos deportivos.

17. La Real Federación Española de Fútbol, la Liga Nacional de Fútbol Profesional, los clubes y los organizadores de partidos de fútbol se comprometen a extremar las acciones tendentes a **detectar la exhibición de simbología y la identificación de los causantes de ofensas racistas, xenófobas e intolerantes; colaborando y participando activamente en la localización de los mismos y adoptando medidas de protección y reparación moral de las víctimas de ofensas racistas.**

18. La Real Federación Española de Fútbol, la Liga Nacional de Fútbol Profesional, los clubes y los organizadores de partidos de fútbol establecerán un sistema de información específico que permita conocer la distribución por clubes y la ubicación en los estadios de los participantes en incidentes de tipo racista, xenófobo e intolerante.

19. La Real Federación Española de Fútbol y la Liga Nacional de Fútbol Profesional elaborarán un informe trimestral, de cada uno de los clubes de Primera y Segunda División, que se confeccionará con la información reflejada por los árbitros en las actas de los partidos y, fundamentalmente, con los datos recabados y reflejados por los delegados-informadores de la Real Federación Española de Fútbol, en cuyos informes se contendrá un apartado específico dedicado a los incidentes de tipo racista.

20. **Para coadyuvar a la identificación y localización de los potenciales causantes de incidentes de tipo racista, la Real Federación Española de Fútbol y la Liga Nacional de Fútbol Profesional** introducirán las modificaciones normativas que permitan a los órganos disciplinarios deportivos que intervengan en asuntos de esta índole **poder atenuar o eximir de responsabilidad a los clubes y organizadores, cuando la colaboración y participación del público asistente sea determinante para la localización e identificación de los autores de actos racistas, xenófobos o intolerantes.**

MEDIDAS DE REPRESIÓN Y SANCIÓN DE LOS INCIDENTES RACISTAS, XENÓFOBOS, INTOLERANTES Y VIOLENTOS EN EL FÚTBOL

Las autoridades públicas, convencidas de la necesidad de entender de forma específica el fenómeno del racismo en el fútbol dentro del diseño y puesta en práctica de una política de represión de la violencia en los espectáculos deportivos, se comprometen a:

21. Aplicar con todo rigor la vigente normativa de orden público que permite reprimir y sancionar adecuadamente los brotes de carácter racista o xenófobo y de intolerancia que acontezcan en el deporte.

22. Promover las reformas legislativas que resulten precisas para tipificar, con la especificidad que merecen, los brotes de racismo, xenofobia e intolerancia que puedan aparecer en los espectáculos deportivos.

23. Incluir la represión y sanción de los incidentes de carácter racista en los ámbitos de actuación prioritaria de los dispositivos de prevención de la violencia en espectáculos deportivos.

24. Velar porque los órganos disciplinarios de la Real Federación Española de Fútbol y la Liga Nacional de Fútbol Profesional apliquen de forma inflexible la normativa disciplinaria que califica como infracciones muy graves los actos, conductas u ofensas racistas, xenófobas e intolerantes, en el marco de lo dispuesto por el Artículo 76 de la Ley del Deporte.

   Todas las organizaciones deportivas en general y los clubes en particular se comprometen a adoptar medidas disciplinarias internas frente a sus asociados, abonados y/o clientes que se vean implicados en incidentes racistas, xenófobos o intolerantes y, en general, en actos que vulneren la normativa sobre prevención de la violencia en los espectáculos deportivos. A tal fin, se obligan a:

25. Establecer como condición o requisito necesario para obtener abonos de temporada u otros títulos que permitan el acceso regular a los estadios, que sus titulares o poseedores no sean sancionados por participar en incidentes de tipo racista, xenófobo o intolerante y, en general, en actos que vulneren la normativa sobre prevención de la violencia en los espectáculos deportivos. Semejantes previsiones serán incluidas en las condiciones de venta de las entradas.

26. Incluir en sus normas de régimen interior, o en los documentos o títulos jurídicos que regulen los derechos y deberes de sus asociados, abonados y/o clientes, normas que contemplen la facultad de las organizaciones del evento para:

   a) Impedir el acceso y/o expulsar del recinto a quienes inciten, participen o hayan participado en incidentes de tipo racista, xenófobo o intolerante y, en general, en actos que vulneren la normativa sobre prevención de la violencia en los espectáculos deportivos.

   b) Cancelar los abonos de temporada u otros títulos que permitan el acceso regular a los estadios cuando sus titulares o poseedores sean sancionados por participar en incidentes de tipo racista, xenófobo o intolerante y, en general, en actos que vulneren la normativa sobre prevención de la violencia en los espectáculos deportivos.

27. Divulgar de forma adecuada y específica las medidas disciplinarias internas que el organizador puede adoptar frente a los causantes de incidentes racistas, xenófobos o intolerantes. Dicha difusión se realizará mediante:

a) La inserción de carteles publicitarios en el recinto.
b) La inclusión de menciones específicas en el dorso de las entradas.
c) La exhibición y difusión de mensajes audiovisuales a través de los dispositivos de estas características disponibles en cada recinto.

28. Emprender acciones legales contra los titulares o propietarios de páginas web que utilizan signos o elementos distintivos de los clubes en combinación con mensajes y/o simbología racista, xenófoba o totalitaria.

29. Ejercitar o promover el ejercicio de acciones legales contra quienes, por cualquier forma, utilicen o exhiban en lugares públicos signos o elementos distintivos de los clubes en combinación con mensajes y/o simbología racista, xenófoba o totalitaria.

30. Los clubes u organizadores se comprometen a retirar, privar o no otorgar ventajas, beneficios o privilegios de cualquier índole a los hinchas implicados en incidentes racistas, xenófobos o intolerantes. Esta medida se hará extensible a quienes participen en la difusión -por cualquier vía o medio- de mensajes, símbolos y/o consignas de contenido racista, xenófobo o intolerante; bien actúen de forma aislada, o bien lo hagan en coordinación y/o conjuntamente con otros, formen o no unidad de acción, agrupación o grupo, y se hallen regularizados o no.

31. Las autoridades públicas se comprometen, en colaboración con las organizaciones deportivas privadas y el resto de los firmantes, a avanzar en el proceso de regularización asociativa de las hinchadas.

Los firmantes se comprometen a colaborar activamente para lograr la aplicación efectiva de las medidas enumeradas en el presente documento, a remover los obstáculos que dificulten su puesta en práctica y a velar por su cumplimiento.

Asimismo, acuerdan confiar el seguimiento y control de las obligaciones y deberes recíprocamente asumidos por los firmantes al *Observatorio del racismo, la xenofobia y la violencia en el deporte*, creado en el seno de la Comisión Nacional contra la Violencia en los Espectáculos Deportivos, a quien se comunicará cualquier incumplimiento o incidencia de que tengan conocimiento, que dificulte la adopción y puesta en práctica de los compromisos asumidos.

LEY 19/2007 DE 11 DE JULIO CONTRA LA VIOLENCIA, EL RACISMO, LA XENOFOBIA Y LA INTOLERANCIA EN EL DEPORTE

Texto refundido
(Deroga determinados preceptos del título IX de la
Ley 10/1990, de 15 de octubre, del Deporte)

PREÁMBULO

I

Existe una radical incompatibilidad entre deporte y violencia, cualquier forma de violencia, incluida la verbal o aquella otra más sutil, fundamentada en la trampa, el engaño y el desprecio del juego limpio. Desde hace décadas esta idea central orienta el trabajo que, de forma concertada, vienen desarrollando la Unión Europea y sus instituciones, los poderes públicos competentes en materia de deporte de cada uno de sus países miembros, así como el Comité Olímpico Internacional y las distintas organizaciones que conforman el sistema deportivo internacional. El objetivo central que cohesiona la acción diversificada de tan amplio espectro de actores públicos y privados es erradicar la violencia del deporte, además de prevenir, controlar y sancionar con rigor cualquier manifestación violenta en el ámbito de la actividad deportiva, muy especialmente cuando adquiere connotaciones de signo racista, xenófobo o intolerante.

A pesar de ello y en un sentido amplio, la violencia consiste en aplicar la fuerza sobre el entorno. Por ello, el deporte conlleva siempre y en diversa medida violencia, en tanto que uso de la fuerza, que se aplica bien sobre los elementos (tierra, agua y aire), bien sobre las personas que devienen adversarios en el ámbito deportivo. La violencia en el deporte, aplicada de conformidad con las reglas del mismo, supone una aplicación autorizada de la fuerza. Por el contrario, si la fuerza se aplica contraviniendo las normas deportivas, constituye una infracción o una agresión antirreglamentaria. Así, es el propio mundo del deporte el que, al establecer las reglas del mismo en cada modalidad, determina el nivel de violencia aceptable y cuándo esta aplicación de fuerza es inadmisible por ser contraria a los reglamentos deportivos. En este ámbito, un primer objetivo de las instituciones públicas es promover que el propio ámbito deportivo, mediante su propia autorregulación, gestione y limite la aplicación de la fuerza en el deporte, de modo que su uso sea compatible con el respeto a la persona y con una conciencia social avanzada.

Por lo demás, la violencia en el deporte es un elemento estrechamente relacionado con el espectáculo, por la propia atracción que genera el fenómeno de la violencia. Ésta, por dichos motivos, tiene a menudo una gran repercusión en los medios de comunicación, que, en ocasiones, reproducen hasta la saciedad los incidentes violentos, sean de palabra, sean de hecho. Esta presencia de la violencia deportiva en los medios de comunicación llega a empañar, cuando no a poner en duda o a contradecir, los valores intrínsecos del deporte como referente ético y de comportamientos.

La realidad de la violencia en el deporte y su repercusión en los medios de comunicación es un reflejo de la clara permisividad social de la violencia, permisividad que se retroalimenta con la intervención de todos los agentes del entorno deportivo sobre la base inicial de la aplicación reglamentaria o no de la fuerza en el deporte y del encuentro entre adversarios, sean deportistas, técnicos o dirigentes.

Así, el fenómeno de la violencia en el deporte en nuestra sociedad es un fenómeno complejo que supera el ámbito propiamente deportivo y obliga a las instituciones públicas a adoptar medidas que fomenten la prevención e incidan en el control cuando no en la sanción de los comportamientos violentos. Una gestión adecuada de la violencia conlleva un enfoque global, fundado en los derechos y libertades fundamentales, la limitación del riesgo y la de los bienes y de las personas. Sobre estos principios, al margen de fomentar una adecuada gestión y autorregulación por el propio mundo del deporte, las instituciones públicas deben proveer al mundo del deporte del marco legal adecuado que permita la persecución de daños y agresiones, la atribución de las responsabilidades civiles que correspondan y la adopción de las medidas de seguridad.

La violencia en el deporte es, por lo demás, un aprendizaje que se inicia en las categorías inferiores incidiendo de manera directa en el proceso de educación infantil y juvenil.

Un enfoque global contra el fenómeno de la violencia en el deporte conlleva asimismo la cooperación entre todas las administraciones públicas y el respeto al ámbito de sus específicas competencias, en tanto que el tratamiento de este fenómeno supone la concurrencia de diversas administraciones, tanto en el ámbito deportivo como en el de la seguridad y en el de los espectáculos públicos.

Asimismo, la preocupación por fomentar la dimensión social del deporte como educador en valores forma parte, también, del acervo común europeo a la hora de promover iniciativas conjuntas de los poderes públicos y de las organizaciones deportivas para lograr que el deporte sea una escuela de vida y de tolerancia, especialmente en la infancia, la adolescencia y para los jóvenes, que eduque y no deforme.

Un encuentro en el que prime el espíritu de una competición justa, limpia y entre iguales, en vez de la trampa, el engaño y la violencia.

En España y en Europa, el deporte, en suma, es una actividad de personas libres, en una sociedad abierta, basada en el respeto de la diversidad e igualdad entre las personas. Por esta razón, y de modo singular, el marco deportivo de la competición profesional en el marco del deporte profesional y de alta competición está obligado a ser un referente ético en valores y en comportamientos para el conjunto de la sociedad.

En este terreno de la educación en valores -especialmente el olimpismo como filosofía de vida- el ejemplo personal es lo que más cuenta e influye en jóvenes deportistas y en el conjunto de la sociedad. La potencialidad del deporte en su dimensión formativa es enorme: por su carácter lúdico y atractivo, pero también por su condición de experiencia vital, en la que sus practicantes se sienten protagonistas, al mismo tiempo que refuerzan sus relaciones interpersonales y ponen en juego afectos, sentimientos, emociones e identidades, con mucha más facilidad que en otras disciplinas.

Por estas razones, la práctica deportiva es un recurso educativo, que genera un contexto de aprendizaje excepcionalmente idóneo para el desarrollo de competencias y cualidades intelectuales, afectivas, motrices y éticas, que permite a los más jóvenes transferir lo aprendido en el deporte a otros ámbitos de la vida cotidiana. Esta dimensión contrastada del deporte hace de él una herramienta educativa particularmente útil para hacer frente a fenómenos inquietantes y amenazas comunitarias, como son el aumento de las conductas antisociales; la existencia de actitudes vandálicas y gamberrismo entre jóvenes; el incremento de actitudes y de comportamientos racistas y xenófobos; la marginación académica y el fracaso escolar; el consumo de drogas y alcohol; o el avance preocupante del sedentarismo y de la obesidad a edades cada vez más tempranas.

El acervo comunitario europeo para erradicar la violencia del deporte está asentado en la convicción de que son los ciudadanos en su conjunto, es decir, todas y cada una de las personas que la integran, quienes tienen la obligación de contribuir, cada cual desde su respectivo ámbito de competencias, a que los estadios, las instalaciones deportivas y los espacios al aire libre para la actividad física, sean lugares abiertos, seguros, incluyentes y sin barreras. Un espacio de encuentro en el que deportistas profesionales y aficionados espectadores y directivos, así como el resto de agentes que conforman el sistema deportivo español respeten los principios de la ética deportiva y el derecho de las personas a la diferencia y la diversidad.

Ninguna raza, religión, creencia política o grupo étnico puede considerarse superior a las demás. Y en este aspecto, lo que ocurra en el deporte ha de reflejar los valores en que se sustenta nuestra convivencia democrática.

El imparable éxito del deporte como fenómeno social también posibilita multiplicar su dimensión como factor de integración enormemente efectivo. El deporte es un lenguaje universal que se entiende en todos los idiomas, por eso constituye en sociedades multiétnicas un poderoso factor de integración intercultural, que favorece el desarrollo de identidades múltiples e incluyentes, que refuerzan la cohesión y la convivencia social de sociedades pluralistas y complejas.

II

A mediados de la década de los años 80 del siglo pasado, una serie de sucesos luctuosos marcan el punto máximo de tensión generado en Europa por manifestaciones violentas en el deporte. En el estadio Heysel de Bruselas, en 1985, la final de la copa de Europa que jugaban los equipos de la Juventus y el Liverpool acabó en tragedia.

Ese mismo año, poco tiempo antes, un incendio en el estadio inglés de Bradford provocó el pánico con resultado de muerte y heridos en las gradas durante el encuentro. Cuatro años después, se repetía la tragedia durante un partido de fútbol entre los equipos ingleses del Liverpool y el Nottingham Forest. En esos mismos años, en otras latitudes, como en Latinoamérica, también hubo que lamentar terribles tragedias colectivas con un saldo de centenares de muertos.

Estas trágicas circunstancias, que también tuvieron reflejo en nuestro país en varios sucesos lamentables, acaecidos dentro y fuera de los estadios, son las que movieron al Consejo de Europa a promover la firma y ratificación por sus países miembros de un Convenio Internacional sobre la violencia, seguridad e irrupciones de espectadores con motivo de manifestaciones deportivas y, especialmente, partidos de fútbol. Este instrumento jurídico contra la violencia en el deporte es el referente en vigor más importante y de mayor alcance del Derecho Público Internacional para afrontar con garantías de éxito la lucha de los poderes públicos y de las organizaciones deportivas contra esta lacra social.

El Convenio Internacional sobre la violencia en el deporte del Consejo de Europa ha sido complementado a partir del año 2000 mediante una Resolución sobre la prevención del racismo, la xenofobia y la intolerancia en el deporte, además de dos Recomendaciones de su Comité Permanente acerca del papel de las medidas sociales y educativas en la prevención de la violencia en el deporte, así como la edición de un Manual de referencia al respecto, susceptible de ser adaptado a las distintas realidades nacionales europeas.

Asimismo, otra norma de referencia en la materia objeto de la presente Ley es la Convención Internacional sobre la Eliminación de todas las Formas de Discriminación Racial, adoptada por la Asamblea General de Naciones Unidas, por Resolución de 21 de diciembre de 1965, y ratificada por España el 13 de septiembre de 1968. De igual manera, es de aplicación en este ámbito la Directiva de la Unión Europea 2000/43, relativa a la aplicación del principio de igualdad de trato entre las personas, independientemente de su origen racial o étnico, traspuesta en nuestro ordenamiento jurídico mediante la Ley 62/2003, de 30 de diciembre, de Medidas Fiscales y Administrativas y de Orden Social.

Por su parte, en España, una Comisión de Estudio en el Senado, realizó a partir de 1988 una gran labor parlamentaria de documentación y diagnóstico del problema de la violencia en los espectáculos deportivos. Sus trabajos se plasmaron en una serie de recomendaciones, aprobadas con un amplio consenso de las fuerzas políticas del arco parlamentario y que marcarán la pauta de los desarrollos legislativos y actuaciones llevadas a cabo en la década siguiente.

III

La aprobación de la Ley 10/1990, de 15 de octubre, del Deporte supuso para el sistema deportivo de nuestro país un punto de referencia inexcusable, también en lo referente a la lucha contra la violencia en el deporte. En efecto, sus Títulos IX y XI regulan, respectivamente, la prevención de la violencia en los espectáculos deportivos y la disciplina deportiva, sentando así las bases de un posterior desarrollo reglamentario que ha permitido a España convertirse en un referente internacional a la hora de diseñar políticas integrales de seguridad de grandes acontecimientos deportivos y un ejemplo acerca de cómo pueden colaborar muy estrechamente en esta materia responsables públicos, organizaciones deportivas y los Cuerpos y Fuerzas de Seguridad del Estado.

Merece destacarse la labor desarrollada en este ámbito por la Comisión Nacional contra la Violencia en los Espectáculos Deportivos, puesta en marcha mediante Real Decreto 75/1992, de 31 de enero, tanto por los logros alcanzados en aislar y sancionar los comportamientos violentos y antideportivos dentro y fuera de los estadios, como por la efectividad de sus iniciativas en la coordinación de cuantos actores intervienen en la celebración de acontecimientos deportivos. Sus informes anuales han hecho posible mantener alerta y mejorar de manera muy sustancial los dispositivos de seguridad que desde hace más de una década están operativos y vienen actuando contra esta lacra antideportiva.

Por su parte, el Real Decreto 769/1993, de 21 de mayo, por el que se aprueba el Reglamento para la prevención de la violencia en los espectáculos deportivos sentó las bases para una estrecha colaboración en el seno de la Comisión Nacional contra la Violencia en los Espectáculos Deportivos, que viene desarrollándose de manera eficaz, entre el Consejo Superior de Deportes, el Ministerio del Interior, los Cuerpos y Fuerzas de la Seguridad del Estado dependientes del Ministerio del Interior y las entidades deportivas, y con quienes ostentan la responsabilidad en materia de seguridad y la coordinación de seguridad de los clubes de fútbol. La Dirección General de la Policía constituyó en la Comisaría General de Seguridad Ciudadana una Oficina Nacional de Deportes, que es la encargada de centralizar el conjunto de actuaciones policiales relacionadas con la prevención y persecución de comportamientos violentos en los acontecimientos deportivos.

Las Órdenes ministeriales de 31 de julio de 1997 y de 22 de diciembre de 1998 regularon el funcionamiento del Registro Central de Sanciones impuestas por infracciones contra la seguridad pública en materia de espectáculos deportivos, así como las unidades de control organizativo para la prevención de la violencia en dichos acontecimientos. Ello ha permitido elaborar protocolos de actuación de los operativos policiales, que posibilitan un despliegue específico de sus efectivos y recursos en cada uno de los estadios. Es obligatorio que éstos cuenten con un dispositivo de vigilancia permanente mediante videocámaras, que permite localizar, identificar y sancionar a las personas autoras de actos violentos.

Desde la temporada 1997/98, la inversión realizada en los estadios de fútbol españoles en medidas de seguridad ronda los 200 millones de euros. La financiación de estas medidas se ha llevado a cabo, principalmente, con recursos públicos. La Administración General del Estado destina un porcentaje del 10 por ciento de los ingresos de las quinielas deportivas a subvencionar los gastos derivados de instalar y mantener operativos dispositivos estáticos de seguridad y de vigilancia audiovisual en los estadios de los clubes de la Liga Nacional de Fútbol Profesional.

Finalmente, la Ley 53/2002, de 30 de diciembre, de Medidas Fiscales, Administrativas y del Orden Social, modificó diversos artículos de los títulos IX y XI de la Ley 10/1990, de 15 de octubre, del Deporte, actualizando el contenido y las sanciones de algunos de los preceptos existentes para prevenir y castigar cualquier tipo de conductas violentas en el ámbito del deporte y de la práctica deportiva en su más amplia acepción.

El 24 de julio de 2002, el Ministerio del Interior, el Consejo Superior de Deportes, la Real Federación Española de Fútbol, la Liga Nacional de Fútbol Profesional y la Asociación de Futbolistas Españoles suscribieron un documento denominado «Compromiso Contra la Violencia en el Deporte», que contemplaba las líneas maestras, planes y actuaciones del Gobierno para prevenir y combatir la violencia y el racismo asociados al deporte.

IV

Mientras que, en la lucha contra la violencia en el deporte y en los espectáculos deportivos, España cuenta con una dilatada experiencia y dispone de instrumentos normativos para apoyar estas actuaciones, existe una inadecuación de la legislación actual para adoptar medidas de prevención y de sanción contra actos violentos con motivaciones racistas o xenófobas, así como contra comportamientos y actitudes racistas, xenófobas e intolerantes en acontecimientos deportivos. La presente Ley pretende regular en un solo texto legal todas las medidas de lucha contra la violencia, el racismo, la xenofobia, el antisemitismo y la intolerancia o cualquier otra manifestación inaceptable de discriminación de las personas, partiendo de la experiencia en la lucha contra la violencia en el deporte. De hecho, existe una preocupación cada vez mayor entre responsables públicos, entidades deportivas y jugadores ante la reiteración de incidentes de signo racista que vienen ensombreciendo la celebración de partidos de fútbol, tanto de clubes como de las propias selecciones nacionales.

Para garantizar la convivencia en una sociedad democrática como la española, integrada por personas de orígenes distintos y a la que seguirán incorporándose personas de todas las procedencias, es preciso luchar contra toda manifestación de discriminación por el origen racial o étnico de las personas. Uno de los ámbitos que debe abarcar la actuación contra la discriminación por estos motivos es el del deporte, por su papel educativo y su capacidad de transmitir valores de tolerancia y respeto.

Si las personas que practican el fútbol profesional no saben desde hace años de razas, de fronteras, de lenguas o del color de piel, por entender que son factores de enfrentamiento y de discriminación ajenos al deporte, sería muy injusto e irresponsable asistir impasibles a cómo se reproducen esas mismas barreras entre los aficionados.

Tal y como recogió el programa de acción aprobado en la Conferencia Mundial contra el Racismo, la Discriminación Racial, la Xenofobia y las formas conexas de Intolerancia, celebrada el año 2001 en Sudáfrica, convocada por Naciones Unidas bajo los auspicios del Comité Olímpico Internacional, se «urge a los Estados a que, en cooperación con las organizaciones intergubernamentales, con el Comité Olímpico Internacional y las federaciones deportivas internacionales y nacionales, intensifiquen su lucha contra el racismo en el deporte, educando a la juventud del mundo a través del deporte practicado sin discriminaciones de ningún tipo y dentro del espíritu olímpico que requiere comprensión humana, tolerancia, juego limpio y solidaridad».

Siguiendo esta recomendación, tanto la Federación Internacional de Fútbol Asociado, como la Federación Europea de Fútbol Asociado, se han esforzado de manera muy decidida en promocionar la igualdad de trato de las comunidades étnicas y grupos de inmigrantes, con el objetivo de reafirmar la condición del fútbol como un deporte universal, un espectáculo abierto a la participación de todas las personas, ya sea como jugadores o como espectadores, sin temor alguno y con garantías de no ser insultados, acosados o discriminados por su origen, por el color de la piel, por su orientación sexual o sus creencias religiosas.

El Congreso extraordinario de la Federación Internacional de Fútbol Asociado, celebrado en Buenos Aires a mediados de 2001, considerando el racismo como una forma de violencia que comporta la realización de actos discriminatorios e irrespetuosos, basados principal pero no exclusivamente en dividir a las personas según su color, etnia, religión u orientación sexual, instó a todas las federaciones nacionales y a las confederaciones continentales a poner en marcha una acción continuada contra el racismo y acordó la celebración de un Día Universal de la Federación Internacional de Fútbol Asociado contra el racismo en el fútbol, como parte integrante de la campaña a favor del juego limpio.

Asimismo, la Federación Internacional de Fútbol Asociado aprobó un Manifiesto contra el racismo en el que exige a cuantos de una u otra manera participan del deporte del fútbol en cualquier país del mundo, «una acción concertada de intercambio de información y experiencias que sirva para combatir efectiva y decisivamente todas las manifestaciones de racismo en nuestro deporte, mediante la denuncia y la sanción de toda persona que se muestre indulgente con cualquier manifestación racista».

Por otra parte, distintos profesionales de la historia y de la sociología del deporte, que han estudiado la incidencia en él de los comportamientos violentos de signo racista, xenófobo e intolerante, coinciden en la importancia decisiva que tiene el clima de violencia y de permisividad ante sus manifestaciones percibido por deportistas y espectadores. Si el clima social en el que se desenvuelve la actividad deportiva es permisivo con respecto a manifestaciones explícitas o implícitas de violencia física, verbal o gestual, tanto deportistas como espectadores tendrán una mayor propensión a comportarse de forma violenta, pues en su percepción irrespetuosa del otro, del adversario, usar contra él la violencia o hacer trampas para ganarle, no es percibido como algo rechazable y punible, que atenta contra la dignidad del otro y de nosotros mismos.

Más en concreto, la responsabilidad de padres y madres, educadores, entrenadores, dirigentes federativos, clubes deportivos y responsables públicos es decisiva a la hora de establecer un compromiso continuado con el juego limpio en el deporte, la renuncia a hacer trampas en él y a agredir de cualquier forma al adversario. Sólo de esta forma, se logrará arraigar la convicción ética de que ganar a cualquier precio es tan inaceptable en el deporte como en la vida social.

También hay una amplia coincidencia, entre personas expertas de distintas disciplinas que han estudiado el fenómeno de la violencia en el deporte, a la hora de señalar que no se pueden entender sus manifestaciones como explosiones de irracionalidad, ni como simples conductas individuales desviadas, que encuentran expresión por medio del anonimato enmascarador de un acto de masas. Por ello, los valores constitucionales que con tanto esfuerzo hemos recogido en la Constitución y desarrollado en nuestro país, deben ser defendidos y respetados, en este ámbito también, como parte sustancial de la norma que permite la convivencia pacífica entre los ciudadanos, pues la erradicación de este tipo de conductas violentas en el deporte es uno de los antídotos más eficaces contra cualquier otro tipo de fanatismo y de intolerancia intelectual ante la diversidad.

No obstante, para favorecer esta perspectiva es requisito indispensable remover cualquier obstáculo, ya sea de orden jurídico o práctico, que discrimine la práctica deportiva de los inmigrantes y sus familias en asociaciones, clubes, federaciones y escuelas deportivas municipales, así como el acceso a cualquier instalación deportiva en las mismas condiciones que el resto de la población.

Favorecer la diversidad en el deporte y el respeto social a esa diversidad de etnias, acentos, orígenes, credos u orientaciones sexuales es una forma inteligente de favorecer el pluralismo político y social. Además, posibilita que mucha gente entienda mejor las razones de por qué el pluralismo es uno de los valores superiores del ordenamiento jurídico de nuestra Constitución democrática.

Conscientes de la necesidad de atajar cualquier brote de comportamientos racistas, xenófobos o intolerantes en el fútbol español, el Consejo Superior de Deportes propuso a la Comisión Nacional Antiviolencia la puesta en marcha de un Observatorio de la Violencia, el Racismo y la Xenofobia en el Deporte, que comenzó a funcionar hace más de un año.

A continuación, el Consejo Superior de Deportes convocó a todos los estamentos del fútbol español para suscribir un Protocolo de Actuaciones contra el Racismo, la Xenofobia y la Intolerancia en el Fútbol, que se firmó el 18 de marzo de 2005. En él están detalladas 31 medidas concretas, que se proyectan para intervenir, simultáneamente, en los ámbitos de la prevención, del control y de la sanción de este tipo de conductas. **Todos los clubes de fútbol de primera y de segunda división, la Real Federación Española de Fútbol, la Liga de Fútbol Profesional, así como representantes de jugadores, árbitros, entrenadores y peñas de personas aficionadas han suscrito este Protocolo de Actuaciones.** Asimismo, representantes de la Secretaría de Estado de Inmigración y Emigración del Ministerio de Trabajo y Asuntos Sociales y del Ministerio del Interior firmaron el Protocolo de Actuaciones.

Asimismo, y en esta línea de preocupación y compromiso con la erradicación de comportamientos violentos, racistas, xenófobos e intolerantes en el deporte, se sitúa también el Senado con la creación de la Comisión Especial de estudio para erradicar el racismo y la xenofobia del deporte español, que ha desarrollado un intenso y fructífero trabajo.

Con la aprobación de esta Ley, las Cortes Generales refuerzan la cobertura legal sancionadora y la idoneidad social de una iniciativa como el mencionado Protocolo, que hace visible y operativo el compromiso existente entre todos los sectores del fútbol español para actuar unidos en defensa del juego limpio y en contra de la violencia, el racismo, la xenofobia y la intolerancia.

V

En la elaboración de la Ley, se tomó la opción de elaborar una definición de aquellos ilícitos que conforman las conductas susceptibles de sanción. Esta definición sirve de referencia para la delimitación de los respectivos ámbitos de responsabilidad en los que se concretan los tipos infractores en relación a las definiciones establecidas.

El esquema de esta Ley asume la opción de integrar en un único texto un conjunto de disposiciones y de preceptos tipificadores de infracciones y sancionadores, que aparecían dispersos en las normas deportivas tras las sucesivas reformas introducidas en nuestro Ordenamiento Jurídico, específicamente, en materia de prevención y sanción de la violencia en el deporte.

La opción tomada implica sistematizar y ordenar las obligaciones generales y particulares en esta materia, así como el régimen aplicable a su incumplimiento y las cuestiones relacionadas con el ámbito de la seguridad pública en los acontecimientos deportivos, que es remitida, en este punto, a la normativa sobre violencia en el deporte y a la disciplina deportiva común. Esta opción de técnica legislativa permite fundir en un único texto legal el conjunto de preceptos, cualesquiera que sean los actores que intervengan en las conductas objeto de sanción. En consecuencia, ya sean éstos los propios deportistas y demás personas vinculadas a la organización deportiva mediante una licencia federativa o bien se trate, únicamente, de personas que acuden a los acontecimientos deportivos y respecto de las cuales la seguridad en los mismos resulta exigible a las distintas Administraciones Públicas.

Esta sistematización parte, por tanto, de una nueva regulación de las conductas violentas y la definición de las que, a los efectos de la presente Ley, pueden considerase como racistas, xenófobas e intolerantes. Se ha procurado una ordenación de la normativa existente y, sobre todo, se ha procedido a su actualización en razón a los hechos y circunstancias que han revestido aquellas conductas en los últimos años.

A partir de este esquema, la Ley reordena el compromiso de los poderes públicos en el impulso de políticas activas contra la violencia, el racismo, la xenofobia y la intolerancia. Además de afrontar con detalle la determinación de un régimen sancionador, cuyos tipos y sanciones se han diferenciado según las distintas personas que asumen las respectivas obligaciones en los mismos.

En otro orden de cosas, se ha procedido a reunificar en esta Ley, al margen, por tanto, de la regulación común realizada en la Ley 10/1990, de 15 de octubre, del Deporte, un régimen sancionador actualizado y referido, exclusivamente, a las conductas que inciden en comportamientos violentos, racistas, xenófobos o intolerantes. Se consigue así, desde una visión de conjunto, superar algunas de las actuales disfunciones en la aplicación conjunta de ambos ordenamientos, el puramente deportivo y el de seguridad ciudadana que, aunque convivían hasta ahora en un mismo texto normativo, tienen un fundamento diferente y unas reglas, también distintas, de concepción y de aplicación.

VI

La estructura de la Ley contra la Violencia, el Racismo, la Xenofobia y la Intolerancia en el Deporte cuenta con una exposición de motivos, un título preliminar, cuatro títulos, ocho disposiciones adicionales, una disposición transitoria, otra disposición derogatoria y dos disposiciones finales.

En el título preliminar de disposiciones generales queda definido el objeto y ámbito de aplicación de la ley, así como las definiciones de lo que se entiende, a efectos de lo previsto en la presente Ley, por conductas constitutivas de actos violentos o de incitación a la violencia en el deporte; conductas constitutivas de actos racistas, xenófobos o intolerantes en el deporte; personas organizadoras de competiciones y de espectáculos deportivos; y deportistas.

En el título primero, los seis capítulos en que está estructurado regulan la prevención de la violencia, el racismo, la xenofobia y la intolerancia en competiciones y espectáculos deportivos.

En concreto, se detallan responsabilidades y obligaciones tanto de los organizadores como del público asistente a las competiciones y espectáculos deportivos, además de establecer una serie de preceptos sobre dispositivos de seguridad, medidas provisionales para el mantenimiento de la seguridad y el orden público en este tipo de acontecimientos, medidas de apoyo a la convivencia y a la integración interracial en el deporte, así como las funciones de distinto orden a realizar por la nueva Comisión Estatal contra la Violencia, el Racismo, la Xenofobia y la Intolerancia en el Deporte, que sustituirá a la Comisión Nacional para la Prevención de la Violencia en los Espectáculos Deportivos hasta ahora existente.

En el título segundo de la Ley se establece el régimen sancionador previsto para las conductas violentas, racistas, xenófobas e intolerantes en el deporte. Los cuatro capítulos de este Título afrontan la regulación de infracciones, de sanciones, de la responsabilidad derivada de determinadas conductas y sus criterios modificativos, además de cuestiones competenciales y de procedimiento.

El título tercero regula el régimen disciplinario deportivo establecido contra estas conductas, detallando en sus tres capítulos el ámbito de aplicación, las infracciones y sanciones o el régimen jurídico adicional para el ejercicio de la potestad sancionadora.

Por su parte, el título cuarto regula, de forma común a los Títulos II y III y asumiendo como presupuesto el reconocimiento expreso del principio «non bis in idem», aspectos relativos a la articulación de los regímenes sancionador y disciplinario, así como las soluciones aplicables a la posible concurrencia de sendos regímenes.

Por lo demás, las disposiciones adicionales, transitoria, derogatoria y finales de este texto obedecen a las finalidades que le son propias en técnica legislativa. En concreto, las disposiciones adicionales se refieren al desarrollo reglamentario de la Ley, las habilitaciones reglamentarias a las entidades deportivas y normas de aplicación inmediata, la actualización de las cuantías de las multas o el fomento de la cooperación deportiva internacional para la prevención de la violencia, el racismo, la xenofobia y la intolerancia en el deporte.

Por su parte, la disposición transitoria establece el funcionamiento de la actual Comisión Nacional para la Prevención de la Violencia en los Espectáculos Deportivos en la totalidad de sus funciones y competencias hasta la creación y efectiva puesta en funcionamiento de la Comisión Estatal contra la Violencia, el Racismo, la Xenofobia y la Intolerancia prevista en esta Ley. A su vez, la disposición derogatoria especifica aquellos preceptos de la Ley 10/1990, de 15 de octubre, del Deporte, que quedan derogados.

Por último, las disposiciones finales detallan los títulos competenciales a cuyo amparo se dicta la presente Ley, así como las previsiones legales para su entrada en vigor.

TÍTULO PRELIMINAR

Disposiciones generales

Artículo 1. Objeto y ámbito de aplicación de la Ley.

1. El objeto de la presente Ley es la determinación de un conjunto de medidas dirigidas a la erradicación de la violencia, el racismo, la xenofobia y la intolerancia en el deporte. A este fin la Ley tiene como objetivo:

a) Fomentar el juego limpio, la convivencia y la integración en una sociedad democrática y pluralista, así como los valores humanos que se identifican con el deporte.

b) Mantener la seguridad ciudadana y el orden público en los espectáculos deportivos con ocasión de la celebración de competiciones y espectáculos deportivos.

c) Establecer, en relación con el deporte federado de ámbito estatal, el régimen disciplinario deportivo aplicable a la lucha contra la violencia, el racismo, la xenofobia y la intolerancia en el deporte.

d) Determinar el régimen administrativo sancionador contra los actos de violencia, racismo, xenofobia o intolerancia en todas sus formas vinculados a la celebración de competiciones y espectáculos deportivos.

e) Eliminar el racismo, la discriminación racial así como garantizar el principio de igualdad de trato en el deporte. A estos efectos se entiende por racismo y discriminación racial directa e indirecta, toda distinción, exclusión, restricción o preferencia basada en motivos de raza, color, linaje u origen nacional o étnico que tenga por objeto o por resultado anular o menoscabar el reconocimiento, goce o ejercicio, en condiciones de igualdad, de los derechos humanos y libertades fundamentales en las esferas política, económica, social, cultural o en cualquier otra esfera de la vida pública.

2. El ámbito objetivo de aplicación de esta Ley está determinado por las competiciones deportivas oficiales de ámbito estatal, que se organicen por entidades deportivas en el marco de la Ley 10/1990, de 15 de octubre, del Deporte, o aquellas otras organizadas o autorizadas por las federaciones deportivas españolas.

Artículo 2. Definiciones.

A efectos de la presente Ley, y sin perjuicio de las definiciones que se contienen en otros textos legales de nuestro Ordenamiento y de que las conductas descritas en los apartados 1 y 2 de este artículo puedan constituir delitos o faltas tipificadas en las leyes penales, se entiende por:

1. Actos o conductas violentas o que incitan a la violencia en el deporte:

a) La participación activa en altercados, riñas, peleas o desórdenes públicos en los recintos deportivos, en sus aledaños o en los medios de transporte organizados para acudir a los mismos, cuando tales conductas estén relacionadas con un acontecimiento deportivo que vaya a celebrarse, se esté celebrando o se haya celebrado.

b) La exhibición en los recintos deportivos, en sus aledaños o en los medios de transporte organizados para acudir a los mismos de pancartas, símbolos, emblemas o leyendas que, por su contenido o por las circunstancias en las que se exhiban o utilicen de alguna forma inciten, fomenten o ayuden a la realización de comportamientos violentos o terroristas, o constituyan un acto de manifiesto desprecio a las personas participantes en el espectáculo deportivo.

c) La entonación de cánticos que inciten a la violencia, al terrorismo o a la agresión en los recintos deportivos, en sus aledaños o en los medios de transporte organizados para acudir a los mismos. Igualmente, aquéllos que constituyan un acto de manifiesto desprecio a las personas participantes en el espectáculo deportivo.

d) La irrupción no autorizada en los terrenos de juego.

e) La emisión de declaraciones o la transmisión de informaciones, con ocasión de la próxima celebración de una competición o espectáculo deportivo, ya sea en los recintos deportivos, en sus aledaños o en los medios de transporte públicos en los que se pueda desplazar a los recintos deportivos, en cuya virtud se amenace o incite a la violencia o a la agresión a los participantes o asistentes a dichos encuentros, así como la contribución significativa mediante tales declaraciones a la creación de un clima hostil, antideportivo o que promueva el enfrentamiento físico entre los participantes en encuentros o competiciones deportivas o entre asistentes a los mismos.

f) La facilitación de medios técnicos, económicos, materiales, informáticos o tecnológicos que den soporte a la actuación de las personas o grupos que promuevan la violencia, o que inciten, fomenten o ayuden a los comportamientos violentos o terroristas, o la creación y difusión o utilización de soportes digitales utilizados para la realización de estas actividades.

2. Actos racistas, xenófobos o intolerantes en el deporte:

a) La realización de actos en que, públicamente o con intención de amplia difusión, y con ocasión del desarrollo de una prueba, competición o espectáculo deportivo, o próxima su celebración, una persona física o jurídica emita declaraciones o transmita informaciones en cuya virtud una persona o grupo de ellas sea amenazada, insultada o vejada por razón del origen racial, étnico, geográfico o social, así como por la religión, las convicciones, la discapacidad, la edad o la orientación sexual.

b) Las actuaciones que, con ocasión del desarrollo de una prueba, competición o espectáculo deportivo o próxima su celebración, o en los recintos deportivos, en sus aledaños, o en los medios de transporte públicos en los que se pueda desplazar a los recintos deportivos, supongan acoso, entendiendo por tal toda conducta no deseada relacionada con el origen racial o étnico, geográfico o social, así como la religión o convicciones, discapacidad, edad u orientación sexual de una persona, que tenga como objetivo o consecuencia atentar contra su dignidad y crear un entorno intimidatorio, humillante u ofensivo.

c) Las declaraciones, gestos o insultos proferidos en los recintos deportivos con motivo de la celebración de actos deportivos, en sus aledaños o en los medios de transporte públicos en los que se puedan desplazar a los mismos, que supongan un trato manifiestamente vejatorio para cualquier persona por razón de su origen racial, étnico, geográfico o social, así como por la religión, las convicciones, la discapacidad, edad, sexo u orientación sexual así como los que inciten al odio entre personas y grupos o que atenten gravemente contra los derechos, libertades y valores proclamados en la Constitución.

d) La entonación, en los recintos deportivos con motivo de la celebración de actos deportivos, en sus aledaños o en los medios de transporte públicos en los que se puedan desplazar a los mismos, de cánticos, sonidos o consignas así como la exhibición de pancartas, banderas, símbolos u otras señales, que contengan mensajes vejatorios o intimidatorios, para cualquier persona por razón del origen racial, étnico, geográfico o social, por la religión, las convicciones, su discapacidad, edad, sexo u orientación sexual, así como los que inciten al odio entre personas y grupos o que atenten gravemente contra los derechos, libertades y valores proclamados en la Constitución.

e) La facilitación de medios técnicos, económicos, materiales, informáticos o tecnológicos que den soporte, inciten o ayuden a personas o grupos de personas a realizar en los recintos deportivos con motivo de la celebración de actos deportivos, en sus aledaños o en los medios de transporte públicos en los que se puedan desplazar a los mismos, los actos enunciados en los apartados anteriores.

f) La facilitación de medios técnicos, económicos, materiales, informáticos o tecnológicos a las personas y grupos que promuevan los comportamientos racistas, xenófobos e intolerantes en el deporte, así como la creación y utilización de soportes digitales con la misma finalidad.

3. Entidades deportivas: los clubes, agrupaciones de clubes, entes de promoción deportiva, sociedades anónimas deportivas, federaciones deportivas españolas, ligas profesionales y cualesquiera otras entidades cuyo objeto social sea deportivo, en el marco de la Ley 10/1990, de 15 de octubre, del Deporte, siempre y cuando participen en competiciones deportivas dentro del ámbito de la presente Ley.

4. Personas organizadoras de competiciones y espectáculos deportivos en el ámbito de la presente Ley:

a) La persona física o jurídica que haya organizado la prueba, competición o espectáculo deportivo.

b) Cuando la gestión del encuentro o de la competición se haya otorgado por la persona organizadora a una tercera persona, ambas partes serán consideradas organizadoras a efectos de aplicación de la presente Ley.

5. Deportistas: las personas que dispongan de licencia deportiva por aplicación de los correspondientes reglamentos federativos, tanto en condición de jugadoras o competidoras, como de personal técnico o entrenadores, árbitros o jueces deportivos y otras personas titulares de licencias que participen en el desarrollo de la competición deportiva.

TÍTULO I

Obligaciones y dispositivos de seguridad para la prevención de la violencia, el racismo, la xenofobia y la intolerancia en competiciones deportivas

CAPÍTULO I

Responsabilidades y obligaciones de personas organizadoras de competiciones y espectáculos deportivos

Artículo 3. Medidas para evitar actos violentos, racistas, xenófobos o intolerantes en el ámbito de aplicación de la presente Ley.

1. Con carácter general, las personas organizadoras de competiciones y espectáculos deportivos deberán adoptar medidas adecuadas para evitar la realización de las conductas descritas en los apartados primero y segundo del artículo 2, así como para garantizar el cumplimiento por parte de los espectadores de las condiciones de acceso y permanencia en el recinto que se establecen en el capítulo segundo de este título.

2. Corresponde, en particular, a las personas organizadoras de competiciones y espectáculos deportivos:

   a) Adoptar las medidas de seguridad establecidas en esta Ley y en sus disposiciones de desarrollo.

   b) Velar por el respeto de las obligaciones de los espectadores de acceso y permanencia en el recinto, mediante los oportunos instrumentos de control.

   c) Adoptar las medidas necesarias para el cese inmediato de las actuaciones prohibidas, cuando las medidas de seguridad y control no hayan logrado evitar o impedir la realización de tales conductas.

   d) Prestar la máxima colaboración a las autoridades gubernativas para la prevención de la violencia, el racismo, la xenofobia y la intolerancia en el deporte, y de aquellos actos que atenten contra los derechos, libertades y valores de la Constitución, poniendo a disposición del Coordinador de Seguridad los elementos materiales y humanos necesarios y adoptando las medidas de prevención y control establecidas en la presente Ley y en sus disposiciones de desarrollo.

e) Facilitar a la autoridad gubernativa y en especial al Coordinador de Seguridad toda la información disponible sobre los grupos de seguidores, en cuanto se refiere a composición, organización, comportamiento y evolución, así como los planes de desplazamiento de estos grupos, agencias de viaje que utilicen, medios de transporte, localidades vendidas y espacios reservados en el recinto deportivo.

f) Dotar a las instalaciones deportivas donde se celebren espectáculos de un sistema eficaz de comunicación con el público, y usarlo eficientemente.

g) Colaborar activamente en la localización e identificación de los infractores y autores de las conductas prohibidas por la presente Ley.

h) No proporcionar ni facilitar a las personas o grupos de seguidores que hayan incurrido en las conductas definidas en los apartados primero y segundo del artículo 2 de la presente Ley, medios de transporte, locales, subvenciones, entradas gratuitas, descuentos, publicidad o difusión o cualquier otro tipo de promoción o apoyo de sus actividades.

i) Cualquier otra obligación que se determine reglamentariamente con los mismos objetivos anteriores, y en particular garantizar que los espectáculos que organicen no sean utilizados para difundir o transmitir mensajes o simbología que, pese a ser ajenas al deporte, puedan incidir, negativamente, en el desarrollo de las competiciones.

3. Las causas de prohibición de acceso a los recintos deportivos se incorporarán a las disposiciones reglamentarias de todas las entidades deportivas y se harán constar también, de forma visible, en las taquillas y en los lugares de acceso al recinto.

Asimismo las citadas disposiciones establecerán expresamente la posibilidad de privar de los abonos vigentes y de la inhabilitación para obtenerlos durante el tiempo que se determine reglamentariamente a las personas que sean sancionadas con carácter firme por conductas violentas, racistas, xenófobas o intolerantes.

Artículo 4. Consumo y venta de bebidas alcohólicas y de otro tipo de productos.

1. Queda prohibida en las instalaciones en las que se celebren competiciones deportivas la introducción, venta y consumo de toda clase de bebidas alcohólicas y de drogas tóxicas, estupefacientes o sustancias psicotrópicas.

2. Los envases de las bebidas que se expendan o introduzcan en las instalaciones en que se celebren espectáculos deportivos deberán

reunir las condiciones de rigidez y capacidad que reglamentariamente se establezca, oída la Comisión Estatal contra la Violencia, el Racismo, la Xenofobia y la Intolerancia en el Deporte.

3. En las instalaciones donde se celebren competiciones deportivas queda prohibida la venta de productos que, en el caso de ser arrojados, puedan producir daños a los participantes en la competición o a los espectadores por su peso, tamaño, envase o demás características. Reglamentariamente se determinarán los grupos de productos que son incluidos en esta prohibición.

Artículo 5. Responsabilidad de las personas organizadoras de pruebas o espectáculos deportivos.

1. Las personas físicas o jurídicas que organicen cualquier prueba, competición o espectáculo deportivo a los que se refiere el artículo 1 de esta Ley o los acontecimientos que constituyan o formen parte de dichas competiciones serán, patrimonial y administrativamente, responsables de los daños y desórdenes que pudieran producirse por su falta de diligencia o prevención o cuando no hubieran adoptado las medidas de prevención establecidas en la presente Ley, todo ello de conformidad y con el alcance que se prevé en los Convenios Internacionales contra la violencia en el deporte ratificados por España.

   Cuando, de conformidad con lo dispuesto por el artículo 2.4 de la presente Ley, varias personas o entidades sean consideradas organizadores, todas ellas responderán de forma solidaria del cumplimiento de las obligaciones previstas en esta Ley.

2. Esta responsabilidad es independiente de la que pudieran haber incurrido en el ámbito penal o en el disciplinario deportivo como consecuencia de su comportamiento en la propia competición.

CAPÍTULO II

Obligaciones de las personas espectadoras y asistentes a las competiciones y espectáculos deportivos

Artículo 6. Condiciones de acceso al recinto.

1. Queda prohibido:

a)   Introducir, portar o utilizar cualquier clase de armas o de objetos que pudieran producir los mismos efectos, así como bengalas, petardos, explosivos o, en general, productos inflamables, fumíferos o corrosivos.

b)   Introducir, exhibir o elaborar pancartas, banderas, símbolos u otras señales con mensajes que inciten a la violencia o en cuya virtud una persona o grupo de ellas sea amenazada, insultada o vejada por razón de su origen racial o étnico, su religión o convicciones, su discapacidad, edad, sexo o la orientación sexual.

c)   Incurrir en las conductas descritas como violentas, racistas, xenófobas o intolerantes en los apartados primero y segundo del artículo 2.

d)   Acceder al recinto deportivo bajo los efectos de bebidas alcohólicas, drogas tóxicas, estupefacientes o sustancias psicotrópicas.

e)   Acceder al recinto sin título válido de ingreso en el mismo.

f)   Cualquier otra conducta que, reglamentariamente, se determine, siempre que pueda contribuir a fomentar conductas violentas, racistas, xenófobas o intolerantes.

2.   Las personas espectadoras y asistentes a las competiciones y espectáculos deportivos, quedan obligadas a someterse a los controles pertinentes para la verificación de las condiciones referidas en el apartado anterior, y en particular:

a)   Ser grabados mediante circuitos cerrados de televisión en los aledaños del recinto deportivo, en sus accesos y en el interior de los mismos.

b)   Someterse a registros personales dirigidos a verificar las obligaciones contenidas en los literales a) y b) del apartado anterior.

3.   Será impedida la entrada a toda persona que incurra en cualquiera de las conductas señaladas en el apartado anterior, en tanto no deponga su actitud o esté incursa en alguno de los motivos de exclusión.

Artículo 7. Condiciones de permanencia en el recinto.

1.   Es condición de permanencia de las personas espectadoras en el recinto deportivo, en las celebraciones deportivas, el no practicar actos violentos, racistas, xenófobos o intolerantes, o que inciten a ellos, conforme a lo definido en los apartados primero y segundo del artículo 2 de la presente Ley; en particular:

a) No agredir ni alterar el orden público.

b) No entonar cánticos, sonidos o consignas racistas o xenófobos, de carácter intolerante, o que inciten a la violencia o al terrorismo o supongan cualquier otra violación constitucional.

c) No exhibir pancartas, banderas, símbolos u otras señales que inciten a la violencia o al terrorismo o que incluyan mensajes de carácter racista, xenófobo o intolerante.

d) No lanzar ninguna clase de objetos.

e) No irrumpir sin autorización en los terrenos de juego.

f) No tener, activar o lanzar, en las instalaciones o recintos en las que se celebren o desarrollen espectáculos deportivos, cualquier clase de armas o de objetos que pudieran producir los mismos efectos, así como bengalas, petardos, explosivos o, en general, productos inflamables, fumíferos o corrosivos.

g) Observar las condiciones de seguridad oportunamente previstas y las que reglamentariamente se determinen.

2. Asimismo, son condiciones de permanencia de las personas espectadoras:

a) No consumir bebidas alcohólicas, ni drogas tóxicas, estupefacientes o sustancias psicotrópicas.

b) Ocupar las localidades de la clase y lugar que correspondan al título de acceso al recinto de que dispongan, así como mostrar dicho título a requerimiento de los cuerpos y fuerzas de seguridad y de cualquier empleado o colaborador del organizador.

c) Cumplir los reglamentos internos del recinto deportivo.

3. El incumplimiento de las obligaciones descritas en los apartados anteriores implicará la expulsión inmediata del recinto deportivo por parte de las fuerzas de seguridad, sin perjuicio de la posterior imposición de las sanciones eventualmente aplicables.

4. Las personas espectadoras y asistentes a las competiciones y espectáculos deportivos vendrán obligados a desalojar pacíficamente el recinto deportivo y abandonar sus aledaños cuando sean requeridos para ello por razones de seguridad o por incumplimiento de las condiciones de permanencia referidas en el apartado primero.

CAPÍTULO III

Dispositivos de seguridad reforzados

Artículo 8. Autorización de medidas de control y vigilancia.

1. Por razones de seguridad, las personas organizadoras de las competiciones y espectáculos deportivos que determine la Comisión Estatal contra la Violencia, el Racismo, la Xenofobia y la Intolerancia en el Deporte deberán instalar circuitos cerrados de televisión para grabar el acceso y el aforo completo del recinto deportivo, inclusive los aledaños en que puedan producirse aglomeraciones de público. Además, adoptarán las medidas necesarias para garantizar su buen estado de conservación y correcto funcionamiento.

   Asimismo, podrán promover la realización de registros de espectadores con ocasión del acceso o durante el desarrollo del espectáculo, con pleno respeto de su dignidad y de sus derechos fundamentales, para comprobar el cumplimiento de las condiciones de acceso y permanencia definidas en el Capítulo Segundo del presente Título. Esta medida deberá aplicarse cuando se encuentre justificada por la existencia de indicios o de una grave situación de riesgo y deberá llevarse a cabo de conformidad con lo dispuesto por la normativa de las Fuerzas y Cuerpos de Seguridad y de acuerdo con las instrucciones de la autoridad gubernativa.

2. Reglamentariamente, podrán establecerse medidas adicionales que complementen las anteriores y cuya finalidad sea dar cumplimiento a los objetivos esenciales de la presente Ley.

3. Los organizadores de espectáculos deportivos deberán informar en el reverso de las entradas, así como en carteles fijados en el acceso y en el interior de las instalaciones, de las medidas de seguridad establecidas en los recintos deportivos.

4. Las autoridades gubernativas, en función de las circunstancias concurrentes y de las situaciones producidas en la realización de los encuentros deportivos, podrán instar de los organizadores la adopción de las medidas indicadas y, en su caso, imponerlas de forma motivada.

Artículo 9. Libro de registro de actividades de seguidores.

1. Los clubes y personas organizadoras de las competiciones y espectáculos deportivos que establezca la Comisión Estatal contra la Violencia, el

Racismo, la Xenofobia y la Intolerancia en el Deporte deberán disponer de un libro de registro, cuya regulación se establecerá reglamentariamente, que contenga información genérica e identificativa sobre la actividad de la peñas, asociaciones, agrupaciones o grupos de aficionados, que presten su adhesión o apoyo a la entidad en cuestión.

A estos efectos sólo se considerarán aquellas entidades formalizadas conforme a la legislación asociativa vigente y aquellos grupos de aficionados que, sin estar formalizados asociativamente, cumplan con los requisitos de identificación y de responsabilidad que se establezcan reglamentariamente.

2. Dicho libro deberá ser facilitado a la autoridad gubernativa correspondiente y, asimismo, estará a disposición del Coordinador de Seguridad y de la Comisión Estatal contra la Violencia, el Racismo, la Xenofobia y la Intolerancia en el Deporte.

3. En la obtención, tratamiento y cesión de la citada documentación se observará la normativa sobre protección de datos personales.

4. Queda prohibido cualquier tipo de apoyo, cobertura, dotación de infraestructura o de cualquier tipo de recursos a grupo o colectivo de seguidores de un club, con independencia de tener o no personalidad jurídica, de estar formalizado o no como peña o asociación, si no figura, el citado grupo, sus actividades y sus responsables en el Libro de Registro y si en alguna ocasión ha cometido infracciones tipificadas en esta Ley.

Artículo 10. Declaraciones de alto riesgo de los acontecimientos deportivos.

1. Las federaciones deportivas españolas y ligas profesionales deberán comunicar a la autoridad gubernativa, competente por razón de la materia a que se refiere este título, con antelación suficiente, la propuesta de los encuentros que puedan ser considerados de alto riesgo, de acuerdo con los criterios que establezca el Ministerio del Interior.

2. La declaración de un encuentro como de alto riesgo corresponderá a la Comisión Estatal contra la Violencia, el Racismo, la Xenofobia y la Intolerancia en el Deporte, previa propuesta de las Federaciones Deportivas y Ligas Profesionales prevista en el párrafo anterior o como consecuencia de su propia decisión, e implicará la obligación de los clubes y sociedades anónimas deportivas de reforzar las medidas de seguridad en estos casos, que comprenderán como mínimo:

a) Sistema de venta de entradas.

b) Separación de las aficiones rivales en zonas distintas del recinto.

c) Control de acceso para el estricto cumplimiento de las prohibiciones existentes.

d) Las medidas previstas en el artículo 6 que se juzguen necesarias para el normal desarrollo de la actividad.

Artículo 11. Control y gestión de accesos y de ventas de entradas.

1. Todos los recintos deportivos en que se disputen competiciones estatales de carácter profesional deberán incluir un sistema informatizado de control y gestión de la venta de entradas, así como del acceso al recinto. Las ligas profesionales correspondientes establecerán en sus Estatutos y reglamentos la clausura de los recintos deportivos como sanción por el incumplimiento de esta obligación.

2. Los billetes de entrada, cuyas características materiales y condiciones de expedición se establecerán reglamentariamente, oída la Comisión Estatal contra la Violencia, el Racismo, la Xenofobia y la Intolerancia en el Deporte, deberán informar de las causas por las que se pueda impedir la entrada al recinto deportivo a las personas espectadoras, y contemplarán como tales, al menos, la introducción de bebidas alcohólicas, armas, objetos susceptibles de ser utilizados como tales, bengalas o similares, y que las personas que pretendan entrar se encuentren bajo los efectos de bebidas alcohólicas, de drogas tóxicas, estupefacientes o sustancias psicotrópicas.

3. Reglamentariamente se establecerán los plazos de aplicación de la medida contemplada en el apartado 1 de este artículo, cuya obligatoriedad podrá extenderse a otras competiciones deportivas.

Artículo 12. Medidas especiales en competiciones o encuentros específicos.

1. En atención al riesgo inherente al acontecimiento deportivo en cuestión, se habilita a la autoridad gubernativa a imponer a los organizadores las siguientes medidas:

a) Disponer de un número mínimo de efectivos de seguridad.

b) Instalar cámaras en los aledaños, en los tornos y puertas de acceso y en la totalidad del aforo a fin de grabar el comportamiento de las personas espectadoras.

c) Realizar registros personales, aleatorios o sistemáticos, en todos los accesos al recinto o en aquéllos que franqueen la entrada a gradas o zonas del aforo en las que sea previsible la comisión de las conductas definidas en los apartados 1 y 2 del artículo 2, con pleno respeto de su dignidad y de sus derechos fundamentales y a lo previsto en la Ley Orgánica 1/1992, de 21 de febrero, de Protección de la Seguridad Ciudadana, y en la normativa de Fuerzas y Cuerpos de Seguridad.

d) Instalar circuitos cerrados de televisión para grabar el aforo completo del recinto a lo largo de todo el espectáculo desde el comienzo del mismo hasta el abandono del público.

2. Cuando se decida adoptar estas medidas la organización del espectáculo o competición lo advertirá a las personas espectadoras en el reverso de las entradas así como en carteles fijados en el acceso y en el interior de las instalaciones.

3. La Delegación del Gobierno podrá asumir directamente la realización y el control de las actuaciones previstas en los literales b), c) y d) del apartado primero del presente artículo o bien imponer a las personas organizadoras la realización de las mismas bajo la supervisión de las Fuerzas y Cuerpos de Seguridad. Estas actuaciones se efectuarán en cooperación con la Comunidad Autónoma en aquellos casos en que ésta cuente con Fuerzas y Cuerpos de Seguridad propios. Asimismo, podrá promover la realización de controles de alcoholemia aleatorios en los accesos a los recintos deportivos.

Artículo 13. Habilitación a la imposición de nuevas obligaciones.

1. La Comisión Estatal Contra la Violencia, el Racismo, la Xenofobia y la Intolerancia en el Deporte podrá decidir la implantación de medidas adicionales de seguridad para el conjunto de competiciones o espectáculos deportivos calificados de alto riesgo, o para recintos que hayan sido objeto de sanciones de clausura con arreglo a los títulos segundo y tercero de esta Ley, y en particular las siguientes:

a) La instalación de cámaras en los aledaños, en los tornos y puertas de acceso y en la totalidad del aforo.

b) Promover sistemas de verificación de la identidad de las personas que traten de acceder a los recintos deportivos.

c) La implantación de sistemas de emisión y venta de entradas que permitan controlar la identidad de los adquirentes de entradas.

d) La realización de registros personales, aleatorios o sistemáticos, en todos los accesos al recinto o en aquéllos que franqueen la entrada a gradas o zonas del aforo en las que pueda preverse la comisión de conductas definidas en los apartados 1 y 2 del artículo 2, con pleno respeto de su dignidad y de sus derechos fundamentales.

e) La instalación de mecanismos o dispositivos para la detección de las armas e instrumentos análogos descritos en el artículo 6, apartado primero, literal a).

2. En los supuestos contemplados en las letras b) y c) del apartado anterior, se insertará en los billetes de entrada información acerca del tratamiento de los datos de carácter personal necesarios para proceder a la identificación del espectador, así como los procedimientos a través de los cuales se verificará dicha identidad, quedando en todo caso el tratamiento sometido a lo dispuesto en la normativa vigente en materia de protección de datos.

Quienes organicen un acontecimiento deportivo, procederán a la cancelación de los datos de las personas que accedan al espectáculo una vez el mismo haya concluido, salvo que se apreciara la realización de alguna de las conductas a las que se refieren los apartados primero y segundo del artículo 2 de la presente Ley, en cuyo caso, conservarán únicamente los datos necesarios para la identificación de las personas que pudieran haber tomado parte en la realización de la conducta.

Artículo 14. Coordinación de Seguridad.

1. La persona responsable de la coordinación de Seguridad en los acontecimientos deportivos es aquel miembro de la organización policial que asume las tareas de dirección, coordinación y organización de los servicios de seguridad en la celebración de los espectáculos deportivos.

Sus funciones y régimen de designación y cese se determinarán reglamentariamente.

2. En las competiciones o encuentros deportivos que proponga la Comisión Estatal Contra la Violencia, el Racismo, la Xenofobia y la Intolerancia en el Deporte los organizadores designarán un representante de seguridad quien, en el ejercicio de sus tareas durante el desarrollo del acontecimiento deportivo, se atendrá a las instrucciones del Coordinador de seguridad. Este representante deberá ser jefe o director de seguridad, según disponga la normativa de seguridad privada.

3. El Coordinador de Seguridad ejercerá la coordinación de una unidad de control organizativo, cuya existencia será obligatoria en todas las instalaciones deportivas de la máxima categoría de competición profesional del fútbol y baloncesto, y en aquellas otras en las que la Comisión Estatal Contra la Violencia, el Racismo, la Xenofobia y la Intolerancia en el Deporte disponga.

El Coordinador de Seguridad ostenta la dirección de la citada unidad y asume las funciones de coordinación de la misma respecto de las personas que manejen los instrumentos en ellas instalados. Los elementos gráficos en los que se plasme el ejercicio de sus funciones tienen la consideración de archivos policiales y su tratamiento se encontrará sometido a las disposiciones que para los ficheros de investigación policial establece la Ley Orgánica 15/1999, de 13 de diciembre, de Protección de Datos de Carácter Personal. Los datos únicamente se conservarán en cuanto sea preciso para la investigación de los incidentes que hubieran podido producirse como consecuencia de la celebración de un espectáculo deportivo.

CAPÍTULO IV

Suspensiones de competiciones y de instalaciones deportivas

Artículo 15. Suspensión del encuentro o prueba y desalojo total o parcial del aforo.

1. Cuando durante el desarrollo de una competición, prueba o espectáculo deportivo tuvieran lugar incidentes de público relacionados con las conductas definidas en los apartados primero y segundo del artículo 2, o que supongan el incumplimiento de las obligaciones de los espectadores y asistentes referidas en el artículo 7, el árbitro o juez deportivo que dirija el encuentro o prueba podrá decidir su suspensión provisional como medida para el restablecimiento de la legalidad.

2. Si transcurrido un tiempo prudencial en relación con las circunstancias concurrentes persistiera la situación podrá acordarse el desalojo de la grada o parte de la misma donde se hubieren producido los incidentes y la posterior continuación del encuentro. Esta decisión se adoptará a puerta cerrada y de mutuo acuerdo por el árbitro o juez deportivo y el Coordinador de Seguridad, oída la persona responsable de seguridad que represente a la organización del acontecimiento y, en su caso, la Delegación de los clubes o equipos contendientes, anunciándose al público mediante el servicio de megafonía e instando el voluntario cumplimiento de la orden de desalojo.

Para la adopción de esta medida se habrán de ponderar los siguientes elementos:

a) El normal desarrollo de la competición.
b) La previsible evolución de los acontecimientos que pudiera suponer entre el público la orden de desalojo.
c) La gravedad de los hechos acaecidos.

La Comisión Estatal contra la Violencia, el Racismo, la Xenofobia y la Intolerancia en el Deporte establecerá un protocolo de actuación que comprenderá las medidas orientadas al restablecimiento de la normalidad, proporcionadas a las circunstancias de cada caso, con la finalidad de lograr la terminación del encuentro o prueba en condiciones que garanticen la seguridad y el orden público.

3. El árbitro o juez deportivo, podrá suspender definitivamente el encuentro o prueba en función de las circunstancias concurrentes, tras recabar el parecer del Coordinador de Seguridad, todo ello, sin perjuicio de las facultades que les corresponden a las Fuerzas y Cuerpos de Seguridad.

CAPÍTULO V

Medidas de apoyo a la convivencia y a la integración en el deporte

Artículo 16. Medidas de fomento de la convivencia y la integración por medio del deporte.

1. Sin perjuicio de las competencias que corresponden a las Comunidades Autónomas, la Administración General del Estado asume la función de impulsar una serie de actuaciones cuya finalidad es promover la convivencia y la integración intercultural por medio del deporte en el ámbito de la presente Ley.

A este fin, en función de las disponibilidades presupuestarias existentes en cada ejercicio, adoptará las siguientes medidas:

a) La aprobación y ejecución de planes y medidas dirigidas a prevenir la violencia, el racismo, la xenofobia y la intolerancia en el deporte, contemplando determinaciones adecuadas en los aspectos social y educativo.

b)   El desarrollo de campañas publicitarias que promuevan la deportividad y el ideal del juego limpio y la integración, especialmente entre la juventud, para favorecer el respeto mutuo entre los espectadores y entre los deportistas y estimulando su participación activa en el deporte.

c)   La dotación y convocatoria de premios que estimulen el juego limpio, estructurados en categorías que incluyan, cuando menos, a los deportistas, a los técnicos, a los equipos, a las aficiones, a las entidades patrocinadoras y a los medios de comunicación.

d)   El desarrollo del Observatorio de la Violencia, el Racismo, la Xenofobia y la Intolerancia en el Deporte, adscrito al Consejo Superior de Deportes, con funciones de estudio, análisis, propuesta y seguimiento en materia de prevención de la violencia, el racismo, la xenofobia y la intolerancia en el deporte.

e)   El estímulo de acciones de convivencia y hermanamiento entre deportistas o aficiones rivales a fin de establecer un clima positivo antes del encuentro, ya sea mediante la celebración de actividades compartidas, ya mediante gestos simbólicos, como el intercambio por parte de peñas, seguidores o aficionados rivales de emblemas y otros símbolos sobre el terreno de juego en los momentos previos al inicio del encuentro o competición.

f)   El fomento por parte de las federaciones deportivas españolas de la inclusión en sus programas de formación de contenidos directamente relacionados con el objetivo de esta Ley en especial introduciendo la formación en valores y todo lo relativo a esta Ley en los cursos de entrenadores y árbitros.

g)   La eliminación de obstáculos y barreras que impidan la igualdad de trato y la incorporación sin discriminación alguna de los inmigrantes que realicen actividades deportivas no profesionales.

h)   Reglamentariamente se creará la figura del Defensor del Deportista, con el fin de hacer frente a las situaciones de discriminación, intolerancia, abusos, malos tratos o conductas violentas que puedan sufrir los deportistas y con la finalidad de canalizar posibles quejas o denuncias hacia los órganos antidiscriminatorios, disciplinarios o judiciales asignados, en su caso, por nuestro ordenamiento jurídico.

i)   Y todas aquéllas que fomenten valores formativos del deporte.

2.   La Administración General del Estado promoverá la convocatoria de ayudas específicamente dirigidas a la ejecución de las medidas relacionadas en el apartado anterior por parte de las entidades deportivas privadas, o las

Administraciones Públicas que concurran a las mismas, o la inclusión de criterios vinculados con la prevención de la violencia, el racismo, la xenofobia y la intolerancia en los criterios establecidos de concesión de ayudas públicas.

Artículo 17. Medidas informativas y de coordinación policial.

1. Las entidades deportivas, y principalmente los clubes y sociedades anónimas deportivas participantes en encuentros declarados de alto riesgo, suministrarán a la persona responsable de la coordinación de seguridad toda la información de que dispongan acerca de la organización de los desplazamientos de los seguidores desde el lugar de origen, sus reacciones ante las medidas y decisiones policiales y cualquier otra información significativa a efectos de prevención de los actos racistas, violentos, xenófobos o intolerantes, en los términos descritos en los apartados primero y segundo del artículo 2 de esta Ley.

2. Los Cuerpos y Fuerzas de Seguridad, especialmente los radicados en las localidades de origen y destino de los seguidores de participantes en competiciones o espectáculos deportivos calificados de alto riesgo, promoverán la cooperación y el intercambio de informaciones adecuadas para gestionar las situaciones que se planteen con ocasión del evento, atendiendo a las conductas conocidas de los grupos de seguidores, sus planes de viaje, reacciones ante las medidas y decisiones policiales y cualquier otra información significativa a efectos de prevención de la violencia, el racismo, la xenofobia y la intolerancia en el deporte.

Artículo 18. Depuración y aplicación de las reglas del juego.

1. Las entidades deportivas a que se refiere el artículo 2, apartado 3, de la presente Ley, en su respectiva esfera de competencia, promoverán la depuración de las reglas del juego y sus criterios de aplicación por los jueces y árbitros deportivos a fin de limitar o reducir en lo posible aquellas determinaciones que puedan poner en riesgo la integridad física de los deportistas o incitar a la violencia, al racismo, a la xenofobia o a la intolerancia de los participantes en la prueba o de los espectadores.

2. La Comisión Estatal Contra la Violencia, el Racismo, la Xenofobia y la Intolerancia en el Deporte y las organizaciones de árbitros y jueces de las federaciones deportivas españolas velarán por el cumplimiento del presente artículo en sus respectivos ámbitos de competencia.

Artículo 19. Personas voluntarias contra la violencia y el racismo.

1. Las federaciones deportivas españolas y las Ligas profesionales fomentarán que los clubes que participen en sus propias competiciones constituyan en su seno agrupaciones de personas voluntarias, a fin de facilitar información a los espectadores, contribuir a la prevención de riesgos y facilitar el correcto desarrollo del espectáculo. Las personas voluntarias no podrán asumir funciones en materia de orden público ni arrogarse la condición de autoridad.

    Las federaciones y ligas profesionales fomentarán que los clubes y sociedades anónimas deportivas con fundaciones propias presenten en su memoria de actividades acciones de prevención de la violencia, formación de voluntarios en el seno de sus entidades y de fomento de los valores del deporte. Dichas acciones podrán ser cofinanciadas entre el club o entidad, federación, liga profesional y el Consejo Superior de Deportes a través de las correspondientes convocatorias públicas.

2. La Comisión Estatal contra la Violencia, el Racismo, la Xenofobia y la Intolerancia en el Deporte o, en su caso, las Comunidades Autónomas con competencias en materia de seguridad, propondrán el marco de actuación de dichas agrupaciones, las funciones que podrán serles encomendadas, los sistemas de identificación ante el resto del público espectador, sus derechos y obligaciones, formación y perfeccionamiento, así como los mecanismos de reclutamiento.

3. La Comisión Estatal contra la Violencia, el Racismo, la Xenofobia y la Intolerancia promoverá la colaboración con las organizaciones no gubernamentales que trabajen contra el racismo y la violencia en el deporte.

CAPÍTULO VI

Comisión Estatal contra la Violencia, el Racismo, la Xenofobia y la Intolerancia en el Deporte

Artículo 20. Comisión Estatal contra la Violencia, el Racismo, la Xenofobia y la Intolerancia en el Deporte.

1. La Comisión Estatal contra la Violencia, el Racismo, la Xenofobia y la Intolerancia en el Deporte es un órgano colegiado encargado de la formulación y realización de políticas activas contra la violencia, la

intolerancia y la evitación de las prácticas racistas y xenófobas en el deporte.

2. La Comisión Estatal es un órgano integrado por representantes de la Administración General del Estado, de las Comunidades Autónomas y Corporaciones Locales, de las federaciones deportivas españolas o ligas profesionales, asociaciones de deportistas y por personas de reconocido prestigio en el ámbito del deporte y la seguridad, la lucha contra la violencia, el racismo y la intolerancia, así como la defensa de los valores éticos que encarna el deporte.

La composición y funcionamiento de la Comisión Estatal se establecerán reglamentariamente.

3. **Las funciones de la Comisión Estatal,** entre otras que pudieran asignársele, son:

a) De realización de actuaciones dirigidas a:

1º   Promover e impulsar acciones de prevención contra la actuación violenta en los acontecimientos deportivos.

2º   Fomentar, coordinar y realizar campañas de divulgación y de sensibilización en contra de la violencia, el racismo, la xenofobia y la intolerancia en todas sus formas, con el fin de conseguir que el deporte sea un referente de integración y convivencia social.

3º   Elaborar orientaciones y recomendaciones a las federaciones deportivas españolas, a las ligas profesionales, sociedades anónimas deportivas y clubes deportivos para la organización de aquellos espectáculos en los que razonablemente se prevea la posibilidad de actos violentos, racistas, xenófobos e intolerantes.

b) De elaboración, informe o participación en la formulación de políticas generales de sensibilización sobre la prevención de la violencia, el racismo, la xenofobia y la intolerancia, orientadas especialmente a:

1º   Informar aquellos proyectos de disposiciones que le sean solicitados por las Administraciones Públicas competentes en materia de espectáculos deportivos, en particular las relativas a policía de espectáculos deportivos, disciplina deportiva y reglamentaciones técnicas sobre instalaciones.

2º   Informar preceptivamente las disposiciones de las Comunidades Autónomas que afecten al régimen estatal de prevención de la violencia, el racismo, la xenofobia y la intolerancia en el deporte y las disposiciones de las Comunidades Autónomas sobre prevención de la violencia, el racismo, la xenofobia y la intolerancia en el deporte que sean enviadas por aquéllas.

c)   De vigilancia y control, a efectos de:

1º   Proponer a las autoridades públicas competentes la adopción de medidas sancionadoras a quienes incumplan la normativa prevista en esta Ley y en las normas que la desarrollan.

2º   Interponer recurso ante el Comité Español de Disciplina Deportiva contra los actos dictados en cualquier instancia por las federaciones deportivas en la aplicación del régimen disciplinario previsto en esta Ley, cuando considere que aquéllos no se ajustan al régimen de sanciones establecido.

3º   Instar a las federaciones deportivas españolas y ligas profesionales a modificar sus estatutos para recoger en los regímenes disciplinarios las normas relativas a la violencia, el racismo, la xenofobia y la intolerancia en el deporte.

4º   Instar a las federaciones deportivas españolas a suprimir toda normativa que implique discriminación en la práctica deportiva de cualquier persona en función de su nacionalidad u origen.

5º   Promover medidas para la realización de los controles de alcoholemia en los espectáculos deportivos de alto riesgo, y para la prohibición de introducir en los mismos objetos peligrosos o susceptibles de ser utilizados como armas.

6º   Proponer el marco de actuación de las Agrupaciones de Voluntarios prevista en el artículo 19 de esta Ley.

7º   Declarar un acontecimiento deportivo como de alto riesgo, a los efectos determinados en esta Ley y en sus disposiciones de desarrollo.

8º   Coordinar su actuación con la desarrollada por los órganos periféricos de la Administración General del Estado con funciones en materia de prevención de la violencia en el deporte, así como el seguimiento de su actividad.

9º   En el marco de su propia reglamentación, ser uno de los proponentes anuales de la concesión del Premio Nacional que recompensa los valores de deportividad.

d) De información, elaboración de estadísticas y evaluación de situaciones de riesgo, destinadas a:

1º   Recoger y publicar anualmente los datos sobre violencia, racismo, xenofobia e intolerancia en los espectáculos deportivos, previa disociación de los datos de carácter personal relacionados con las mismas, así como realizar encuestas sobre esta materia.

2º   Realizar informes y estudios sobre las causas y los efectos de la violencia, racismo, xenofobia e intolerancia en el deporte.

e) De colaboración y cooperación con las Comunidades Autónomas:

Establecer mecanismos de colaboración y de cooperación con las Comunidades Autónomas para la ejecución de las medidas previstas en los apartados anteriores cuando fueran competencia de las mismas, y especialmente con los órganos que con similares finalidades que la Comisión Estatal existan en las Comunidades Autónomas.

TÍTULO II

Régimen sancionador contra la violencia, el racismo, la xenofobia y la intolerancia en el deporte

CAPÍTULO I

Infracciones

Artículo 21. Infracciones de las personas organizadoras de competiciones y espectáculos deportivos.

1. Son infracciones muy graves:

   a) El incumplimiento de las normas o instrucciones que regulan la celebración de las competiciones, pruebas o espectáculos deportivos, que impida su normal desarrollo y produzca importantes perjuicios para quienes participen en ellos o para el público asistente.

   b) El incumplimiento de las medidas de seguridad aplicables de conformidad con esta Ley y las disposiciones que la desarrollan y que supongan un grave riesgo para los asistentes a los recintos deportivos.

   c) La desobediencia reiterada de las órdenes o disposiciones de las autoridades gubernativas acerca de las condiciones de la celebración de tales espectáculos sobre cuestiones que afecten a su normal y adecuado desarrollo.

   d) La alteración, sin cumplir los trámites pertinentes, del aforo del recinto deportivo.

   e) La falta de previsión o negligencia en la corrección de los defectos o anomalías detectadas que supongan un grave peligro para la seguridad de los recintos deportivos y, específicamente, en los circuitos cerrados de televisión.

   f) El incumplimiento de las normas que regulan la celebración de los espectáculos deportivos que permita que se produzcan comportamientos violentos, racistas, xenófobos e intolerantes definidos en los apartados 1 y 2 del artículo 2, bien por parte del público o entre el público y los participantes en el acontecimiento deportivo, cuando concurra alguna de las circunstancias de perjuicio, riesgo o peligro previstas en las letras a), b) y e) o cuando tales comportamientos revistan la trascendencia o los efectos contemplados en las letras c) y g) del presente apartado.

g) La organización, participación activa o la incentivación y promoción de la realización de actos violentos, racistas, xenófobos o intolerantes de especial trascendencia por sus efectos para la actividad deportiva, la competición o para las personas que asisten o participan en la misma.

h) El quebrantamiento de las sanciones impuestas en materia de violencia, racismo, xenofobia e intolerancia en el deporte.

i) La realización de cualquier conducta definida en los apartados primero y segundo del artículo 2 de la presente Ley, cuando concurra alguna de las circunstancias de perjuicio, riesgo o peligro previstas en las letras a), b) y e) o cuando revista la trascendencia o efectos contemplados en las letras c) y g) del presente apartado.

j) El incumplimiento de las obligaciones previstas en el artículo 25 de la presente Ley.

2. Son infracciones graves:

a) Toda acción u omisión que suponga el incumplimiento de las medidas de seguridad y de las normas que disciplinan la celebración de los espectáculos deportivos y no constituya infracción muy grave con arreglo a las letras a), b), e), f) y g) del apartado anterior.

b) La realización de las conductas definidas en los apartados 1 y 2 del artículo 2 que no sean consideradas infracciones muy graves de acuerdo con lo dispuesto en el apartado anterior.

c) La desobediencia de las órdenes o disposiciones de las autoridades gubernativas acerca de las condiciones de la celebración de tales espectáculos sobre cuestiones que afecten a su normal y adecuado desarrollo.

d) La gestión deficiente del libro de registro de seguidores o su inexistencia, al que se refiere el artículo 9 de la presente Ley.

e) El apoyo a actividades de peñas, asociaciones, agrupaciones o grupos de aficionados que incumplan lo estipulado en esta Ley.

3. Son infracciones leves de las personas organizadoras de competiciones y espectáculos deportivos toda acción u omisión que suponga el incumplimiento de las previsiones impuestas en esta Ley que no merezca calificarse como grave o muy grave con arreglo a los apartados anteriores,

así como las conductas que infrinjan otras obligaciones legalmente establecidas en materia de seguridad de los espectáculos deportivos.

Artículo 22. Infracciones de las personas espectadoras.

1. Son infracciones muy graves de las personas que asisten a competiciones y espectáculos deportivos:

    a) La realización de cualquier acto o conducta definida en los apartados 1 y 2 del artículo 2 de la presente Ley, cuando concurra alguna de las circunstancias de perjuicio, riesgo, peligro, trascendencia o efectos previstos en el apartado 1 del artículo 21 de la presente Ley.

    b) El incumplimiento de las obligaciones de acceso y permanencia en el recinto establecidas en el artículo 6 y en el apartado 1 del artículo 7, cuando ocasionen daños o graves riesgos a las personas o en los bienes o cuando concurran circunstancias de especial riesgo, peligro o participación en las mismas.

    c) El incumplimiento de la orden de desalojo establecida en el apartado 4 del artículo 7 de la presente Ley.

    d) El quebrantamiento de las sanciones impuestas en materia de violencia, racismo, xenofobia e intolerancia en el deporte.

2. Son infracciones graves de los asistentes a competiciones y espectáculos deportivos la realización de las conductas definidas en los artículos 2, artículo 6 y artículo 7 de la presente Ley que no hayan sido calificadas como muy graves en el apartado anterior.

3. Son infracciones leves de las personas asistentes a competiciones y espectáculos deportivos toda acción u omisión que suponga el incumplimiento de las obligaciones impuestas en esta Ley que no merezca calificarse como grave o muy grave con arreglo a los apartados anteriores, así como la infracción de otras obligaciones legalmente establecidas en materia de seguridad de los espectáculos deportivos.

Artículo 23. Infracciones de otros sujetos.

1. Son infracciones muy graves de cualesquiera sujetos que las cometan:

    a) La realización de las conductas definidas en los apartados 1 y 2 del artículo 2 de la presente Ley en los aledaños a los lugares en que se celebren competiciones deportivas y en los transportes públicos y transportes organizados que se dirijan a ellos, cuando se ocasionen daños o graves riesgos a las personas o en los bienes o cuando concurran circunstancias de especial riesgo, peligro o participación en las mismas.

b) La realización de declaraciones en medios de comunicación de carácter impreso, audiovisual o por internet, en cuya virtud se amenace o se incite a la violencia o a la agresión a los participantes en encuentros o competiciones deportivas o a las personas asistentes a los mismos, así como la contribución significativa mediante tales declaraciones a la creación de un clima hostil o que promueva el enfrentamiento físico entre quienes participan en encuentros o competiciones deportivas o entre las personas que asisten a los mismos.

c) La difusión por medios técnicos, materiales, informáticos o tecnológicos vinculados a información o actividades deportivas de contenidos que promuevan o den soporte a la violencia, o que inciten, fomenten o ayuden a los comportamientos violentos o terroristas, racistas, xenófobos o intolerantes por razones de religión, ideología, orientación sexual, o cualquier otra circunstancia personal o social, o que supongan un acto de manifiesto desprecio a los participantes en la competición o en el espectáculo deportivo o a las víctimas del terrorismo y a sus familiares.

d) El incumplimiento de las sanciones impuestas en materia de violencia, racismo, xenofobia e intolerancia en el deporte.

2. Son infracciones graves de cualesquiera sujetos que las cometan:

a) La realización de las conductas definidas en los apartados 1 y 2 del artículo 2 de la presente Ley en los aledaños a los lugares en que se celebren competiciones deportivas y en los transportes organizados que se dirijan a ellos, cuando no sean calificadas como muy graves con arreglo al apartado anterior.

b) La realización de declaraciones públicas en medios no incluidos en el literal b) del apartado anterior, en cuya virtud se amenace o se incite a la violencia o a la agresión a los participantes en encuentros o competiciones deportivas o a los asistentes a los mismos, así como la contribución significativa mediante tales declaraciones a la creación de un clima hostil o que promueva el enfrentamiento físico entre los participantes en encuentros o competiciones deportivas o entre los asistentes a los mismos.

c) La venta en el interior de las instalaciones deportivas de los productos prohibidos en el apartado 3 del artículo 4, de bebidas alcohólicas o de aquéllas cuyos envases incumplan lo dispuesto en el apartado segundo del mismo artículo.

3. Son infracciones leves de cualesquiera sujetos que las cometan la realización de las conductas definidas en los apartados 1 y 2 del artículo 2 que no sean calificadas como graves o muy graves en los apartados anteriores.

CAPÍTULO II

Sanciones

Artículo 24. Sanciones.

1. Como consecuencia de la comisión de las infracciones tipificadas en el presente Título podrán imponerse las sanciones económicas siguientes:

a) De 150 a 3.000 euros en caso de infracciones leves.
b) De 3.000,01 a 60.000 euros en caso de infracciones graves.
c) De 60.000,01 a 650.000 euros, en caso de infracciones muy graves.

2. Además de las sanciones económicas antes mencionadas, a los organizadores de competiciones y espectáculos deportivos podrán imponerse las siguientes:

a) La inhabilitación para organizar espectáculos deportivos hasta un máximo de dos años por infracciones muy graves y hasta dos meses por infracciones graves.
b) La clausura temporal del recinto deportivo hasta un máximo de dos años por infracciones muy graves y hasta dos meses por infracciones graves.

3. Además de las sanciones económicas, a las personas físicas que cometan las infracciones tipificadas en el presente Título se les podrán imponer, atendiendo a las circunstancias que concurran en los hechos y, muy especialmente, a su gravedad o repercusión social, la sanción de desarrollar trabajos sociales en el ámbito deportivo y la sanción de

prohibición de acceso a cualquier recinto deportivo de acuerdo con la siguiente escala:

a) Prohibición de acceso a cualquier recinto deportivo por un período comprendido entre un mes y seis meses, en caso de infracciones leves.

b) Prohibición de acceso a cualquier recinto deportivo por un período entre seis meses y dos años, en caso de infracciones graves.

c) Prohibición de acceso a cualquier recinto deportivo por un período entre dos años y cinco años, en caso de infracciones muy graves.

4. Además de las sanciones económicas o en lugar de las mismas, a quienes realicen las declaraciones previstas en el literal b) del apartado primero del artículo 23, se les podrá imponer la obligación de publicar a su costa en los mismos medios que recogieron sus declaraciones y con al menos la misma amplitud, rectificaciones públicas o, sustitutivamente, a criterio del órgano resolutorio, anuncios que promocionen la deportividad y el juego limpio en el deporte.

5. Además de las sanciones económicas, a quienes realicen las conductas infractoras definidas en el literal c) del apartado primero del artículo 23, se les podrá imponer la obligación de crear, publicar y mantener a su costa, hasta un máximo de cinco años, un medio técnico, material, informático o tecnológico equivalente al utilizado para cometer la infracción, con contenidos que fomenten la convivencia, la tolerancia, el juego limpio y la integración intercultural en el deporte. El deficiente cumplimiento de esta obligación será entendido como quebrantamiento de la sanción impuesta, pudiendo ofrecerse a los sancionados un patrón o modelo de contraste para acomodar la extensión y contenidos del medio.

Artículo 25. Sanción de prohibición de acceso.

1. Los clubes y las personas responsables de la organización de espectáculos deportivos deberán privar de la condición de socio, asociado o abonado a las personas que sean sancionadas con la prohibición de acceso a recintos deportivos, a cuyo efecto la autoridad competente les comunicará la resolución sancionadora, manteniendo la exclusión del abono o de la condición de socio o asociado durante todo el período de cumplimiento de la sanción.

2. A efectos del cumplimiento de la sanción, podrán arbitrarse procedimientos de verificación de la identidad, que serán efectuados por miembros de las Fuerzas y Cuerpos de Seguridad.

CAPÍTULO III

Responsabilidad y sus criterios modificativos

Artículo 26. Sujetos responsables.

1. De las infracciones a que se refiere el presente título serán administrativamente responsables las personas físicas y jurídicas que actúen como autores y sus colaboradores. En este último caso las sanciones previstas en los artículos 24 y 25 se impondrán, en su caso, atendiendo al grado de participación.

2. Jugadores, personal técnico y directivo, así como las demás personas sometidas a disciplina deportiva responderán de los actos contrarios a las normas o actuaciones preventivas de la violencia deportiva de conformidad con lo dispuesto en el título tercero de la presente Ley y en las disposiciones reglamentarias y estatutarias de las entidades deportivas, cuando tales conductas tengan lugar con ocasión del ejercicio de su función deportiva específica.

   Estos mismos sujetos se encuentran plenamente sometidos a las disposiciones del presente título cuando asistan a competiciones o espectáculos deportivos en condición de espectadores.

Artículo 27. Criterios modificativos de la responsabilidad.

1. Para la determinación de la concreta sanción aplicable en relación con las infracciones relativas a conductas definidas en los apartados 1 y 2 del artículo 2 de la presente Ley se tomarán en consideración los siguientes criterios:

   a) El arrepentimiento espontáneo, la manifestación pública de disculpas y la realización de gestos de carácter deportivo que expresen intención de corregir o enmendar el daño físico o moral infligido.

   b) La colaboración en la localización y en la aminoración de las conductas violentas, racistas, xenófobas o intolerantes por parte de los clubes y demás personas responsables.

   c) La adopción espontánea e inmediata a la infracción de medidas dirigidas a reducir o mitigar los daños derivados de la misma.

   d) La existencia de intencionalidad o reiteración.

   e) La naturaleza de los perjuicios causados.

f) La reincidencia, entendiéndose por tal la comisión en el término de un año de más de una infracción de la misma naturaleza declarada por resolución firme.

2. Para la determinación de la concreta sanción aplicable en relación con las infracciones relativas a obligaciones de seguridad de las personas organizadoras de competiciones y espectáculos deportivos se tomarán en consideración los siguientes criterios:

a) La existencia de intencionalidad o reiteración.
b) La naturaleza de los perjuicios causados.
c) La reincidencia, entendiéndose por tal la comisión en el término de un año de más de una infracción declarada por resolución firme.

CAPÍTULO IV

Competencias y procedimiento

Artículo 28. Competencia para la imposición de sanciones.

1. La potestad sancionadora prevista en el presente artículo será ejercida por la autoridad gubernativa competente, pudiendo recabar informes previos de las autoridades deportivas y de la Comisión Estatal contra la Violencia, el Racismo, la Xenofobia y la Intolerancia en el Deporte.
2. Cuando la competencia sancionadora corresponda a la Administración General del Estado, la imposición de sanciones se realizará por:

a) La Delegación del Gobierno, desde 150 euros hasta 60.000 euros.
b) La Secretaría de Estado de Seguridad, desde 60.000,01 euros hasta 180.000 euros.
c) El Ministerio del Interior, desde 180.000,01 euros hasta 360.000 euros.
d) El Consejo de Ministros, desde 360.000,01 euros hasta 650.000 euros.

3. La competencia para imponer las sanciones de inhabilitación temporal para organizar espectáculos deportivos y para la clausura temporal de recintos deportivos, corresponderá a la Secretaría de Estado de Seguridad, si el plazo de suspensión fuere igual o inferior a un año, y al Ministerio del Interior, si fuere superior a dicho plazo.

4. La competencia para imponer las sanciones accesorias previstas en el artículo 24 corresponderá al órgano sancionador competente en cada caso, sin perjuicio de lo dispuesto en el apartado anterior y, en el caso de que tenga carácter sustitutivo de infracciones muy graves, según lo dispuesto en el apartado cuarto del artículo 24 de esta Ley, corresponderá a la Secretaría de Estado de Seguridad.

Artículo 29. Registro de sanciones.

1. El Registro Central de Sanciones en materia de violencia, racismo, xenofobia e intolerancia en el deporte, así como la recogida de los datos que se inscriban en el mismo, se ajustarán a lo dispuesto en la legislación relativa a la protección de datos de carácter personal. En todo caso, se asegurará el derecho de las personas que sean objeto de resoluciones sancionadoras a ser informadas de su inscripción en el Registro y a mantener la misma únicamente en tanto sea necesario para su ejecución.

2. Todo asiento registral deberá contener, cuando menos, las siguientes referencias:

    a) Lugar y fecha del acontecimiento deportivo, clase de competición y contendientes.
    b) Datos identificativos de la entidad deportiva, organizador o particular afectado por el expediente.
    c) Clase de sanción o sanciones impuestas, especificando con claridad su alcance temporal.
    d) Infracción cometida por el infractor, especificando el artículo de la Ley en el que está tipificada y, en su caso, las circunstancias modificativas de la responsabilidad.

3. De acuerdo con las disposiciones vigentes en la materia, tendrán acceso a los datos de este Registro los particulares que tengan un interés directo y manifiesto, así como las entidades deportivas a efectos de colaboración con las autoridades en el mantenimiento de la seguridad pública con motivo de competiciones o espectáculos deportivos.

4. El registro dispondrá de una Sección de prohibiciones de acceso a recintos deportivos. Las sanciones serán comunicadas por el órgano sancionador al propio registro y a los organizadores de los espectáculos deportivos,

con el fin de que éstos verifiquen la identidad en los controles de acceso por los medios que reglamentariamente se determinen.

5. Cuando se trate de sanciones impuestas a personas seguidoras de las entidades deportivas por cometer los ilícitos definidos en los apartados 1 y 2 del artículo 2, el órgano sancionador las notificará al club o entidad deportiva a que pertenezcan con el fin de incluir la oportuna referencia en el libro de registro de actividades de seguidores a que hace referencia el artículo 9 y de aplicar la prohibición de apoyo que contempla el artículo 3, apartado 2, literal h).

6. El Registro Central de Sanciones en materia de violencia, racismo, xenofobia e intolerancia en el deporte al que se refiere este artículo estará adscrito al Ministerio del Interior.

Artículo 30. Procedimiento sancionador.

En lo no dispuesto en el presente título, el ejercicio de la potestad sancionadora a que el mismo se refiere serán de aplicación los principios y prescripciones contenidas en el título IX de la Ley 30/1992, de 26 de noviembre, de Régimen Jurídico de las Administraciones Públicas y del Procedimiento Administrativo Común y en sus normas de desarrollo, especialmente en lo que se refiere a la extinción de la responsabilidad, prescripción de las infracciones y sanciones, ejecución de sanciones y principios generales del procedimiento sancionador.

Artículo 31. Presentación de denuncias.

Toda persona podrá instar la incoación de expedientes sancionadores por las infracciones contenidas en el presente título. El denunciante, que aportará las pruebas de que en su caso disponga, carecerá de la condición de parte en el procedimiento, si bien se le reconoce el derecho a ser notificado de la resolución que recaiga en el expediente.

TÍTULO III

Régimen disciplinario deportivo contra la violencia, el racismo, la xenofobia y la intolerancia

CAPÍTULO I

Ámbito de aplicación

Artículo 32. Ámbito de aplicación del régimen disciplinario deportivo.

1. Las personas vinculadas a una federación deportiva mediante una licencia federativa estatal o autonómica habilitada para la participación en competiciones estatales así como los clubes, Sociedades Anónimas Deportivas y las personas que desarrollen su actividad dentro de las mismas podrá ser sancionados de conformidad con lo dispuesto en los artículos siguientes.
2. Este régimen sancionador tiene la condición de régimen especial respecto del previsto, con carácter general, en la Ley 10/1990, de 15 de octubre, que tendrá en todos sus extremos la condición de norma supletoria.
3. De conformidad con lo previsto en esta Ley, cuando las personas a que se refiere el apartado 1 de este artículo asistan como espectadores a una prueba o competición deportiva su régimen de responsabilidad será el recogido en el presente título.
4. No serán consideradas conductas infractoras las que se contengan en el presente título por remisión a las definiciones contenidas en los apartados primero y segundo del artículo 2 de la Ley, cuando sean realizadas por los deportistas de acuerdo con las reglas técnicas del juego propias de la correspondiente modalidad deportiva.

CAPÍTULO II

De las infracciones y sanciones

Articulo 33. De la clasificación de las infracciones contra el régimen previsto en esta Ley.

Las infracciones del régimen deportivo que se contemplan en esta Ley pueden ser muy graves o graves de conformidad con lo que se establece en los artículos siguientes.

Artículo 34. Infracciones muy graves.

Se consideran infracciones muy graves:

1. De las reglas de juego o competición o de las normas deportivas generales:

    a) Los comportamientos y gestos agresivos y manifiestamente antideportivos de los deportistas, cuando se dirijan al árbitro, a otros deportistas o al público, así como las declaraciones públicas de directivos, administradores de hecho o de derecho de clubes deportivos y sociedades anónimas deportivas, técnicos, árbitros y deportistas que inciten a sus equipos o a los espectadores a la violencia de conformidad con lo dispuesto en los apartados primero y segundo del artículo 2 de esta Ley.

    b) La promoción, organización, dirección, encubrimiento o defensa de los actos y conductas tipificados en los apartados primero y segundo del artículo 2 de esta Ley.

    c) La participación activa en actos violentos, racistas, xenófobos o intolerantes o que fomenten este tipo de comportamientos en el deporte.

        A los efectos de este artículo, se considera, en todo caso, como participación activa la realización de declaraciones, gestos, insultos y cualquier otra conducta que impliquen una vejación a una persona o grupo de personas por razón de su origen racial o étnico, de su religión, convicciones, discapacidad, edad, sexo u orientación sexual.

    d) La no adopción de medidas de seguridad y la falta de diligencia o de colaboración en la represión de comportamientos violentos, racistas, xenófobos o intolerantes.

2. Se consideran específicamente como infracciones muy graves para las personas que ostenten la presidencia y demás miembros de las federaciones deportivas, la omisión del deber de asegurar el correcto desarrollo de los espectáculos deportivos que impliquen riesgos para los espectadores o para los participantes en los mismos, tanto en lo que se refiere al desarrollo de la propia actividad deportiva, como a la protección de los derechos fundamentales y, específicamente, los que impliquen comportamientos racistas, xenófobos o intolerantes.

3. Asimismo, son infracciones específicas muy graves para los clubes y sociedades anónimas deportivas que participen en competiciones profesionales:

a) La omisión del deber de adoptar todas las medidas establecidas en la presente Ley para asegurar el correcto desarrollo de los espectáculos deportivos con riesgos para los espectadores o para los participantes en los mismos y evitar la realización de actos o comportamientos racistas, xenófobos, intolerantes y contrarios a los derechos fundamentales.

b) La facilitación de medios técnicos, económicos, materiales, informáticos o tecnológicos que den soporte a la actuación de las personas o grupos que promuevan la violencia o las conductas racistas, xenófobas e intolerantes a que se refieren los apartados primero y segundo del artículo 2 de esta Ley.

Artículo 35. Infracciones graves.

Se consideran infracciones de carácter grave:

a) Los comportamientos y actos de menosprecio o desconsideración a una persona o grupo de personas en relación con su origen racial o étnico, su religión, convicciones, discapacidad, edad, sexo u orientación sexual, así como cualquier otra condición o circunstancia personal o social.

b) La pasividad en la represión de las conductas violentas, xenófobas e intolerantes, cuando por las circunstancias en las que se produzcan no puedan ser consideradas como infracciones muy graves conforme al apartado anterior.

c) La omisión de las medidas de seguridad cuando, en atención a las circunstancias concurrentes, no pueda ser considerada como infracción muy grave.

Artículo 36. Del régimen de sanciones a imponer como consecuencia de las infracciones previstas en esta Ley.

El régimen sancionador de las infracciones contra la violencia, el racismo, la xenofobia y la intolerancia previstas en el ámbito disciplinario deportivo queda establecido de la siguiente manera:

a) Por la comisión de infracciones consideradas como muy graves de las previstas en la presente Ley, se podrá imponer las siguientes sanciones:

1º Inhabilitación para ocupar cargos en la organización deportiva o suspensión o privación de licencia federativa, cuando el responsable de los hechos sea una persona con licencia deportiva. La sanción se podrá imponer con carácter temporal por un período de dos a cinco años, o excepcionalmente con carácter definitivo en los supuestos de reincidencia en la comisión de infracciones de extraordinaria gravedad.

2º   Sanción pecuniaria para los clubes, deportistas, jueces, árbitros y directivos en el marco de las competiciones profesionales, de 18.000,01 a 90.000 euros.

3º   Sanción pecuniaria para los clubes, deportistas, jueces, árbitros y directivos en el marco del resto de competiciones, de 6.000,01 a 18.000 euros.

4º   Clausura del recinto deportivo por un periodo que abarque desde cuatro partidos o encuentros hasta una temporada.

5º   Pérdida de la condición de socio y prohibición de acceso al estadio o lugares de desarrollo de las pruebas o competiciones por tiempo no superior a cinco años.

6º   Celebración de la prueba o competición deportiva a puerta cerrada.

7º   Pérdida de puntos o puestos en la clasificación.

8º   Pérdida o descenso de categoría o división.

b)   Por la comisión de infracciones consideradas graves, podrá imponerse las siguientes sanciones:

1º   Inhabilitación para ocupar cargos en la organización deportiva o suspensión o privación de licencia federativa, con carácter temporal, cuando el responsable de los hechos sea una persona con licencia deportiva. La sanción a imponer será de un mes a dos años o de cuatro o más encuentros en una misma temporada.

2º   Sanción pecuniaria para los clubes, deportistas, jueces, árbitros y directivos en el marco de las competiciones profesionales, de 3.000 a 18.000 euros.

3º   Sanción pecuniaria para los clubes, deportistas, jueces, árbitros y directivos en el marco de las competiciones no profesionales, de 500 a 6.000 euros.

4º   Clausura del recinto deportivo de hasta tres partidos o encuentros, o de dos meses.

5º   Pérdida de puntos o puestos en la clasificación.

c)   Las anteriores sanciones son independientes y compatibles con las medidas que los Estatutos y Reglamentos Federativos puedan prever en relación con los efectos puramente deportivos que deban solventarse para asegurar el normal desarrollo de la competición, encuentro o prueba. Se entienden, en todo caso, incluidos en este apartado las decisiones sobre la continuación o no del encuentro, su repetición, celebración, en su caso, a puerta cerrada, resultados deportivos y cualesquiera otras previstas en aquellas normas que sean inherentes a la organización y gobierno de la actividad deportiva.

d) Los Estatutos y Reglamentos federativos podrá contemplar la imposición de sanciones de carácter reinsertivo, acumuladas a las económicas, y alternativas o acumuladas a las de otro tipo. En particular, puede establecerse el desarrollo de acciones de voluntariado en organizaciones dedicadas a tareas sociales relacionadas con el objeto de la infracción, y especialmente, las implicadas en la lucha contra la violencia, el racismo, la xenofobia y la intolerancia.

Artículo 37. Reglas específicas para la graduación de la responsabilidad disciplinaria deportiva y para la tramitación de los procedimientos disciplinarios.

1. Las reglas de determinación y extinción de la responsabilidad y el procedimiento de imposición de las sanciones disciplinarias deportivas previstas en el presente título serán las establecidas con carácter general en el título XI de la Ley 10/1990, de 15 de octubre, del Deporte, y en las disposiciones reglamentarias de desarrollo de las mismas, sin más especificidades que las contempladas en el presente artículo.

2. En todo caso, será causa de atenuación de la responsabilidad por parte de los clubes y demás personas responsables la colaboración en la localización de quienes causen las conductas prohibidas por la presente Ley o en la atenuación de las conductas violentas, racistas, xenófobas e intolerantes.

3. Los expedientes disciplinarios deberán tener una duración máxima de un mes, prorrogable otro mes más por causa justificada, desde su incoación, bien sea a iniciativa propia o a requerimiento de la Comisión Estatal Contra la Violencia, el Racismo, la Xenofobia y la Intolerancia en el Deporte. Transcurrido este plazo, la competencia para continuar la instrucción y resolver corresponderá al Comité Español de Disciplina Deportiva.

4. Las resoluciones del Comité Español de Disciplina Deportiva dictadas en virtud de lo dispuesto en el apartado anterior agotarán la vía administrativa y contra las mismas únicamente podrá interponerse recurso contencioso-

administrativo, de conformidad con la Ley 29/1998, de 13 de julio, Reguladora de la Jurisdicción Contencioso-Administrativa.

5. La Comisión Estatal Contra la Violencia, el Racismo, la Xenofobia y la Intolerancia en el Deporte tendrá legitimación activa para impugnar las resoluciones federativas ante el Comité Español de Disciplina Deportiva, cuando entienda que la resolución objeto de recurso resulta contraria a los intereses públicos cuya protección se le ha confiado; los órganos disciplinarios federativos notificarán a la Comisión Estatal Contra la Violencia, el Racismo, la Xenofobia y la Intolerancia en el Deporte las resoluciones que dicten en el ámbito de aplicación del presente Título, a fin de que pueda ejercer esta función.

TÍTULO IV

Disposiciones Comunes a los títulos II y III

Artículo 38. Concurrencia de procedimientos penales, administrativos y disciplinarios.

1. La incoación de un proceso penal no será obstáculo para la iniciación, en su caso, de un procedimiento administrativo y disciplinario por los mismos hechos, pero no se dictará resolución en éstos hasta tanto no haya recaído sentencia o auto de sobreseimiento firmes en la causa penal.

    En todo caso, la declaración de hechos probados contenida en la resolución que pone término al proceso penal vinculará a la resolución que se dicte en los procedimientos administrativo y disciplinario, sin perjuicio de la distinta calificación jurídica que puedan merecer en una u otra vía.

    Sólo podrá recaer sanción penal y administrativa y disciplinaria sobre los mismos hechos cuando no hubiere identidad de fundamento jurídico.

2. Cuando a una misma persona física o jurídica y con identidad de hechos le resulten simultáneamente de aplicación sanciones administrativas y disciplinarias previstas en los títulos segundo y tercero de la presente Ley, será de tramitación preferente el procedimiento administrativo sancionador previsto en el título segundo.

    Cometido el hecho infractor en que pueda producirse concurrencia de responsabilidad administrativa y disciplinaria, el órgano competente para la instrucción de cada uno de los procedimientos vendrá obligado a iniciarlo y a notificar la incoación del expediente al órgano recíproco, administrativo o federativo, según el caso.

3. Cuando un órgano federativo reciba la notificación de incoación de un expediente administrativo sancionador relativo a sujetos y hechos idénticos a los que estén dando lugar a la tramitación de un expediente disciplinario, suspenderá la tramitación del procedimiento, notificándolo al órgano administrativo que tramite el procedimiento administrativo sancionador. Caso de que no exista identidad de sujetos, hechos o fundamentos jurídicos podrá no obstante continuar la tramitación del procedimiento.

4. Una vez terminado el expediente administrativo sancionador, el órgano competente para resolverlo notificará el acuerdo resolutorio al órgano disciplinario federativo que comunicó la suspensión del procedimiento, quien levantará la suspensión y adoptará uno de los acuerdos siguientes:

a) La continuación del procedimiento disciplinario, cuando no exista identidad de fundamentos jurídicos para la imposición de la sanción, o cuando habiéndola, la sanción administrativa sea inferior a la que pueda imponerse como consecuencia del procedimiento disciplinario.

b) El archivo de las actuaciones, cuando exista identidad de fundamentos jurídicos y la sanción administrativa sea igual o superior a la que pueda imponerse como consecuencia del procedimiento disciplinario.

5. En el caso de que el órgano disciplinario decida continuar el procedimiento sancionador por existir identidad de fundamentos jurídicos pero ser la infracción susceptible de una sanción superior a la administrativamente impuesta, la resolución del expediente disciplinario reducirá la sanción aplicable en la cuantía o entidad que corresponda por aplicación de la sanción administrativa previa, haciendo constar expresamente la cuantía de la reducción en la resolución del procedimiento.

6. En el caso de que recaiga una resolución judicial que anule total o parcialmente la sanción administrativa, el órgano que dictó esta última lo notificará al órgano disciplinario federativo que en su día le hubiere comunicado la incoación del procedimiento, a fin de que el mismo proceda al archivo de las actuaciones, salvo que no exista identidad de fundamentos jurídicos entre la sanción administrativa anulada y la eventual sanción disciplinaria que pudiera imponerse, en cuyo caso se procederá conforme a lo dispuesto en el apartado 4, letra a) del presente artículo.

7. Los acuerdos adoptados por los órganos federativos en cuanto se refiere a los apartados cuarto, quinto y sexto del presente artículo son susceptibles de impugnación con arreglo a lo dispuesto en el título XI de la Ley 10/1990, de 15 de octubre, del Deporte.

Disposición adicional primera. Desarrollo reglamentario.

Se autoriza al Gobierno a dictar las normas reglamentarias tanto en los supuestos específicos previstos en esta Ley y en aquellos otros que sean necesarios para la efectiva aplicación de las previsiones contenidas en la misma, sin perjuicio de las competencias de las Comunidades Autónomas fijadas en sus respectivos Estatutos de Autonomía.

Disposición adicional segunda. Habilitaciones reglamentarias a las entidades deportivas y normas de aplicación inmediata.

1. En el plazo de seis meses, las entidades deportivas dictarán las disposiciones precisas para la adecuación de sus reglamentos a la presente Ley. En tanto que esta adaptación tenga lugar, serán de directa aplicación desde su entrada en vigor los tipos de infracción y las sanciones que la presente Ley contempla como mínimos indisponibles, aun cuando no se encuentren expresamente contemplados en las reglamentaciones deportivas vigentes.

    Transcurrido el plazo citado en el párrafo anterior, serán nulos de pleno derecho los preceptos contenidos en los Estatutos, Reglamentos y demás normas federativas que contengan algún mecanismo discriminatorio en función de la nacionalidad u origen de las personas.

2. Asimismo, las citadas entidades deberá modificar, en el mismo plazo previsto en el apartado anterior, su normativa y eliminar cualquier obstáculo o restricción que impida o dificulte la participación en actividades deportivas no profesionales de los extranjeros que se encuentren legalmente en España y de sus familias. Excepcionalmente, se podrá autorizar por el Consejo Superior de Deportes medidas de acción positiva basadas en exigencias y necesidades derivadas del deporte de alto nivel y de su función representativa de España.

3. La participación de extranjeros en la actividad deportiva profesional se regirá por su normativa específica.

Disposición adicional tercera. Actualización de las cuantías de las multas.

La cuantía de las multas previstas en la presente Ley podrá ser actualizada por el Gobierno a propuesta de los titulares de los Ministerios del Interior y de Educación y Ciencia, teniendo en cuenta la variación del índice oficial de precios al consumo.

Disposición adicional cuarta. Información de Resoluciones recaídas en los expedientes sancionadores y disciplinarios.

Las autoridades gubernativas y las Federaciones Deportivas notificarán a la Comisión Estatal contra la Violencia, el Racismo, la Xenofobia y la Intolerancia en el Deporte, y al Registro Central de Sanciones en materia de Violencia, Racismo, Xenofobia e Intolerancia en el Deporte, las resoluciones que dicten en aplicación de los preceptos recogidos en la presente Ley.

Disposición adicional quinta. Modificación del artículo 32.2 de la Ley 10/1990, de 15 de octubre, del Deporte.

El apartado 2 del artículo 32 de la Ley 10/1990, de 15 de octubre, del Deporte queda redactado de la siguiente forma:

«2. Los estatutos de la federaciones deportivas españolas incluirán los sistemas de integración y representatividad de las federaciones de ámbito autonómico, según lo establecido en las disposiciones de desarrollo de la presente Ley. A estos efectos, la presidencia de las Federaciones de ámbito autonómico formarán parte de las Asambleas generales de las Federaciones deportivas españolas, ostentando la representación de aquéllas.

En todo caso, para que las federaciones de ámbito autonómico puedan integrarse en las federaciones deportivas españolas o, en su caso, mantener esa integración, deberán eliminar cualquier obstáculo o restricción que impida o dificulte la participación de extranjeros que se encuentren legalmente en España y de sus familias en las actividades deportivas no profesionales que organicen.»

Disposición adicional sexta. Cooperación Internacional.

El Consejo Superior de Deportes y el Ministerio del Interior, en coordinación con el Ministerio de Asuntos Exteriores y de Cooperación, promoverán nuevas actuaciones para fomentar y articular procedimientos de colaboración con los organismos internacionales competentes en la materia.

Disposición adicional séptima. Instalación de videocámaras y grabación de imágenes.

La instalación de los dispositivos de videovigilancia a los que se refieren los artículos 4 y 12 de la presente Ley, así como el tratamiento de las imágenes resultantes de la utilización de dichos dispositivos, se encuentran sometidos a lo dispuesto en la Ley Orgánica 4/1997, de 4 de agosto, por la que se regula la utilización de videocámaras por las Fuerzas y Cuerpos de Seguridad en lugares públicos.

Las imágenes captadas por dichos dispositivos serán tratadas únicamente por el Coordinador de Seguridad, que las transmitirá a las Fuerzas y Cuerpos de Seguridad o a las autoridades competentes únicamente en caso de apreciarse en las mismas la existencia de alguna de las conductas previstas en los apartados primero y segundo del artículo 2 de esta Ley, a fin de que se incorporen al procedimiento judicial o administrativo correspondiente.

Para el ejercicio de las potestades previstas en las letras b) y d) del artículo 12.1 de esta Ley, la Delegación del Gobierno recabará el previo informe de la Comisión Estatal contra la Violencia, el Racismo, la Xenofobia y la Intolerancia en el Deporte, acerca de la proporcionalidad e idoneidad del establecimiento de esta medida.

Disposición adicional octava. Delimitación de competencias.

Tendrán la consideración de autoridades, a los efectos de la presente Ley, las correspondientes de las Comunidades Autónomas con competencias para la protección de personas y bienes y para el mantenimiento de la seguridad ciudadana, con arreglo a lo dispuesto en los correspondientes Estatutos y en las Leyes Orgánicas de Fuerzas y Cuerpos de la Seguridad y de Protección de la Seguridad Ciudadana, y podrán imponer las sanciones y demás medidas determinadas en esta Ley en las materias sobre las que tengan competencia.

En todo caso, la vigente Ley será de aplicación respetando las competencias que las Comunidades Autónomas puedan tener en el ámbito del deporte y, específicamente, sobre la regulación en materia de prevención de la violencia en los espectáculos públicos deportivos. A su vez, la aplicación de las medidas de seguridad previstas en la presente Ley se ejecutará respetando las competencias en materia de seguridad pública conferidas a las Comunidades Autónomas, de conformidad con lo dispuesto en la normativa de Fuerzas y Cuerpos de Seguridad.

Disposición adicional novena. Remisiones normativas.

Las referencias realizadas en cualquier norma a las disposiciones sobre prevención de la violencia en los espectáculos deportivos contenidas en la Ley 10/1990, de 15 de octubre, del Deporte, se entenderán referidas, en todo caso, a las disposiciones de la presente Ley.

Disposición adicional décima. Modificaciones legislativas sobre responsabilidad civil.

El Gobierno remitirá, en el plazo de un año, a las Cortes Generales, los proyectos de ley o de modificación de las leyes ya existentes que convengan para regular de modo específico la responsabilidad civil en el ámbito propio del deporte y de los espectáculos deportivos, así como del aseguramiento de la misma y su consiguiente repercusión en el sistema de compensación de seguros.

Disposición transitoria única. Régimen orgánico hasta la creación de la Comisión contra la Violencia, el Racismo, la Xenofobia y la Intolerancia en el Deporte.

La actual Comisión Nacional para la Prevención de la Violencia en los Espectáculos Deportivos ejercerá todas sus funciones hasta la creación y efectiva puesta en funcionamiento de la Comisión contra la Violencia, el Racismo, la Xenofobia y la Intolerancia en el Deporte, prevista en esta Ley.

Disposición derogatoria única. Derogación de determinados preceptos de la Ley 10/1990, de 15 de octubre, del Deporte.

1. Quedan derogados los siguientes artículos y apartados de la Ley 10/1990, de 15 de octubre, del Deporte:
   Artículos 60 a 69.
   Artículo 76.1, apartados e), g) y h).
   Artículo 76.2, apartado g).
2. Quedan derogados, asimismo, todos los preceptos de normas de igual o inferior rango que se opongan a lo dispuesto en esta Ley.

Disposición final primera. Títulos competenciales.

La presente Ley se dicta al amparo de los títulos competenciales que corresponden al Estado en relación con la organización del deporte federado estatal en su conjunto y, asimismo, del artículo 149.1.29.ª de la Constitución, excepto la disposición adicional sexta que se dicta al amparo del artículo 149.1.3.ª de la Constitución. Todo ello sin perjuicio de las competencias atribuidas a las Comunidades Autónomas por sus Estatutos de Autonomía en materia de deporte.

Disposición final segunda. Entrada en vigor.

La presente Ley entró en vigor al mes de su publicación en el Boletín Oficial del Estado.

DISCUSIÓN

REFLEXIONES Y CRÍTICA

Los tres problemas más importantes en el deporte son: La corrupción, el dopaje y la violencia.

La propia existencia del deporte organizado puede verse en peligro si no se atajan enérgicamente.

Además, violencia y deporte son conceptos antagónicos, pues la actividad deportiva se caracteriza por su función integradora, opuesta a la xenofobia, la intolerancia y la discriminación de cualquier clase.

Expresiones como *comportarse o reaccionar con deportividad* y otras similares que incluyen dicho concepto indican una actitud respetuosa ante los demás y especialmente ante el adversario. La palabra deportividad es sinónimo de caballerosidad y de otros conceptos análogos. En consecuencia, el binomio violencia-deporte incurre en contradicción.

El problema de la Violencia en el Deporte es de la mayor importancia para la Sociedad en general, por el gravísimo atentado que supone para la seguridad ciudadana y para la propia vida de las personas, habiendo causado **1500 fallecidos durante 30 años en el mundo, un número de muertos mayor que los ocasionados por el terrorismo en España durante ese mismo periodo.**

Dado que los referidos datos colocan a la violencia en el deporte en un nivel similar al del terrorismo, es obvio que dicha modalidad de violencia, desgraciadamente, podría llegar a suponer la desaparición definitiva de las competiciones deportivas si nadie lo evita. Esta última afirmación puede parecer algo alarmista, pero ese riesgo, aunque remoto, desafortunadamente existe según se desprende de lo expuesto en este trabajo. Por ello, mi precedente afirmación sobre los catastróficos efectos que la violencia puede tener en el futuro para el deporte, más que visión casi apocalíptica del mañana de las competiciones deportivas es, por el contrario, una exposición del problema en toda su realidad y crudeza para así poder afrontarlo en el presente y evitar dicho futuro no deseado.

Peor aún es el hecho de que la citada desaparición no se haya producido todavía, lo cual no es sino un vergonzoso síntoma de la falta de ética imperante en nuestra hipócrita sociedad. Cualquier otra institución o actividad humana que produjera tan escandaloso número de muertos sería, lógicamente, cuestionada y prohibida de forma inapelable. Sin embargo, el enorme poder e intereses económicos, políticos y de todo tipo presentes en el Deporte, y plasmados sobre todo en la desorbitante cantidad de dinero que mueve, "le permite" soslayar incluso el sentido común, dando la imagen de estar aparentemente por encima del bien y del mal (sólo en apariencia, repito). Pero el Deporte de competición es un dios con los pies de barro; y esos pies de barro son la violencia, la corrupción y el dopaje. Por ello, los clubes deportivos tienen una gran responsabilidad en la lucha contra la Violencia en el Deporte. Más aún, deberían tener un especial interés en solucionar el problema, pues a la larga puede llegar a perjudicarles. Baste recordar el caso de la suspensión por tiempo indefinido de todos los partidos de fútbol en Italia (no sólo los de Liga) a causa de los graves incidentes del partido Catania-Palermo celebrado el 2 de febrero de 2007. La mencionada cancelación afectó incluso a un encuentro amistoso internacional: el previsto entre las selecciones nacionales de Italia y Rumania. Dicha abolición total del fútbol se produjo a causa de la alarma social provocada por los graves altercados, pues gran parte de la opinión pública clamó por la citada desaparición definitiva de los partidos futbolísticos (entre esas voces se encontraban las de muchos aficionados y socios de clubes de fútbol, los cuales tienen un gran mérito por el evidente sacrificio que para ellos suponía la referida prohibición...).

Al final, la interrupción fue extremadamente corta, pero el hecho supone un precedente a tener en cuenta por la clase dirigente del Deporte, habida cuenta de los déficits multimillonarios que la generalización de dicha medida supondría para las arcas de los clubes, lo cual conduciría casi a la bancarrota de algunos de ellos (por ejemplo, y como comenté en el capítulo 3º, Italia sufrió unas pérdidas de 9 millones de euros por quinielas y apuestas en cada jornada liguera en la que estuvo vigente la supresión del fútbol, dejando de recaudar el Estado Italiano su correspondiente tributación, valorada en 3,1 millones de euros por dicho concepto).

Cierto que la mencionada eliminación preventiva de las competiciones deportivas sería una medida un tanto disparatada, y más bien perteneciente al reino de lo utópico, y que hay actividades igualmente generadoras de un elevado número de víctimas, como por ejemplo el tráfico rodado, y sin embargo sería un despropósito prohibirlo (no obstante, en materia de circulación vial se realizan importantes campañas para concienciar a la población acerca de la lacra que suponen los accidentes de tráfico, aplicándose, además, una serie de disposiciones de vigilancia y sanción para velar por el cumplimiento de las medias preventivas, sin olvidar las actuaciones en materia de obras públicas para la mejora de la red viaria en aras de una mayor seguridad).

Del mismo modo, sería asimismo importante realizar amplias campañas de sensibilización contra la Violencia en el Deporte.

El Poder Legislativo, como es de todos sabido, ha realizado un importante y amplio esfuerzo en esta materia, y sigue trabajando en ello, porque nuestro ordenamiento jurídico posiblemente necesita nuevas leyes, y más severas, para solucionar el problema de la Violencia en el Deporte. Considero, y supongo que así acabará ocurriendo, que sería preciso que se llegaran a tipificar como delito en el Código Penal ciertas actitudes a veces presentes en el seno del Mundo Deportivo que, directa o indirectamente, alimentan la violencia (al menos algunas de dichas actitudes ya están tipificadas como delito). Sería la forma más contundente de yugular esta grave lacra. De ahí la mayor importancia que tiene el componente jurídico en la lucha contra la Violencia en el Deporte, relegando a un segundo plano, en cuanto a efectividad, al resto de las medidas utilizables en esta ardua batalla, motivo por el cual a dicho componente legislativo se le otorga una especial significación a lo largo de esta monografía.

Como en otras esferas de la vida, no se puede generalizar, pues no todo el deporte es culpable, ni todos los directivos los son; pero como hemos visto, en materia de altercados en el deporte bastan muy pocos casos, incluso sólo uno, para atraer la desgracia a la totalidad del resto deporte, como se vio en el asunto del referido partido Catania-Palermo. Por eso es preciso actuar con firmeza ante cualquier caso que se presente, siendo esta la razón por la cual se puede afirmar que el peso específico de las medidas jurídicas a emplear para conseguir el éxito en esta batalla es tal, y reitero, que el conjunto del resto de las medidas utilizables queda reducido a un porcentaje menos significativo pero, pese a ello, también las abordo en este trabajo, pues todas aportan algo.

Otro papel importante en la lucha contra la violencia deportiva la tienen los responsables del Deporte y, en particular, de las competiciones deportivas por equipos (muy especialmente las futbolísticas). Deberían ser los primeros interesados en extirpar esta lacra, no sólo por el bien del deporte, sino también por sus propios intereses como dirigentes. En efecto, dada la gravedad del problema, una primera etapa en la lucha contra esta clase de violencia sería exigir responsabilidades por negligencia profesional a los directivos cuando no tomen las medidas preventivas estipuladas (vuelvo a repetir que no se puede ni se debe generalizar. No olvidemos los loables ejemplos del Real Madrid C.F. y del Fútbol Club Barcelona, los cuales luchan diligentemente contra la violencia en los estadios, por citar sólo a los dos equipos más destacados año tras año en la Liga Española de Fútbol, pero no son los únicos clubes que ponen los medios para intentar terminar con esta clase de violencia).

Por ello, y en interés del deporte, pese a los importantes beneficios económicos y de todo tipo que genera el mundo de los espectáculos deportivos para la colectividad, reitero que es preciso actuar con contundencia, tanto por parte de los clubes como del mundo jurídico, cada vez que surja un hecho violento en el Deporte.

El primer paso para la solución de cualquier problema es el enunciado del mismo. Y al enunciarle no hay que omitir dato alguno, pues de lo contrario es imposible que el resultado final sea correcto ya que estaría trucado y por tanto falseado. Quizá sea ésta una de las causas, entre otras muchas, por las que en ningún país del mundo se ha conseguido erradicar la violencia en el Deporte. Es decir, porque quizá no exista el valor suficiente como para señalar todas las causas de violencia en el deporte, ocultando o, más exactamente, negándose a reconocer un buen porcentaje de las mismas ya que, en gran medida, parte del problema está dentro del propio deporte, como se desprende de este estudio.

Es del dominio público la poca o casi nula diligencia de los clubes de fútbol para erradicar las peñas violentas. Antes al contrario, incluso las fomentan indirectamente permitiéndolas el acceso al estadio y proporcionándolas los medios de transporte para seguir al equipo en sus desplazamientos y, a veces, incluso las enardecen mediante ciertas declaraciones provocadoras de los dirigentes de los clubes. En último extremo, a los clubes "les interesan" las peñas para amedrentar al contrario, pues lo que les importa es ganar a costa de lo que sea... (salvo honrosas excepciones, como ya he señalado en reiteradas ocasiones, de clubes que luchan contra la violencia en el deporte, entre los que precisamente se encuentran, vuelvo a repetir, los dos grandes: Real Madrid, C.F. y Barcelona F.C. Sería injusto no puntualizarlo tantas veces como sea necesario para evitar un menoscabo indebido del honor de los mismos pero, sobre todo, porque hemos de reconocer hasta la saciedad el mérito que tienen al haber emprendido esta ardua lucha. *¡Es para quitarse el sombrero!*...).

Quizá quienes más pueden hacer por la erradicación de la violencia en el deporte son especialmente las instituciones independientes y neutrales cuya objetividad les permite abordar el problema con imparcialidad, y redundo.

Y aquí volvemos a incidir una vez más en el mundo jurídico, como la única esperanza posible para conseguir que la lacra de la violencia en el deporte vaya reduciéndose de forma rápida y progresiva hasta llegar a ser casi inexistente. Evidentemente, hay también otras formas de terminar con la violencia en el Deporte, pero son más lentas, aunque a largo plazo pueden tener muy buen resultado, por lo que igualmente hay que emplearlas: por ejemplo, campañas de concienciación de la sociedad en el respeto al adversario.

Como es sabido, la Justicia, en su función de velar por el cumplimiento de la Ley, ha de estar auxiliada por las fuerzas del orden para garantizar la ejecución de las normas del ordenamiento jurídico vigente. Pues bien, los amplios dispositivos policiales que se establecen con ocasión de encuentros deportivos de alto riesgo son, obviamente, decisivos a la hora de impedir que el enfrentamiento entre dos aficiones rivales acabe en una tragedia y, cuando esta es inevitable, al menos es de una magnitud mucho menor como consecuencia de la contención que supone dichos dispositivos.

Por lo expuesto, no sólo los partidos de las divisiones superiores deberían contar con medidas de protección policial, sino todo partido de cualquier categoría, aunque obviamente con una dotación proporcional al entorno y a la peligrosidad del encuentro. En caso de no poder adoptarse esta medida, no debería permitirse la celebración del partido hasta que existan unas mínimas medidas de seguridad (y aun así, la tragedia puede hacer acto de presencia pero, repito, al menos siempre será de menor intensidad). Si está lógicamente prohibido conducir sin cinturón de seguridad, ¿Por qué están permitidos los partidos sin la seguridad de una protección policial adecuada, aunque pertenezcan a una división inferior?...

Dada la *globalización* del Deporte y de las competiciones deportivas, la lucha contra la Violencia en el Deporte debe implicar también al Derecho Internacional. Evidentemente, de nada serviría erradicar la mencionada lacra en un solo país, pues sus equipos, en el transcurso de una competición internacional en el extranjero podrían volver a padecer la violencia deportiva, víctima de la hinchada rival allende sus fronteras.

En este sentido, también se ha hecho referencia en este trabajo a la situación jurídica internacional, en concreto la europea, en relación con el tema que nos ocupa.

Pero por mucho que se intente luchar contra la violencia en el deporte, siempre chocaremos con la naturaleza humana y con una cierta mentalidad tribal que considero subyace sobre todo en el deporte de competición por equipos (que, por cierto, es donde casi exclusivamente se producen actos violentos, siendo casi inexistentes en el deporte Individual).

Si bien el deporte por equipos aporta importantes valores de sociabilidad y de colaboración interpersonal en un contexto de respeto a unas reglas preestablecidas y aceptadas por el equipo, con toda la importancia educativa añadida en el caso de la infancia y la adolescencia para la futura aceptación de las normas sociales, sin embargo, el deporte de competición, especialmente el de equipos, no es sino una sublimación de la guerra. En efecto, **es una feliz sustitución del enfrentamiento bélico entre dos ejércitos, por una pacífica pugna entre dos equipos deportivos contendientes.**

Por desgracia, esta batalla deportiva no siempre supone una sustitución tan idílica, pues aunque no llegue a los devastadores efectos de la guerra real, pocas son las ocasiones en las que no hay que lamentar incidentes violentos.

Esto es una manifestación más del atávico instinto tribal del ser humano que, desde los albores de nuestra especie, desemboca en enfrentamientos bélicos para demostrar la superioridad de una *tribu* sobre otra, y que hoy se expresa, entre otras manifestaciones, a través de las competiciones deportivas.

Sin lugar a dudas, y pese a todo, es evidente que el cambio ha sido a mejor. Pero aún tenemos la asignatura pendiente de limar ese residuo de beligerancia casi bélica, y redundo, presente en el deporte de competición.

Como todos sabemos, hay múltiples etiologías de la guerra, algunas de las cuales van desde la más innoble de demostrar la superioridad de un grupo humano sobre otro, hasta la más idealista de luchar por la libertad, o por la liberación de un pueblo o de un país oprimido por un dictador, pasando por la más pragmática y menos loable de la conquista de nuevos territorios o riquezas, u otras pertenecientes al cumplimiento del deber como la legítima defensa ante un ataque exterior, e incluso el caso de la prevención de una potencial amenaza.

Sin duda, la más abominable es la primera (la de la buscar la superioridad grupal) y precisamente esa es la expresada en el deporte de competición.

La última vez que se produjo en la Historia de la Humanidad un enfrentamiento bélico a gran escala relacionado con la demostración de superioridad de un pueblo, más aún, de una raza, provocó, como es sabido, la Segunda Guerra Mundial.

"Casualmente", esta etiología de la guerra basada en la superioridad de una colectividad sobre otra, que es la sublimada por el deporte, hoy en día apenas se da en los enfrentamientos bélicos, salvo en casos muy puntuales, como el de los nacionalismos (y no todos desembocan en una guerra). Evidentemente, esa casi desaparición se debe en gran parte a la válvula de escape que las competiciones por equipos suponen para dichos sentimientos

de superioridad tribal, no necesitando así materializar ese delirio en un campo de batalla.

Por ello, si analizamos a fondo las guerras actuales, observamos que el móvil de la demostración de superioridad de un pueblo sobre otro está, al menos aparentemente, en vías de extinción (salvo las guerras tribales africanas). Hoy priman más, tanto los intereses pragmáticos como, por el contrario, los fines idealistas. Cierto que aún quedan reductos racistas en algunas motivaciones bélicas, como es el caso, repito, del peligroso problema de los nacionalismos, los cuáles además participan teóricamente de las dos citadas etiologías principales (pragmáticas e idealistas) de la guerra actual, (aunque al final los nacionalismos representen, por el contrario, una ruinosa catástrofe en lo pragmático y un delirio en lo idealista)... Un ejemplo son las guerras tribales del continente africano que han empobrecido enormemente dicha área geográfica, pese a que varios de dichos países cuentan con ricos recursos naturales: algunos poseen exuberantes selvas y abundantes materias primas e, incluso, petróleo. Otros, por el contrario, aumentaron su pobreza inicial con dichas guerras nacionalistas.

Estas fugaces consideraciones sobre cuestiones de tipo bélico están muy profundamente relacionadas con las competiciones deportivas por equipos, y son fundamentales para abordar el problema de la Violencia en el Deporte desde el momento en que dichas competiciones suponen, según he expuesto, la sublimación de las conductas belicistas del ser humano. Por eso mismo no es de extrañar que el germen guerrero que subyace en estado latente en el Deporte de Competición por equipos, a veces aflore a la superficie provocando la tragedia.

El tratamiento etiológico del problema quizá sea aún una utopía, dado el sorprendente atraso en el que todavía se encuentra la Humanidad, pues todavía nos encontramos considerablemente lejos de ser verdaderamente humanos en nuestro comportamiento. Pese a larga evolución de nuestra especie, diferimos aún muy poco de nuestros remotos antepasados en relación con cuestiones tales como la violencia, a consecuencia de que seguimos siendo casi tan tribales como ellos, aunque si comparamos el presente con el pasado parece atisbarse una leve y progresiva superación de los localismos, en parte gracias al avance de la difusión de la cultura y de los viajes, ambas cosas al alcance de muy pocos en los siglos pasados, con lo que, extrapolando, en el futuro se superará el aldeanismo del pasado, del que algo queda en el presente, para acabar teniendo una visión más cosmopolita de la realidad, como argumentaba en el capítulo 4 de esta obra, dedicado al futuro.

Francamente, sería muy difícil llegar a alcanzar una concepción del deporte competitivo sólo como deporte espectáculo y no como mera contienda entre dos *tribus* antagónicas. Todos sabemos que casi siempre se valora más el resultado de un partido que la calidad del juego, lo que constituye otro síntoma más de tribalismo: lo más importante y prioritario es *vencer al contrario a toda costa,* en un *"todo vale"* con tal de ganar. Por desgracia, tal es la mentalidad de la hinchada.

Pero este espíritu tribal es una enfermedad tan arraigada en la naturaleza humana, que es muy difícil curar. Por si fuera poco, existen factores contaminantes que difunden y perpetúan esta plaga, incluso agravando aún más los síntomas de dicha patología en quienes ya la padecen: empezando por la Política, que a veces provoca el enfrentamiento entre regiones o países, y terminando en nosotros, los ciudadanos *de a pie*, con nuestras pueriles rivalidades entre ciudades, autonomías, etc. Siempre hay una razón para estar por encima de los demás, y si no existe la inventamos...

Entonces, ¿por qué nos extrañamos de que en el deporte ocurra lo mismo que en el resto de las facetas de la vida? En efecto, expresiones del tipo: *mi equipo es el mejor, y los demás no valen para nada, ni deberían ganar nunca, etc., etc.*, son expresiones que, desafortunadamente, están en consonancia con la idiosincrasia del ser humano (lo de *humano es* por llamarlo de alguna forma, pues no parece hacer mucho honor que digamos a dicho calificativo...).

La violencia en el deporte es una manifestación más de la violencia del ser humano, en la cual influyen varios factores de entre los que destaco los siguientes:

1) **Factores Culturales, Familiares y Sociales:** en la sociedad subyace una fuerte carga de violencia. La presencia de imágenes de violencia gratuita e irracional en nuestra sociedad aumenta en progresión geométrica, con el agravante de implicar a personas cada vez más jóvenes y relacionadas con problemas sociales muy diversos: desempleo, utilización de estupefacientes, problemas para acceder a la emancipación de sus familias por el retraso en el inicio de su vida laboral, dificultad para conseguir una vivienda y crear un hogar propio, desaliento vital ante la sensación de imposibilidad de alcanzar unos objetivos y por ello falta de metas en la vida, pérdida de los valores, etc.

Estas circunstancias, especialmente el desempleo, condicionan la existencia de mucho tiempo libre, para el que no son capaces de encontrar alternativas.

La situación se agrava por la educación recibida de unos padres y educadores incapaces de ejercer la más mínima autoridad, lo que condiciona en sus hijos la percepción de que no existen límites, entrando en un estado de falta de respeto a cualquier autoridad al no tener interiorizado dicho concepto por no estar familiarizados con el respeto a los superiores, lo que a la larga les crea conflictos que desembocan en la violencia.

Además, los padres transfieren su estrés y frustraciones a sus descendientes. Por todo ello cambian los roles en la relación entre padres e hijos. Los hijos presentan una intolerancia hacia la sociedad, no reconociendo sus propios problemas.

2) **Responsabilidad de los Medios de Comunicación:** estos realizan una profusa difusión de la violencia. Por ejemplo, basta con encender el televisor para constatar las múltiples exposiciones de violencia gratuita que dicho medio muestra en sus emisiones.

Los Medios suelen distorsionar la realidad cuando tratan las manifestaciones de la violencia, sobretodo la juvenil.

Frecuentemente presentan los hechos violentos como algo natural, incluso rodeándoles de una aureola épica, mostrando a los autores de esas acciones casi como héroes. Incluso en muchas películas es patente esa situación. Los medios de comunicación transmiten valores desvirtuados, considerando normal la presencia de la violencia en la conducta.

La violencia social existente acaba manifestándose también en el deporte, al igual que en otras parcelas de la existencia. Los violentos utilizan muchas veces el ámbito deportivo para obtener una mayor resonancia de sus acciones. Ciertos colectivos y personas pueden ser, tanto causantes directos o indirectos de la violencia como, por el contrario, decididos oponentes a la misma. Entre ellos cabe citar a los Comités de Competición, los directivos de los clubes, los entrenadores, los deportistas, el sector periodístico y su enfoque sobre la materia (que, sin proponérselo, puede incitar indirectamente a la violencia o por el contrario combatirla), y los árbitros, cuando actúan injusta o erróneamente, especialmente en el caso de las faltas no castigadas, lo cual induce equivocadamente al *todo vale* en los jugadores y los espectadores (que el árbitro actúe mal no debería ser excusa para que los demás también lo hagan pero, al parecer, el "contagio" es inevitable).

La Administración, tanto la Central como las Autonómicas y Locales, tienen una importante parte de responsabilidad en la prevención y solución del problema creando actividades para el tiempo de ocio de los jóvenes en las que puedan adquirir valores como la solidaridad, la tolerancia, el respeto, la deportividad, el compromiso, la abnegación, etc., implicándoles en el desarrollo de dichas actividades y en la creación de otras nuevas que pudieran ocurrírseles, entregándoles la responsabilidad de la organización y dirección de las mismas para hacerles crecer en responsabilidad.

Ese ámbito de convivencia para los jóvenes (el deporte) en el que se forman en valores positivos es uno de los mejores antídotos contra la violencia en general.

Insisto brevemente en algunos de los comentarios precedentes por la gravedad de los asuntos expuestos:

Habida cuenta del mencionado peligro que para la sociedad, e incluso para la vida de las personas, pueden suponer en ocasiones las competiciones por equipos en el contexto de los espectáculos deportivos, quizá sea preciso empezar a analizarlos con un espíritu crítico. Cualquier otro fenómeno que supusiera una amenaza de tal magnitud para las vidas humanas y para la Sociedad, lógicamente sería prohibido, pues de no hacerlo se incurriría en una gravísima imprudencia temeraria al poner tantas vidas en peligro... (Esperamos todos los aficionados al deporte que nunca sea necesario llegar a tal prohibición).

Las verdaderamente astronómicas cifras económicas que mueve el deporte, especialmente el fútbol, suelen considerarse como una de las causas más importantes de los tres problemas principales que afectan al deporte (la corrupción, el dopaje y la violencia).

Como en otras facetas de la vida, no se puede generalizar. Quizá en algún caso dicha relación causal sea cierta, pero es preciso puntualizar que los clubes, como empresas que son, están en todo su derecho a obtener el mayor resultado posible de beneficios económicos (y, además, es su obligación, en consonancia con la razón de ser de toda empresa: generar beneficios). Por añadidura, cuanto más prosperen los clubes más se beneficia la difusión del deporte en la sociedad al incitar a los jóvenes a seguir el ejemplo de las figuras deportivas.

Como médico deportivo y como aficionado al deporte celebro toda promoción del mismo, especialmente de la práctica del *deporte-salud*. Cualquier inversión en deporte supone a la larga una inversión en salud pública, pues el deporte es la mejor y más barata Medicina Preventiva para muchas patologías, lo que a la larga supone un ingente ahorro en tratamientos médicos y farmacológicos (y sobre todo se gana en salud por el deporte).

Ahora bien, algunas cifras relacionadas con los multimillonarios estipendios que ingresan algunos deportistas inducen en ocasiones a escándalo en la sociedad. Cierto es que la misma no es consciente de los problemas que padece a largo plazo el deportista al tener una carrera tan corta y tan insegura, pues una lesión irreversible puede dar al traste con toda su vida deportiva y con los ingentes sacrificios previos, con lo cual está justificado que cobren mucho más que el resto de la ciudadanía, pero en algunos casos se ha llegado a unas cifras algo sobrevaloradas.

Es importante que los clubes sean conscientes de ello, pues dichos pagos multimillonarios merman los beneficios del club al aumentar el capítulo de gastos. Por supuesto que siempre habrá que *apostar fuerte* para traer importantes figuras al país, pues eso no deja de ser una buena inversión económica y deportiva, pero todo tiene un límite. Piénsese que la Liga Española de Fútbol es la más cara del mundo.... Es mucho más económico (y más rentable) **cuidar la *cantera*, para producir futuras figuras.**

En lo económico, la **"burbuja" futbolística,** en caso de explotar, puede llegar a acarrear serios problemas financieros a los clubes, lo cual no es deseable pues, con todos los respetos hacia el futbolista, es mucho más importante el club que el jugador, ya que el club es lo que perdura en el tiempo, y el jugador tiene, por desgracia, una vida deportiva más bien corta.

Por eso deberíamos apoyar mucho más a los clubes que a las "figuras" del fútbol que, no obstante, tienen también gran importancia y, sobre todo, un enorme mérito al conseguir logros inaccesibles para resto de los mortales y por ser los artífices de los éxitos de sus respectivos clubes, junto con entrenadores y resto del equipo.

Cada vez hay más voces que claman contra la inmoralidad que consideran que supone este inconcebible dispendio económico en el Deporte, habiendo otras necesidades más acuciantes en nuestra sociedad y en el mundo.

Este clamor popular es progresivamente creciente (no hay más que oír los comentarios en la calle denostando, por ejemplo, *lo que ganan los futbolistas).* Esas desorbitadas cifras de dinero que mueve el deporte están despertando en la opinión pública un rechazo y hostilidad crecientes.

De cualquier modo, es la ley de mercado de la oferta y la demanda con lo que no tendría sentido intentar regular este aspecto, pues es prácticamente imposible que se pongan de acuerdo todos los países limitando de alguna manera esta desbocada escalada económica, por ejemplo, creando un tratamiento fiscal especial para esos casos, o cualquier otra medida reguladora de gran envergadura en colaboración con la FIFA y la UEFA, dada la internacionalización de este fenómeno...

Además, no hay que olvidar la sangría económica que supone para la Economía Nacional de los estados las eventuales fugas de capitales provenientes del deporte, pues algunos deportistas de elite con ingresos multimillonarios fijan su domicilio fiscal en paraísos fiscales. No sólo pierde el Estado importantes cifras en cuanto a ingresos fiscales (pérdida que produce la consiguiente merma de servicios públicos) sino que además el país se priva de los propios capitales como consecuencia de depositarse éstos en el extranjero, con lo que no contribuyen al crecimiento económico nacional al no contar la banca española con dichos capitales, y por tanto no poder fomentar con ellos la industria, el comercio, la vivienda, etc.

Vuelvo a hacer hincapié en que en absoluto me opongo a que el deportista gane importantes cuantías de dinero. No sólo está en su derecho a hacerlo como persona que ejerce una labor dentro de nuestra sociedad (y además muy importante, al potenciar directa e indirectamente la sana costumbre del deporte entre la población) sino que, además, considero imprescindible y muy conveniente que sus ingresos económicos sean elevados (es importante volver a insistir en ello) habida cuenta de lo corta que es la vida profesional del deportista (más aún si una grave lesión la trunca inesperada e irremisiblemente, como tantas veces he reiterado) amén de los espartanos sacrificios que su carrera deportiva conlleva en la mayoría de los casos. No olvidemos las importantes renuncias que se ven obligados a asumir en sus vidas, muchas veces sin poder vivir trascendentes etapas de la biografía de una persona, como la adolescencia y la juventud, las cuales marcan el resto de sus vidas. Incluso se dan algunos casos en los que su existencia se polariza exclusivamente en el deporte, con lo que al terminar su vida deportiva no están preparados para vivir de otras actividades.

Pero a pesar de la evidente necesidad de que el deportista tenga unos ingresos muy elevados para asegurar un futuro que de otro modo hubiera sido muy incierto, también es preciso reconocer que, cuando las cifras económicas entorno al deporte alcanzan valores que provocan el escándalo público se produce un rechazo social que se manifiesta especialmente cuando el equipo no obtiene los resultados esperados, desencadenándose una reacción agresiva de la hinchada hacia el propio club (paradójicamente).

Pese a las importantes cifras económicas que se mueven en el deporte, aún hay sectores deportivos que requieren potenciación. Especialmente necesitado de una importante inyección económica lo está el Deporte de Base (y, paradójicamente, repito, nuestra Liga de Fútbol es la más cara del Mundo…).

Influjo de la opinión pública:

Una de las medidas más importantes para luchar contra la violencia en el deporte es la concienciación de la opinión pública. No debemos subestimar su influencia en la sociedad. Sabido es que muchas veces ha influido -acertada o equivocadamente- sobre los poderes públicos. El poder del *sentir popular* es de una magnitud considerable.

A efectos de ilustrar el comentario precedente, considero conveniente mencionar, como significativo ejemplo, uno de los casos más sorprendentes de influjo de la opinión pública sobre una Administración, si bien ajeno al mundo del deporte, pero que demuestra probadamente la importancia y el poder de las corrientes de pensamiento colectivo, como ocurrió con el influjo de las mismas en la desaceleración de la investigación espacial:

En la década de los años 70 del siglo XX la opinión pública provocó, con sus críticas a los gastos en materia espacial, que los políticos redujeran los presupuestos destinados a la NASA, pese al progreso científico, tecnológico e industrial que el Programa Espacial supone para la Humanidad, hasta el extremo de que infinidad de avances y productos utilizados en nuestra vida cotidiana tienen su origen en dicha investigación, lo cual desconoce la mayor parte de la población como consecuencia de la increíble ignorancia científica y tecnológica de nuestra sociedad que, por supuesto, está en su derecho a tenerla. Nadie está obligado a saber de todo. El peligro surge cuando se opina de lo que se desconoce. Imaginemos, por ejemplo, que quienes determinaran cual debe ser la técnica quirúrgica de una determinada operación fuera la población general y no los cirujanos. Sería catastrófico para los pacientes...

No obstante, insisto en que la opinión pública posee un indudable peso específico, independientemente de que esté acertada o, por el contrario, equivocada a causa de su falta de información por no estar bien documentada en cuestiones científicas.

Por consiguiente, concienciando a la población sobre la importancia de la lucha contra la violencia en el deporte, repito, se puede dar un importante impulso al avance en la erradicación de esta lacra.

Permítame, amable lector, que desarrolle más en profundidad el ejemplo expuesto, pues de dicha exposición se pueden extraer muchas consecuencias:

Desafortunadamente, en el referido asunto la influencia de ese *sentir popular* fue tristemente negativa a causa de la desinformación de la opinión pública, como ya se ha adelantado, cuya consecuencia fue la referida desaceleración en la investigación espacial debida a dicho influjo de la opinión pública en la clase política.

Considero justificada la aparentemente extensa exposición del caso y de las razones que justifican la importancia del mismo, porque esa amplitud en el tratamiento de la cuestión es imprescindible para que pueda ser más fácilmente apreciada la magnitud del hecho pues, de lo contrario, el mismo sería infravalorado por el público no aficionado a dicha área del conocimiento.

En efecto, sorprendentemente hay quien, dentro de su ingenuidad e ignorancia científica -reitero- y, sobre todo, incultura en materia económica además de una pobre estrechez de miras, crítica las (relativamente) ingentes sumas de dinero que se gastan en los proyectos espaciales.

Pues bien, en primer lugar, el gasto en investigación espacial es de magnitudes irrisorias en comparación con el gasto mundial en transacciones deportivas (agravio comparativo) y con otros gastos megalomaníacos del deporte-espectáculo. No obstante, aunque toda inversión en deporte está justificada por lo que ésta supone de incitación a la práctica deportiva y, por tanto, a la potenciación de la salud y de los valores humanos de la persona, también está justificada la investigación espacial, entre otras cosas, por sus beneficios.

No olvidemos tampoco las astronómicas cifras, de auténtico vértigo y escándalo, que mueve el cine, cuando hay tantos problemas en el mundo, muchos de los cuales nos afectan también a los países del denominado primer mundo, como por ejemplo el cáncer y otras enfermedades, a cuya investigación se dedica menos dinero del que gasta la Humanidad en frivolidades como las expuestas u otras (repito que el deporte espectáculo es una de las mejores cosas que existen en la sociedad. Incluso debería potenciarse aún más, pues ¡cuántas aficiones a la práctica del deporte no habrán tenido su origen en la influencia de dichos espectáculos en la juventud o en la niñez! En este sentido, los clubes deportivos han desempeñado y desempeñan un importante papel en materia de salud pública al potenciar indirectamente la Medicina Preventiva por los efectos saludables y de prevención de muchas enfermedades que produce la práctica deportiva en la población general, influida por el ejemplo deportivo del profesional).

Y en segundo lugar, los beneficios de la investigación espacial supusieron una aceleración espectacular y sin precedentes en el progreso científico y tecnológico de la Humanidad, alcanzándose un avance tecnológico de tal entidad, que incluso ha llegado a salpicar todos los órdenes de la vida cotidiana, aumentando enormemente nuestra calidad de vida hasta llegar al extremo de que infinidad de avances y productos utilizados en nuestra existencia diaria tienen su origen en dicha investigación. Esta circunstancia, es importante volver a insistirlo, la desconoce la mayor parte de la población como consecuencia de la increíble ignorancia de nuestra sociedad en materia científica y tecnológica.

En este orden de cosas, comentaré que desde los comienzos de los vuelos espaciales tripulados (1.961) hasta nuestros días, la segunda ciencia más beneficiada por la Carrera Espacial ha sido la Medicina (hecho que presumo desconocen incluso muchos médicos, salvo los que se dedican a la investigación biomédica de alto nivel y los que tenemos ciertas inquietudes científicas).

Del mismo modo, la investigación en materia espacial produjo un espectacular desarrollo de la informática (por ejemplo, a raíz de la necesidad de cálculo y programación de las complejas trayectorias de navegación espacial). Igualmente hizo avanzar la cibernética considerablemente (por la necesidad de progresar en la tecnología de los autómatas programables, utilizados en infinidad de sistemas automáticos de los vehículos espaciales).

Y no olvidemos los importantes logros tecnológicos que ha aportado la investigación espacial, muchos de los cuales empleamos en nuestra vida cotidiana, desconociendo el ciudadano medio que el origen de los mismos está en dicha investigación espacial.

Son miles los productos, materiales y aparatos derivados del programa espacial utilizados en nuestras vidas como, por ejemplo, el horno microondas, sin olvidar la asombrosa miniaturización de los componentes electrónicos que surgió de la investigación espacial, por la necesidad de incluir el mayor número posible de sistemas electrónicos dentro de las limitadas dimensiones de los ingenios espaciales, lo que dio un impulso espectacular y sin precedentes a la electrónica. Esa miniaturización ha hecho posible desde los ordenadores personales a los teléfonos móviles (la tecnología digital de éstos últimos procede de la las cápsulas Apolo de los años sesenta), pasando por la amplia gama de aparatos electrónicos existentes en la actualidad como, por ejemplo, las minicámaras empleadas en cirugía laparoscópica y artroscópica.

La lista de avances médicos producidos por la investigación espacial es interminable:

Desde los parches transdérmicos (inventados en la NASA) que en un principio se usaron para solucionar el problema de la sensación de mareo de los astronautas, y que hoy en día se utilizan cada vez con más frecuencia en Medicina, y con mayor número de fármacos por sus ventajas sobre otras vías de administración de medicamentos, hasta los importantes progresos en Biomedicina conseguidos en el magnífico laboratorio de experimentación médica y fisiológica que supone la ingravidez (más bien microgravedad) del espacio, pudiéndose así acometer la investigación y estudio de las funciones del organismo en nuevas condiciones, las cuales resulta imposible reproducir en la Tierra (salvo en un avión en trayectoria parabólica descendente (en realidad no es propiamente parabólica, sino de arco de elipse) donde se puede conseguir dicho estado durante unos segundos lo cual, evidentemente, no permite una investigación de sus efectos prolongados en el tiempo).

Como anécdota importante, es preciso destacar que las células cancerosas no se multiplican en ingravidez. Esto se conoce desde hace décadas...

No es casualidad la importancia mundial de Houston en Medicina, ciudad en la que precisamente se encuentra el principal centro de Medicina Espacial de la NASA, así como el centro directriz de entrenamiento de astronautas y el Centro de Control de Misiones Espaciales de Vuelos Tripulados (MCC-H), además de otros centros de ingeniería astronáutica y de medicina aeroespacial, todo ello formando parte del Centro Espacial Johnson, de 656 hectáreas de extensión con un centenar de edificios.

Tal es el liderato mundial de la ciudad de Houston en Medicina que, como es sabido, pacientes desahuciados de todo el Mundo acuden allí buscando la solución de sus graves problemas de salud. Entre otros factores, las punteras investigaciones de Medicina Espacial en Houston han contribuido al citado nivel médico, convirtiendo a dicha ciudad en una de las líderes mundiales en Medicina.

Muchas moléculas sólo pueden obtenerse o fabricarse en el estado de microgravedad del espacio, como las de nuevos fármacos que podrían salvar millones de vidas... o nuevos materiales como el acero poroso (de menor peso que el acero convencional, pero con la misma resistencia), componentes electrónicos, etc. La investigación espacial ha impulsado el estudio de la resistencia de materiales, cuyos resultados se han empleado en el diseño de las prótesis de Traumatología (tanto endo como exoprótesis).

En otro orden de cosas, no olvidemos que si hoy en día se utiliza el titanio en muchos contextos de la vida, es gracias a la investigación espacial, que desarrolló múltiples aplicaciones de este metal, el cual es apto para resistir las temperaturas extremas de frío y calor del espacio (por cierto, volviendo al tema de las prótesis de Traumatología, algunas de ellas están hechas de titanio, así como también muchos implantes dentales y otros objetos biomédicos que se utilizan en el cuerpo humano).

Las expediciones espaciales tripuladas plantearon la necesidad de investigar en profundidad los efectos de las radiaciones sobre el organismo, dada la mayor exposición a las mismas en el espacio.

A tal efecto se están realizando estudios (especialmente en el Centro de Astrobiología de Madrid) en microrganismos resistentes a las radiaciones, para averiguar cómo protegen dichos seres vivos su ADN de la radiación, cuyos resultados se aplicarán en aumentar la capacidad de radioprotección en el ser humano e, indirectamente, se podrá aumentar la protección frente al cáncer pues, como todos sabemos, uno de los efectos de las radiaciones es la generación de cáncer.

Estos estudios pueden ser útiles también para quienes viajan mucho en avión (pilotos, tripulantes de cabina, etc.) ya que, como es sabido, a la altura en la que vuelan los aviones comerciales (prácticamente en el límite de la troposfera con la estratosfera) la dosis de radiación que recibe la persona es mayor que en la superficie terrestre.

El estímulo para realizar dicha investigación fue el hecho de comprobar un aumento en la incidencia de cáncer y cataratas en astronautas veteranos.

Quienes con mayor intensidad por unidad de tiempo padecieron esas radiaciones fueron los que viajaron a la Luna, al transitar, obviamente, más allá de la zona de los cinturones de radiación de Van Allen de la magnetosfera terrestre (que, como es sabido, protegen a La Tierra y al espacio que la rodea de las radiaciones cósmicas y solares) por lo que recibieron dosis de radiación considerablemente superiores a las ya de por si elevadas de los vuelos orbitales de igual duración.

Actualmente el tiempo de permanencia en el espacio de las misiones orbitales es muy superior a las antiguas expediciones Apolo (las estancias de las tripulaciones de la Estación Espacial Internacional se suelen medir en meses, mientras que la duración de las misiones lunares osciló, incluyendo el viaje de ida, el de regreso, y la permanencia en la superficie lunar, desde los 8 días en total del Apolo 11, a los 10 días del Apolo 17 (permaneció dos días más que el primero sobre el suelo selenita gracias a las mayores posibilidades de exploración que proporcionó el LRV o Rover lunar que transportaron).

Pero debido a la referida mayor intensidad de radiación en los viajes a la Luna con respecto a la de los vuelos orbitales, los astronautas que viajaron a la Luna presentaron mayores niveles de radiación en sus cuerpos que los compañeros que sólo realizaron vuelos orbitales en el espacio cercano a La Tierra con los proyectos Mercury y Géminis, inmediatamente anteriores al proyecto Apolo.

Otra importante cuestión es el Helio-3, isótopo estable no radiactivo del helio común (helio-4). Sólo existen grandes cantidades de Helio-3 en la Luna (y en otros cuerpos celestes) siendo raro en la Tierra. Una tonelada del mismo producirá la cantidad de energía que consume actualmente Estados Unidos durante un año, cuando se termine de desarrollar la tecnología de la fusión nuclear (que, como todos sabemos, es la forma como el Sol produce su energía, parte de la cual nos llega a la Tierra).

Téngase en cuenta que Estados Unidos utiliza el 25% de la energía mundial, con lo que **sólo cuatro toneladas serían suficientes para todo el consumo mundial de energía durante un año** al ritmo actual, con la ventaja añadida de que se trata de una energía "limpia" (no radiactiva y que tampoco produce ninguna otra clase de contaminación, en contraposición con los hidrocarburos, el carbón, etc.).

Tras el estudio de las rocas lunares que trajeron a la Tierra los astronautas del proyecto Apolo se descubrió que éstas contenían gran cantidad de burbujas de helio-3.

En la actualidad aún seguimos obteniendo nuevos beneficios del proyecto Apolo de los años sesenta y setenta.

La inversión en materia espacial rinde beneficios tanto a corto como a medio y largo plazo.

¿A quién habría que pedir responsabilidades por el descenso en la investigación espacial, privándonos de nuevos avances médicos y de cualquier otra clase? Polémica pregunta pues, evidentemente, la culpable es la opinión pública y la sociedad en general, amén de **algunos articulistas desinformados que hablan de lo que no conocen** y, por tanto, es lógico que "metan la pata". Lo más sorprendente es que hasta cobran por opinar de lo que ignoran (la ignorancia premiada, el malhacer retribuido...). Rozan el delito de intrusismo profesional al ejercer como comentaristas de algo que no dominan profesionalmente (quien verdaderamente debería opinar sería, al menos, el periodista científico y, mejor aún, los propios científicos. De lo contrario, sería como si un arquitecto operara de apendicitis, o un médico diseñara la estructura de un rascacielos, ¡demencial!... Pues en dicha incoherencia incurren los comentaristas que hablan de lo que desconocen).

Posiblemente llegue el día en que se pidan responsabilidades por daños y perjuicios ocasionados a la Humanidad (los daños y perjuicios que suponen la privación de esos remedios y avances, cuya investigación fue torpedeada por lenguas irresponsables e ignorantes; y entre dichos perjuicios, pensemos en las muertes que se podían haber evitado con esas investigaciones espaciales biomédicas que no se pudieron llegar a realizar a causa de las críticas irresponsables generadas por la ignorancia, insisto).

Algunos materiales de *alta tecnología,* como el Pyroceram, utilizado en el ángulo de ataque aerodinámico de algunos cohetes, ha llegado a convertirse en algo muy cotidiano, al ser el elemento del cual están fabricadas las fuentes transparentes y resistentes a altas temperaturas usadas en la cocina, las ventanas del horno, las de las chimeneas de leña y de las estufas, las de los aparatos de rayos U.V.A., etc. (El Pyrocerám es una especie de cristal cerámico transparente con un coeficiente de dilatación cercano a cero, y por tanto resistente a bruscas oscilaciones térmicas, desde altas temperaturas al frío y viceversa).

Una anécdota (entre miles que se podrían citar): los bolígrafos con sistema bombeo de tinta que permiten escribir en un papel en vertical apoyado, por ejemplo, en la pared, propios de una conocida marca, se inventaron en la NASA para poder escribir en la microgravedad del espacio, lo cual es imposible con los bolígrafos convencionales al no "caer" la tinta hacia la punta dentro de la carga del bolígrafo a causa de la práctica ausencia de gravedad.

Avances en fotografía: para el Proyecto Apolo se desarrolló un objetivo fotográfico especial usado para poder filmar y fotografiar con poca luz, que posteriormente se incorporó a las cámaras convencionales. Por otra parte, se idearon igualmente minicámaras para las misiones espaciales; pues bien, las laparoscopias y artroscopias son posibles gracias a esas minicámaras del programa espacial.

El estudio de otros planetas supone un marco de referencia imprescindible para aprender más sobre el nuestro, al constituir la única forma de poder tener un elemento de comparación.

Por ejemplo, un magnífico laboratorio para estudiar el clima terrestre, además de la actual utilización de los satélites artificiales meteorológicos que orbitan nuestro Planeta, sería el estudio de la espectacular, complicada y gigantesca atmósfera de Júpiter, cuyos procesos no tienen parangón en la Tierra por su magnitud, y que sirven para entender los fenómenos meteorológicos que se producen en nuestra comparativamente pequeña escala terrestre (en Júpiter se producen ciclones cuyo diámetro es mayor que el de La Tierra). A partir de dichos conocimientos, y una vez extrapolados al modelo de la atmósfera terrestre, se obtendrá la tecnología suficiente como para controlar los ciclones y huracanes evitando sus catastróficos efectos. Entonces el ser humano podrá empezar a dejar de ser víctima de la tiranía de la cruel Naturaleza, generadora de catástrofes y tragedias humanas (se podrá cambiar artificial y deliberadamente el clima, pero para bien (esperamos) previniendo desastres al actuar sobre la génesis de los fenómenos atmosféricos). Los mayores peligros que amenazan al Hombre provienen de la Naturaleza, con abismal y abrumadora diferencia sobre cualquier otra clase de peligro. Se podrán controlar los efectos adversos de los cambios climáticos propios de los ciclos normales de la Naturaleza, la cual lleva produciéndolos desde hace millones de años, y que alternan trágicas inundaciones causadas por lluvias torrenciales, con periodos de desoladora sequía (no olvidemos que, según estudios de Paleobotánica, hace unos 10.000 años (ayer, en términos de Historia Natural) todo el desierto del Sahara, desde el Atlántico al mar Rojo, fue una húmeda, espesa y exuberante selva atravesada por varios ríos ya desaparecidos, alguno del tamaño del Amazonas o el Nilo, único gran río que sobrevivió.

Y retrocediendo mucho más en el tiempo (hasta una de las eras interglaciares –no confundir con periodos interglaciares, como más adelante diferencio) llegamos a la época en la cual la Antártida fue una selva tropical donde vivía una abundante y variada flora y fauna, hoy fosilizada y enterrada bajo millones de toneladas de hielo.

Fuera de las grandes eras glaciales, la Tierra siempre estuvo totalmente libre de hielo, incluso en los polos (esa ausencia de hielo fue lo normal durante la mayor parte de la historia del Planeta). No confundir dichos intervalos de clima cálido con los periodos interglaciares (como el actual) que en realidad forman parte de las glaciaciones, las cuales se dividen en periodos glaciares y periodos interglaciares (según la Glaciología -ciencia que estudia, entre otras cosas, las glaciaciones- las eras glaciales son aquellos intervalos climáticos en los que existen casquetes polares (en ambos polos). En este sentido, como todavía existen casquetes polares, aún estaríamos en una glaciación pero, más concretamente, en un periodo interglacial que, como es sabido, es un periodo más templado dentro de una glaciación, en contraposición con el periodo glacial). Coloquialmente se utiliza el término glaciación para referirse a los periodos de frío más intenso en los cuales los casquetes polares abarcaron una superficie mucho mayor que la actual. Por ejemplo, en el Hemisferio Norte cubrieron buena parte de Europa y de Norteamérica (eso no es una glaciación, sino un periodo glacial). Según ese concepto "coloquial" de glaciación, la última "glaciación" terminó hace 10.000 años (en realidad, repito, deberíamos decir el último periodo glacial).

Como contraste con los anteriormente mencionados intervalos de tiempo en los que todo el globo se mostró totalmente libre de hielo, existió un periodo durante el cual la totalidad de la Tierra estuvo cubierta de hielo: durante la glaciación global que se originó en el pico de mayor intensidad de la glaciación que empezó hace 850 millones de años y terminó hace 630 millones de años (periodo Criogénico de la Era Neoproterozoica). Dicha glaciación global terminó muy rápidamente gracias a la acción de los volcanes liberando, entre otros gases, anhídrido carbónico a la atmósfera favoreciendo así el efecto invernadero.

¿Puede haber mayor variación climática que la que la propia Naturaleza produce?...

De ahí la importancia de investigar la génesis de los fenómenos naturales. Y esa investigación se realiza fundamentalmente a través del programa espacial.

Muchos biólogos insisten en la importancia de estudiar otros planetas en los que pudiera haber vida, porque hasta ahora sólo conocemos un modelo de ésta, el de la Tierra, y se necesita estudiar otros modelos para entender qué es la vida.

En cualquier investigación científica no es suficiente con un solo estudio o con un único modelo...

La lista de beneficios de la investigación espacial es de tal magnitud, que el mero hecho de limitarnos sólo a enumerarlos todos requeriría miles de folios.

Obviamente, y a causa de esa enorme extensión, ni siquiera los aficionados a los temas espaciales podemos conocer la totalidad de dichos beneficios, con lo cual es inevitable la omisión de unos cuantos en cualquier relación que hagamos sobre esas ventajas (sobre todo, por los referidos motivos de espacio).

En consecuencia, concluyo fugazmente añadiendo algunos basados en los ya imprescindibles satélites, y que utilizamos muy frecuentemente en nuestras actividades diarias personales, de los cuales el ciudadano medio igualmente parece desconocer que el origen de los mismos está en los satélites artificiales como, por ejemplo, los sistemas de localización por satélite geoestacionario (GPS), la telefonía móvil, el correo electrónico, la utilización de Internet, cuya implantación a escala global es sólo viable a través de las imprescindibles telecomunicaciones por satélite, la ingente transmisión de datos entre empresas, organismos, personas, de todo el mundo, la fluidez en las comunicaciones transoceánicas, las emisiones intercontinentales de televisión, el funcionamiento de la Bolsa gracias a la intercomunicación de los valores bursátiles a escala mundial, la precisión de las previsiones climatológicas basadas en las imágenes enviadas por los satélites meteorológicos, la telemetría aplicada a la Medicina, y un interminable etcétera que no puedo seguir reseñando por motivos obvios de espacio. Todas esas aplicaciones serían imposibles sin la logística de los satélites artificiales, principalmente los de telecomunicaciones. De hecho, el funcionamiento de nuestra sociedad ya no sería viable sin satélites artificiales, sin los cuales nos sumiríamos en un caos desolador. Dependemos de ellos para muchas cosas, no sólo para las ya comentadas, repito, de las comunicaciones, la transmisión de datos, telemetría, la meteorología (que sin los satélites perdería fiabilidad), etc., sino también para infinidad de otros usos, como el estudio del medio ambiente y de los recursos naturales (tanto terrestres como oceánicos) estudios de cultivos, pastos, zonas forestales, etc.; incluso tienen utilidad en la prevención de incendios por teledetección precoz (esto último aún no muy utilizado, pues se necesitan más satélites para ello, pero, indiscutiblemente, ¡merece la pena!) pues, como es sabido, los satélites con tecnología militar pueden descubrir, por detección de radiación infrarroja, incluso el calor del motor de un carro de combate, con lo que con mayor facilidad aún se podría detectar una fogata incipiente que, apagada a tiempo, nunca llegaría a crecer hasta convertirse en un incendio forestal.

Se podrían enumerar muchos miles de usos, pero no es el lugar adecuado para ello. En fin, nuestra civilización ya no podría sostenerse sin los satélites artificiales.

En otro orden de cosas, incluso nos hemos beneficiado de algunos inventos originariamente ajenos a la Carrera Espacial, los cuales estaban condenados al olvido y al ostracismo de las curiosidades inútiles, que nunca hubieran llegado a ver la luz de no haber sido rescatadas por el Programa Espacial. Hasta entonces no parecía justificado su empleo. De ahí que su utilización en la práctica naciera a raíz de la carrera espacial. Por citar sólo una mínima muestra de los muchos miles de ejemplos posibles mencionaré, por ejemplo el caso del teflón, componente de las sartenes antiadherentes, tras utilizarse en el revestimiento de los cohetes espaciales; o los difundidos cierres tipo Velcro, algo tan cotidiano hoy en día, y que el Programa Espacial sacó igualmente del *reino de los inventos inútiles,* al utilizarlo profusamente en el interior de las naves espaciales como medio de sujeción de múltiples objetos en ese ambiente ingrávido (más exactamente de microgravedad), evitando así que deambulen a la deriva por el interior de dichos habitáculos cósmicos. También se usan en las capas exteriores de los complicados trajes de astronauta y en sus accesorios (bolsillos, etcétera). Pues bien, todos vemos que hoy se emplean muy frecuentemente tanto en la indumentaria para los deportes de montaña, como en la ropa urbana, en las bolsas de deporte, correas de todo tipo, etc., etc… En definitiva, *el velcro* nunca hubiera salido del *limbo de los inventos curiosos* de no haberse creado la necesidad de usarlo en el espacio.

No olvidemos el beneficio económico e industrial de la investigación espacial pues, por poner un único ejemplo, sólo en el Proyecto Apolo, que puso al primer hombre en la Luna, colaboraron 60.000 empresas en proyectos y contratos para la NASA; y esas 60.000 empresas suman una gigantesca cifra de empleos de todos los niveles, teniéndose en aquella época que incrementar el personal para poder afrontar la nueva carga de trabajo derivada de los proyectos que las fueron encargados.

Además, entre esas corporaciones se encontraban las más punteras en tecnología, con lo que el avance tecnológico recibió un impulso nunca visto hasta entonces.

Las retribuciones de los técnicos y científicos, pese a su alta cualificación y la trascendencia de su trabajo, ni por asomo llegan a las astronómicas cifras que perciben los futbolistas o los actores, siendo las de los dos últimos colectivos muchas veces consideradas por la opinión pública como una auténtica inmoralidad, lo que escandaliza a la sociedad. En la investigación espacial no existe ese derroche en estipendios.

Por cierto, en los albores de la investigación espacial ya se comentaba en medios económicos que cada dólar invertido en la misma proporcionaba un beneficio de 4 dólares... En fin, **un negocio que aporta un beneficio del 400% no está nada mal...** Más aún, estudios económicos actuales apuntan a un beneficio para las empresas contratistas de 10 dólares por cada dólar invertido en investigación espacial (**es difícil imaginar otro negocio que rinda un 1000%)** gracias a la transferencia de tecnología, lo cual es fácil de entender: pensemos, por ejemplo, en los enormes beneficios que ha rendido la fabricación de teléfonos móviles, los cuales llevan incorporada, como ya se ha expuesto, la tecnología digital de las cápsulas Apolo (la Industria de telefonía móvil supone el 2% del PIB mundial (2011) a lo que es preciso añadir que además de dicha industria también se beneficia la distribución comercial derivada de la misma, sin olvidar la ingente masa de puestos laborales que todo ello ha generado en todo el mundo).

Esta importante participación industrial que generó el Programa Espacial, con la fuerte competitividad empresarial que originó, no sólo motivó la amplia supremacía espacial de Estados Unidos sobre la extinta Unión Soviética, sino que disparó aún más el crecimiento industrial del gigante norteamericano. De haberse mantenido los niveles iniciales de investigación espacial, serían aún mayores los avances médicos, científicos, tecnológicos e industriales, y ese progreso, indirectamente, beneficiaría al resto de la Humanidad a través de los hipotéticos nuevos productos obtenidos que salpicarían nuestras vidas, como ya viene ocurriendo con otros beneficios de la investigación espacial, algunos de los cuales ya se han comentado.

Aquí en Europa, los beneficios generados actualmente por la transferencia de tecnología del espacio a la vida en La Tierra superan en 15 ó 20 veces los costes del programa de la ESA (Agencia Espacial Europea). Esos porcentajes de beneficio son similares a los actuales de los estadounidenses, lo que parece indicar el dato positivo de que el porcentaje de beneficio aumenta con el tiempo **(en un principio el beneficio fue el 400%, después, el 1.000% y ahora ya llega al 1.500 ó 2.000%...).**

Además del indudable beneficio científico, tecnológico, industrial, económico, etc., es preciso considerar otra cuestión mucho más importante aún: La ampliación del conocimiento y de los horizontes de la exploración humana satisfaciendo la curiosidad intelectual y el espíritu explorador de nuestra especie, el cual se materializa en los nuevos pioneros de la era actual. Ese espíritu explorador del ser humano ha sido una constante a lo largo de los tiempos y es el origen de nuestra civilización.

La conquista del espacio, en esencia, constituye un fiel reflejo del espíritu descubridor y sediento de conocimiento del ser humano, del cual ya fue consecuencia la actitud de nuestros remotos antepasados, al *conquistar el espacio* de la casi totalidad de nuestro propio planeta, convirtiéndonos en especie dominante del mismo: desde la sabana y las selvas africanas a los helados parajes boreales.

Por encima de todo, la conquista del espacio hará que la Humanidad entre por fin en su etapa de madurez pues, como no en vano dijo Tsiolkovski, uno de los padres de la Astronáutica: **"La Tierra es la cuna de la Humanidad, pero nadie se pasa toda su vida en la cuna"...**

> "... uno de los motivos más poderosos que llevaron al hombre hacia el arte y la ciencia fue "poder escapar de la vida cotidiana". (Albert Einstein)

La exploración espacial es fiel reflejo del conocido hecho de que los sueños son el motor del progreso y el origen de la Civilización.

El idealismo imperante en la investigación espacial sólo es comparable al anteriormente comentado pragmatismo de la misma, que desemboca en una infinidad de aplicaciones prácticas de esa investigación

Pues bien, sorprendentemente, y fruto de la falta de información y sobre todo de la ignorancia popular, insisto, siempre se oyen voces detractoras contra el gasto en el Programa Espacial el cual, reitero, es progresivamente decreciente a causa precisamente de dichas críticas, las cuales, desafortunadamente, influyen finalmente en los políticos encargados de aprobar los presupuestos destinados a investigación científica en tecnología espacial, reduciéndolos, como ya se ha comentado, pese al referido avance científico, tecnológico e industrial que el Programa Espacial supuso para la Humanidad y a pesar de que, según hemos visto, infinidad de avances y productos utilizados en nuestra vida cotidiana tienen su origen en dicha investigación, lo cual desconoce la mayor parte de la población.

(**El progreso tecnológico y científico muchas veces se origina en vías colaterales** como, por ejemplo, en otro orden de cosas, los avances en la industria del automovilismo derivados de las aplicaciones de la tecnología empleada en los automóviles que compiten en la Fórmula 1. Toda investigación científica o tecnológica en cualquier campo generalmente repercute sobre el resto de los campos).

Nadie criticaría, por ejemplo, los gastos de las expediciones arqueológicas, aunque éstas no nos procuren beneficios materiales como se le pide al programa espacial (que por añadidura los da en demasía, según lo expuesto).

Cierto que la Arqueología nos proporciona la satisfacción y el placer intelectual del conocimiento (al igual que la investigación espacial, y además ésta genera los ya comentados beneficios).

Del mismo modo, tampoco se critican los desorbitantes y casi inmorales gastos en arte y subastas que se producen en todo el orbe, lo cual se puede aceptar por el beneficio cultural que procuran (igual que el conocimiento en otras materias, como por ejemplo las relacionadas con el espacio, repito, también lo producen).

Un inciso: como colofón de esta pequeña "disertación" casual relacionada con cuestiones espaciales, considero adecuado reseñar la siguiente cita de Arthur C. Clark: **"Donde quiera que haya algo extraño, algo bello o nuevo, la gente querrá verlo".**

(Sir Arthur C. Clark (1917-2008) fue físico, matemático, escritor y divulgador científico. Como científico sentó las bases y los cálculos de los satélites artificiales geoestacionarios (como reconocimiento a ello, la órbita geosincrónica se denomina también órbita de Clark en su honor. Dicha órbita es especialmente utilizada por los satélites de telecomunicaciones al proporcionar una posición fija aparente del satélite sobre un punto del ecuador terrestre por tener la misma velocidad que la de la rotación de la Tierra, pues el periodo orbital de los satélites en la órbita de Clark es precisamente de 24 horas.

Como escritor, Clark fue el autor, entre otras novelas, de "2001: Una Odisea en el Espacio", la cual fue llevada al cine convirtiéndose en la mítica película del mismo título que la novela).

Pese a que lo expuesto en las páginas precedentes evidencia, y reitero una vez más, la tremenda ignorancia científica y tecnológica de nuestra sociedad (disculpable, pues nadie está obligado a saber de todo), no obstante, pone igualmente de manifiesto el indudable peso específico que tiene la opinión pública, con independencia de sus aciertos o equivocaciones (como se ha visto en el caso de este ejemplo que acabo de comentar y desarrollar).

La exposición de dicho caso puede parecer algo extensa, pero la temática requería una explicación pormenorizada a efectos de valorar su trascendencia, pues no todo el mundo conoce la importancia de aquello que fue torpedeado por la opinión pública. Este ejemplo muestra el gran poder que tiene el pensamiento colectivo, capaz de frenar incluso lo que al principio parecía una carrera imparable de impresionantes avances tecnológicos para los cuales ya existían proyectos firmes de ingeniería previstos para hacerse realidad en las décadas de los años 80 y 90 del siglo veinte y que, por motivos presupuestarios, no sólo no se realizaron, sino que en 2012 aún faltan décadas para que vean la luz.

Por tanto, el caso reseñado es muy ilustrativo para el tema que nos ocupa (la lucha contra la violencia en el deporte) pues, como he comentado al principio y a lo largo de este apartado, concienciando a la población en el rechazo a la violencia en el deporte tenemos otro destacado frente de ataque contra esta lacra creando corrientes de opinión opuestas a esa epidemia que contamina el mundo deportivo. En este cometido tienen especial importancia los medios de comunicación, tanto escritos como audiovisuales.

El único inconveniente es que los resultados conseguidos de ese modo se harían patentes a medio o, más bien, largo plazo, aunque ya de manera inmediata se notarían algunos pequeños primeros frutos.

Ya existen precedentes de triunfos de la opinión pública en la lucha contra esta clase de violencia. Baste citar el siguiente hecho, expuesto en este trabajo en el capítulo 3 ("Época actual y contemporánea") con mayor amplitud:

Como consecuencia de los gravísimos incidentes ocurridos con ocasión del partido Palermo-Catania celebrado el 2 de febrero de 2007, hubo en Italia un clamor popular pidiendo la suspensión definitiva de los partidos de fútbol.

En respuesta a este estado de opinión se suspendieron temporalmente todos los partidos de fútbol en el país transalpino, incluidos los encuentros internacionales.

Transcurrido un breve periodo de tiempo de prohibición se reanudó de nuevo la Liga y el resto de la actividad futbolística, aunque sólo para aquellos encuentros celebrados en estadios que habían adoptado mayores medidas de seguridad, de acuerdo con lo exigido. En dicha crisis llegó a intervenir el Gobierno Italiano, e incluso el Presidente de la República.

De ahí la gran importancia de sensibilizar a la opinión pública, lo cual adquiere doble interés, pues parece que existe en la sociedad un estado de insensibilización en relación con la violencia en el deporte, así como con otros tipos de violencia.

Violencia contra la fisiología del deportista:

En el deporte de competición existe otra forma de violencia: la ejercida contra la fisiología del atleta, al forzársele muchas veces a sobrepasar los límites fisiológicos para intentar conseguir mejores resultados, bien mediante un sobreentrenamiento nefasto para el organismo (y para los resultados deportivos) o, peor aún, mediante el dopaje.

¿Qué pensaríamos, por ejemplo, en el ámbito laboral de quien cometiera el abuso de forzar a un trabajador físico hasta el extremo de extenuarle, de "reventarle", coloquialmente hablando? La lluvia de reproches que caería sobre el autor de semejante crueldad sería de lo más despiadada, y con toda razón. Además sería objeto de las oportunas acciones judiciales en el ámbito de la jurisdicción social.

Pues bien, dicho abuso es una práctica que se presenta en algunas ocasiones en el deporte de competición, lo cual, repito, constituye otra forma de violencia interna en el seno del deporte, además de un presunto delito contra la salud pública, al forzar a los atletas hasta niveles que superan los límites fisiológicos. Esa situación provoca, consecuentemente, un daño en sus organismos que, dada la habitualmente excelente condición física del atleta, a veces no reviste consecuencias de gravedad a corto plazo, pero desgraciadamente no siempre ocurre así y, por supuesto, a largo plazo las consecuencias siempre son peores.

La prueba pericial probatoria del citado presunto delito de abuso por sobreentrenamiento tendría que incluir, desde las pautas de entrenamiento seguidas por el atleta, hasta estudios médico-deportivos del sujeto mediante las correspondientes pruebas funcionales, pruebas de esfuerzo, analítica y exploración clínica y psicológica.

Esta crítica, hoy por hoy, entra más bien dentro del terreno de la utopía. Además, afortunadamente, dicho abuso no es muy frecuente, pues los entrenadores deportivos conocen bien a sus deportistas y saben hasta donde pueden y no pueden llegar.

De cualquier modo, uno de los profesionales que mejor pueden luchar contra esta situación de maltrato por abuso fisiológico es el médico deportivo. Es quien debe fijar los límites del esfuerzo en la preparación del atleta, por supuesto que siempre en estrecha e imprescindible colaboración con el entrenador, que es de quien depende el entrenamiento.

Tanto a las federaciones deportivas como a los clubes les interesa que sus deportistas rindan al máximo y tengan el mínimo posible de lesiones. Pues bien, con el sobreentrenamiento disminuye el rendimiento y aumenta el riesgo de lesiones.

Quizá sería interesante que los poderes públicos se plantearan la creación de centros de inspección en Medicina Deportiva para la detección de casos de sobreentrenamiento peligroso, o incluso unidades móviles para dicho cometido. Cierto es que los Centros de Medicina Deportiva existentes ya cumplen en parte con dicha función, al detectar eventualmente dichos casos en el curso de un reconocimiento médico deportivo. Pero esas detecciones se realizan sólo en los deportistas que acuden a los referidos centros. Es como si en la lucha contra el dopaje se cayera en la ingenuidad de analizar sólo a los deportistas que se presentaran voluntariamente a hacerse un control...

Y al evitar el sobreentrenamiento, no sólo velamos por la salud del deportista, sino que, por añadidura, impedimos el acortamiento de la *vida útil* del atleta provocado por las transgresiones en su preparación, con lo que a la larga rendirá más y durante más tiempo, prolongando así su carrera deportiva.

Como comentario final a estas reflexiones planteo una pregunta sin respuesta que, no obstante, ha estado gravitando a lo largo de esta disertación:

A la vista de las dramáticas consecuencias que tienen en muchas ocasiones ciertas competiciones deportivas, ¿No constituye una negligencia el hecho de no prohibir indefinidamente los espectáculos deportivos por equipos, al menos hasta que se resuelva el problema de la Violencia en el Deporte?

Evidentemente, si no existieran las competiciones deportivas no habría violencia en el deporte, pero sería la más peregrina de las soluciones.

Dado que lo expuesto (y presumiblemente cualquier otra solución que quisiéramos aplicar) es extremadamente difícil llevar a la práctica, se deduce que estamos ante un problema de difícil solución, sobre todo porque entra en conflicto con muchos intereses, como todos sabemos.

Además, habida cuenta de que un encuentro deportivo es básicamente un ENFRENTAMIENTO, siempre existe el peligro de que ese *enfrentamiento* inicialmente .pacífico, en cualquier momento pueda desbocarse saliéndose del marco de sus civilizadas reglas deportivas y magnificarse generando una importante carga de violencia, incluso con el resultado de muertos.

Evidentemente, esta situación no es fácil de evitar.

Crisis de valores:

Por último, considero que otro factor de cierta entidad en la génesis y desarrollo de la violencia en el deporte es la crisis de valores imperante en nuestra sociedad. Esta pérdida de valores conduce a la idea del "todo vale".

Como demostración del influjo de la pérdida de valores en la génesis del problema que nos ocupa, y hablando de la violencia en general, no sólo de la que afecta al deporte, baste citar el fenómeno de la inaudita violencia que manifiestan los atracadores procedentes de los antiguos países comunistas del Este europeo, cuyos antiguos gobiernos comunistas promulgaban una moral desprovista de valores trascendentes. De todos es conocida la falta de respeto a la vida y a la integridad física de las personas propia de esos delincuentes del Este. Su violencia no tiene parangón entre los delincuentes occidentales (salvo escasas excepciones).

Nada que ver, por supuesto, con la inmensa mayoría del resto de la población de dichos países, los cuales se componen de una sociedad europea, culta, civilizada, noble y muy seria cumplidora de sus obligaciones. En el pasado, con anterioridad al yugo comunista, contribuyeron al avance cultural y científico de Europa y, según todos los indicios, en un cercano futuro parece que volverán tomar parte muy activa en dichos avances, a la vista de la rápida y progresiva recuperación que parece que están experimentando, superando la importante depauperación que les provocó la planificación socialista comunista que padecieron durante décadas, la cual les privó durante ese tiempo de la competitividad e iniciativa propias de la economía occidental, auténticos motores del progreso industrial y tecnológico.

Hecha esta aclaración en señal de respeto, e incluso admiración, hacia todos esos millones de personas honradas del Este, pues sería injusto no hacerla, vuelvo a mi hipótesis según la cual la extrema violencia de algunos delincuentes tiene su origen en la falta de valores trascendentes:

Considero que la causa es obvia: esos países tenían una concepción materialista de la vida, totalmente desprovista de contenido trascendental alguno. En consecuencia, la vida para aquellos gobiernos comunistas tenía un valor muy diferente al de nuestra sociedad occidental (por supuesto que en dichas naciones, al igual que en el resto del mundo, insisto, previsiblemente hay una inmensa mayoría de personas de profundas convicciones a quienes nadie podía arrebatar sus valores humanos, pese al influjo de la propaganda política a favor del materialismo que el régimen comunista propugnaba.

El problema que tenían esos estados es que el materialismo imperante era un caldo de cultivo para que quienes padecían trastornos antisociales de la personalidad se agravaran aún más y quienes presentaban conductas delictivas las desarrollaban con mayor intensidad al tener un menor freno moral (o lo que los partidarios de la teoría psicoanalítica denominarían el superyó o superego).

Por tanto, para algunas personas (no para todas, repito) pertenecientes a esa sociedad carente de valores trascendentales, el hecho de agredir o incluso matar, no era más que la transgresión de una ley, sin más consecuencias que el posible castigo en caso de ser descubiertos. Eso condicionó a la larga, una vez desaparecida la dura represión comunista, un mayor aumento de la violencia en términos cuantitativos y, sobre todo, cualitativos, al no tener el más mínimo reparo en agredir e incluso dar fin a una vida con una frialdad inimaginable en nuestro entorno, pues en esos países del Este europeo no tenían el *freno moral* presente en la conciencia colectiva de la sociedad occidental, reforzado por las creencias religiosas arraigadas en el inconsciente colectivo del europeo tras siglos de influencia. Independientemente de que los individuos sean o no creyentes, nuestra moral social, originariamente religiosa en tiempos históricos, está *impregnada,* por dicho motivo, de la moral religiosa. Por ello, la moral no religiosa, o laica, tras siglos de convivencia e influencia mutua de ambas clases de moral, indirectamente influyó también sobre la población no creyente a causa de la aludida influencia que, reitero, tuvo la moral religiosa en la moral social.

Sin embargo, en los países del Este, y debido a la represión comunista hacia todo lo relacionado con cualquier tipo de religiosidad, se interrumpió durante décadas dicha influencia de la religión en el inconsciente colectivo de esas sociedades.

Durante la etapa comunista, al tratarse de dictaduras que eran auténticos estados policiales, los problemas de orden público estaban férreamente controlados acudiendo, si era preciso, a duras represiones. De hecho, está documentado que había menos problemas de violencia en el deporte debido a esa importante presencia policial. Pero el germen de la violencia estaba ahí, acantonado en la sociedad, no erradicado verdaderamente.

Por supuesto, no me canso de repetir que no se puede generalizar, pues todos sabemos que los violentos del Este son una exigua minoría, siendo el resto de sus paisanos de una moral idéntica a la occidental. La única diferencia existente afectó a un pequeñísimo grupo poblacional de un porcentaje sobre el total de la población apenas perceptible, y que incurrió en conductas muy violentas como consecuencia de haber estado condicionado por un medio materialista que no supieron asimilar, como al parecer sí supo el resto de la población.

Algunos de dichos delincuentes habían vivido encarnizadas guerras nacionalistas donde se habituaron a matar, lo cual es otro factor a considerar. Además, insisto, se trata de un grupo de países de idéntico grado de civilización al de Europa occidental y con un pasado importante en lo cultural y en lo científico, a lo que es preciso añadir que, afortunadamente para ellos, ya están recuperando el papel que tenían en el mundo antes de los años de retroceso por la ocupación comunista.

Otro dato que refuerza esta teoría de la falta de valores trascendentales es el conocido hecho de que en Polonia no parece que existan esas mafias violentas o, de existir, se deben de dar en una frecuencia mucho menor que en otros lugares de allende el extinto "Telón de Acero", pues en los medios de comunicación no aparecen noticias referidas a mafias de dicha nacionalidad, y, *casualmente*, se trata de un país que, a diferencia de la mayoría de sus vecinos, conservó un profundo arraigo religioso católico pese a la represión comunista (casualmente, aunque quizá no tenga nada que ver, creo que es el que más está creciendo de la zona en el aspecto económico e industrial).

Parece ser que el aludido refuerzo moral que supone la religión es un poderoso factor preventivo en relación con la criminalidad. Evidentemente, esto es de lo más obvio, pues para el creyente el hecho de agredir no sólo está mal porque lo prohíbe la Ley y la moral social, sino además porque lo prohíbe la moral religiosa, lo cual para él tiene una fuerza mucho mayor, ya que las dos primeras podría intentar obviarlas, esconderse o pretender burlarlas (en fin, podría maquinar para que *no le pillen,* en cuanto al aspecto legal; y en relación con el imperativo de su conciencia, hay que tener en cuenta que el materialista no suele hacerle mucho caso, salvo honrosas excepciones); en cambio, para el creyente no es posible escapar de la moral religiosa, no se puede esconder, ni quedar impune, dadas las características propias de la Religión en relación con las creencias que le son propias: supervisión continua por un Ser Superior, esperanza en una vida más sublime después de la muerte física, etc, etc...).

Por consiguiente, el acto violento para el religioso, además de ser ilegal (como para el resto de la población) por añadidura es pecado, y ello implica que quien practica la religión tiene dos mecanismos de control de la violencia, lo que, obviamente, refuerza dicho control. En definitiva, es un freno extra para evitar las conductas delictivas,

Esa es una de las razones por las que hay una menor frecuencia de hechos violentos protagonizados por personas religiosas que por individuos no practicantes, agnósticos o ateos.

A lo anterior habría que añadir que los sentimientos y afectos característicos de aquellos que practican y viven la religiosidad, consistentes, entre otros, en el amor al prójimo, constituyen otro factor más por el que la religión es incompatible con la violencia (el amor al prójimo es para quienes profesan la religiosidad, además de un afecto y un sentimiento, un mandato que tienen obligación de cumplir).

Por supuesto que también se dan casos de religiosos que incurren en conductas violentas pero, repito, el porcentaje es muy inferior al de los no practicantes.

Incluso los actos violentos relacionados con los fanatismos religiosos son muy poco frecuentes en relación con la totalidad de las cuestiones de orden público, pues se producen muy esporádicamente. Es más, el número de muertes violentas producidas por otras causas en todo el planeta es enormemente superior a las de origen fanático-religioso. Naturalmente, lo ideal sería que no hubiera ni una sola muerte violenta de cualquier clase en el mundo.

Además, muchos de los supuestos fanatismos religiosos son, en realidad, fanatismos políticos, con lo que el número de fallecidos por fanatismo religioso es aún menor.

En definitiva, son mucho más frecuentes los fanatismos "laicos": a parte de los fanatismos por una idea política, hemos de considerar especialmente en este trabajo los fanatismos por un equipo deportivo.

Entre los fanatismos laicos llama la atención el fanatismo antirreligioso que existió en el pasado, generador del conocido fenómeno del martirio, especialmente en el aparentemente civilizado Imperio Romano, tan adelantado para su época en otras cosas.

Incluso en pleno siglo XXI aún existe el fanatismo y el fundamentalismo antirreligiosos, aunque nuestra Constitución prohíba cualquier discriminación por motivos de sexo, raza, religión, etc.

Dicho sea de paso lo expuesto según consideración absolutamente objetiva, presentándolo sólo como un interesante hallazgo más en la investigación de las causas de la violencia, sin entrar en consideraciones ideológicas ni religiosas, lo cual no es objeto de este estudio, pues corresponde al fuero interno de cada uno.

Sin embargo, el hecho es digno de una reflexión más profunda y de una exposición más amplia y pormenorizada que, por motivos de espacio, excede los fines de esta monografía.

No obstante, una conclusión positiva que se puede extraer del hecho de esa aparentemente menor violencia existente en los espectáculos deportivos de la época comunista de los países del Este europeo (circunstancia motivada por la comentada mayor presencia policial en los mismos) es que, obviamente, se demuestra una vez más la importancia de los dispositivos de orden público en el control de la violencia en el deporte. Aunque, por desgracia, no puedan llegar a eliminarla por completo, sin embargo, el mero hecho de reducir enormemente las posibles consecuencias de la misma justifica un incremento de las medidas policiales, si bien en la medida de lo posible, ya que los medios no son ilimitados.

Como colofón a esta parte, quiero volver a aclarar que al referirme a la sociedad de los antiguos países comunistas no era mi deseo generalizar en relación con las posturas individuales de las personas que componían dichos pueblos. Dentro de la pluralidad de individuos que integran una sociedad, es natural y previsible que existan igualmente personas con un sentido elevado de la moral y la ética, como en cualquier otro lugar del mundo. La única diferencia es que el entorno sociológico de las dictaduras comunistas, comparado con Occidente, generaba un porcentaje mucho mayor de individuos con un sentido materialista y utilitarista de la vida humana que a algunos (unos pocos) les conducía a no valorarla y, además, la violencia en la que esa infravaloración de la vida desemboca es de una intensidad superior a la de los países de nuestro entorno occidental.

Sin embargo, el resto de la población los países excomunistas estaba constituida, previsiblemente, por la clase de personas que todos entendemos como normales, lo cual huelga aclarar, pues es una manifiesta obviedad. De cualquier modo, hago la aclaración precedente para evitar posibles malentendidos que pudieran ofender injustamente, sin ser esa mi intención.

CONCLUSIONES

1. La violencia es un problema muy grave que afecta al deporte y a la sociedad en general, siendo la violencia en el deporte una expresión de la violencia latente que aqueja nuestra sociedad.
2. La violencia en el deporte es fundamentalmente un fenómeno de masas, aunque a veces también se presenta en grupos reducidos y en alguna ocasión incluso con carácter individual.
3. La gravedad de la violencia en el deporte es similar a la del terrorismo, pues ha causado 1500 fallecidos en todo el Mundo en treinta años. Además, en ocasiones utiliza técnicas coincidentes con las del terrorismo callejero y la guerrilla urbana, arrojando a veces un resultado similar en destrozos urbanos. Del mismo modo, las peñas ultra que acompañan a los equipos suelen proponerse intimidar al adversario para intentar conseguir sus objetivos.
4. La violencia es unos de los tres problemas más importantes que afectan al deporte. Los otros dos son el dopaje y la corrupción.
5. El entorno deportivo no se muestra diligente en la lucha contra esta clase de violencia, salvo honrosas excepciones, algunas de las cuales ya se han expuesto.
6. A veces, los causantes de la violencia son los responsables deportivos, especialmente de los clubes de fútbol, al permitir y hasta subvencionar a los grupos ultra. Asimismo, en ocasiones potencian la violencia con sus declaraciones.
7. Las cifras de vértigo que se mueven en la economía del fútbol convierten a este deporte en una actividad en la que existen tales intereses económicos que algunos sólo piensan en ganar los partidos como sea...
    A esos dirigentes deportivos no les importa que los grupos ultras incurran en vandalismo. Para ciertos directivos (no todos: sería injusto generalizar) el dinero que mueve el fútbol parece estar por encima de las vidas humanas.
8. La solución más eficiente se encuentra en el entorno jurídico. Se precisan nuevas leyes y más duras.

9. Es preciso no tener contemplaciones con la violencia en el deporte a la hora de tomar medidas drásticas para atajarla, como por ejemplo la suspensión de los espectáculos deportivos, como se hizo en Italia con respecto al fútbol tras los incidentes del partido Catania-Palermo del 2 de febrero de 2007.

10. La pérdida de valores en la sociedad, en la cual está arraigando la idea del "todo vale" para triunfar, es otro de los factores generadores de violencia.

11. La mejor prevención a largo plazo es la educación.

12. Otra medida importante tanto en prevención, como en la lucha contra esta clase de violencia es la concienciación de la opinión pública acerca de la gravedad del problema.

13. La tolerancia es fundamental para prevenir la violencia.

14. La sociedad asiste a una insensibilización relativa ante la violencia que nos muestran los medios de comunicación.

15. Desde la Época del Imperio Romano hasta nuestros días se ha constatado que la politización del deporte es otro factor generador de violencia en el mismo. En nuestro caso, la duplicidad burocrática producida por el estado de las autonomías en este Estado que es el más descentralizado del mundo, ha supuesto no pocos retrasos a la hora de aprobar medidas contra la violencia en el deporte. En el capítulo 3 ("Época Actual y Contemporánea") comento los sucesivos aplazamientos que padeció la tramitación en el Congreso de los Diputados del Proyecto de Ley contra la Violencia, el Racismo, la Xenofobia y la Intolerancia en el Deporte. Pese a lo extremadamente urgente que era la redacción del proyecto, dichos retrasos fueron provocados por los nacionalistas catalanes, quienes alegaban problemas de competencia autonómica. A grupos estos se sumaron posteriormente los nacionalistas vascos.

No dudo que el estado de las autonomías quizá pueda tener alguna ventaja, como por ejemplo la mayor cercanía al ciudadano (de todas formas, más cercanos son los ayuntamientos), y la segunda opción que muchas veces representa frente al Estado central. Pero el lastre burocrático que implican a veces las autonomías, debido a la duplicidad de trámites ante las dos administraciones (central y autonómica) casi siempre supone una rémora para el eficaz funcionamiento de las cosas, como por desgracia se ha podido verificar en este asunto de la violencia en el deporte. He aquí otra importante causa obstaculizadora de la lucha contra la violencia en el deporte. Es el tributo que tenemos que pagar por ser el estado más descentralizado del mundo.

Por el contrario, en otros estados modernos de nuestro entorno, en los que existe una mayor coordinación interna al tener un importante grado de integración y cohesión, los problemas se pueden revolver con mayor eficacia y dinamismo. Baste citar, como ejemplo opuesto al nuestro, el modelo de estado francés, que pese a ser un país con una extensión algo mayor a la del nuestro y, sobre todo, contar con una población bastante más numerosa (¡un 50% más!), tiene un funcionamiento enormemente eficaz gracias a su centralización, si bien quizá algo excesiva, pero funciona, que es lo importante, y es lo que hay que pedirle a un estado. Lo demás son delirios anacrónicos extemporáneos, valga la redundancia, que se sitúan fuera de la realidad. Sin olvidar el admirable ejemplo suizo, que pese a estar constituido por cuatro comunidades muy diferenciadas, de cuyos cuatro idiomas tres son de gran importancia internacional, como el alemán, francés e italiano tienen, no obstante, un admirablemente férreo sentimiento de unidad nacional y de patriotismo, de una intensidad tal, que choca con la dispersión española.

El polo opuesto a Suiza sería la extinta Yugoslavia, cuyos múltiples separatismos internos acabaron como todos sabemos.

16. Si nos atenemos a los ritmos circadianos, la celebración de los espectáculos deportivos de deportes de equipo, especialmente en el caso del fútbol, conviene realizarlas en horario matutino, pues es cuando existe menor tendencia a la agresividad.

Evidentemente, esta sería una medida utópica, pues los clubes no están dispuestos a renunciar a los fuertes ingresos que perciben de las cadenas de televisión por la emisión nocturna de los partidos.

No obstante, es preciso recordar las recomendaciones en el mismo sentido que ofrecen los responsables de las Fuerzas de Seguridad, aconsejando que sería más conveniente la celebración diurna de los espectáculos deportivos por motivos de seguridad, pues entonces se consigue un mayor control de cualquier situación. Al contrario, la menor luminosidad nocturna favorece los altercados y la criminalidad.

Otros factores que inciden en el aumento de la violencia nocturna es el incremento del consumo de alcohol y drogas en dicho horario, lo cual repercute también en el aumento de la violencia. Ese mayor consumo alcohólico y de drogas por la noche está asociado fundamentalmente con el incremento nocturno en la secreción de dopamina, dada la probada relación de esta sustancia con las conductas adictivas. Todo esto lo expuse, más ampliado, en el capítulo 8 ("Teorías sobre la violencia en general"), en el apartado "Ritmos circadianos y conducta violenta".

Si un ingeniero diseñara un puente atendiendo sólo a criterios económicos obviando la seguridad de quienes van a circular sobre él, en caso de derrumbe con pérdida de vidas humanas caería sobre dicho profesional "todo el peso de la Ley".

En cambio, los clubes de fútbol, pese a estar avisados por los responsables de las fuerzas de seguridad acerca de la peligrosidad de los horarios nocturnos para el fútbol, hacen caso omiso de las advertencias y recomendaciones.

Sin embargo, cuando ocurre la tragedia derivada de la negligencia de esas entidades deportivas no se depuran responsabilidades en toda su justa medida.

17. Los importantes avances que experimentará la Biomedicina y la Neurofisiología en el futuro permitirán abordar el problema de la violencia con nuevas perspectivas, especialmente en cuanto a su prevención y tratamiento, a todo lo cual contribuirán también los avances en otros campos como la Genómica, la Psiquiatría y otras múltiples parcelas de la Medicina y del resto de la Ciencia. Especialmente útil será la Nanotecnología, como ya comenté en el capítulo 4 ("El Futuro"). La Nanotecnología supondrá la mayor revolución tecnológica de la Historia de la Humanidad, e igualmente aportará importantes avances para la Medicina, pues se podrá, por citar sólo uno de los muchos ejemplos posibles, *reparar* las células *in situ* mediante máquinas ultramicroscópicas de tamaño molecular.

La genómica tendrá una importancia vital en el futuro, llegando a suponer igualmente una revolución nunca vista antes en Medicina, pues cambiará radicalmente dicha ciencia, hasta el extremo de llegar a no parecerse en nada (o casi nada) a la actual, a lo que contribuirá especialmente la Biología Molecular, la cual permitirá el tratamiento génico de las alteraciones genéticas que predisponen a la agresividad violenta. Pero irá mucho más lejos aún. En cierto modo, rediseñará al ser humano.

En efecto, los conocimientos que nos ha proporcionado (y seguirá proporcionando en el futuro) el estudio del genoma humano (completado en 2003) permitirán a la Biología Molecular conseguir importantes logros en Biomedicina, desde la regeneración de tejidos, órganos y, por supuesto, de miembros amputados y nacimiento de nuevas piezas dentales hasta (teóricamente) la curación del proceso de envejecimiento, con la consiguiente e hipotética prolongación casi indefinida de la vida humana.

Efectivamente, hoy en día se admite que el envejecimiento parece estar genéticamente determinado (junto al influjo de los factores ambientales), ya que las células están programadas para realizar un determinado número de mitosis o divisiones celulares, a partir del cual es tal la cantidad de *errores de copia*, que se produce un progresivo e irreversible deterioro del organismo.

No obstante, algunos investigadores afirman que el final de la vida biológica no está programado, sino que se debería más bien a las continuas agresiones que sufren las células, y especialmente su ADN (además de la aparición de mutaciones). Pues bien, las técnicas para poder reparar las lesiones del ADN y, más importante aún, para prevenirlas y evitar que se produzcan, se basarían en los conocimientos del genoma humano. Me explico: Existen genes, como por ejemplo el p53 (al cual los biólogos moleculares le denominan *el guardián del genoma*), con un importante papel en la apoptosis o muerte celular programada, que interviene, entre otras cosas, en el control de la proliferación de las células cancerosas (con lo cual tenemos otra importante aplicación del estudio del genoma). Pues bien, la Genómica del futuro podrá diseñar genes protectores contra las agresiones al ADN que podrán convertirlo en prácticamente invulnerable a las mismas. Y en último extremo, en caso de producirse aún alguna lesión del material genético, podría repararse mediante técnicas de eso que coloquialmente, y sobre todo periodísticamente, se ha dado en llamar *ingeniería genética*.

En fin, si alguna vez llegamos a estar cerca de algo parecido a la inmortalidad biológica, ello vendría de la mano de la Biología Molecular a partir de los conocimientos proporcionados por el estudio del genoma humano.

Incluso se podrán mejorar muchas funciones del organismo, incluidas, por supuesto, las funciones intelectivas. En realidad, eso viene haciéndolo el ser humano desde hace millones de años. En efecto, por poner un sólo ejemplo, la finura de movimientos que ha adquirido la mano humana en comparación con la de los primates se produjo por la utilización de las herramientas creadas por el hombre. Este forjó las herramientas y ellas a su vez modelaron el cerebro de su constructor. Todo ello produjo una evolución tremendamente artificial en nuestra especie. Por ello, en la Especie Humana influyó en mucha mayor medida la evolución artificial provocada por la inteligencia humana que la evolución natural. En consecuencia, la previsiblemente futura incidencia de la Biología Molecular en la evolución humana sólo difiere en términos de velocidad en relación con etapas evolutivas anteriores, dentro de las cuales hubo también importantes diferencias de velocidad, igualmente provocadas artificialmente por el ser humano, como en el ejemplo expuesto.

En definitiva, el ser humano acelerará su evolución hacia una especie humana increíblemente superior a la actual y mucho más perfeccionada gracias a los conocimientos que constantemente se están produciendo en Biología Molecular, especialmente desde que se obtuvo la secuenciación completa del genoma humano, la cual se completó en 2003.

Por supuesto, ésta es sólo una muy exigua y extremadamente concisa muestra de las fascinantes consecuencias que la genómica tendrá para la Humanidad. Además, y casi con total seguridad, aparecerán en el futuro otras nuevas que en la actualidad somos incapaces siquiera de imaginar.

Para el profano, algunos aspectos de la Biología Molecular pueden parecer hoy en día especulaciones cercanas a la ciencia-ficción (dicho sea de paso con todos los respetos hacia el reflexivo género de la ciencia-ficción que, cuando ésta es de calidad, tantos planteamientos intelectuales ha aportado a la Humanidad sobre las más diversas cuestiones que afectan a la misma, como ya he comentado en otra ocasión acerca de dicho género literario, híbrido entre la literatura, las hipótesis científicas y el ensayo filosófico. Algunos importantes científicos han expuesto sus hipótesis mediante la elaboración de una obra de ciencia ficción en las situaciones en las cuales se daba la circunstancia de que para dichas hipótesis aún no existían medios tecnológicos para verificarlas y convertirlas en tesis. Otros empleaban dicho medio para expresar de momento sus hipótesis de una manera menos rígida, y posteriormente tomarían la decisión de elaborar la correspondiente tesis. En definitiva, la ciencia ficción es un buen medio para la especulación científica libre).

Pero no olvidemos que a veces la Ciencia *viaja* a mayor velocidad que la fantasía. Conocido es el dicho de que *la realidad casi siempre supera a la ficción*. Hace poco, cosas tan cotidianas actualmente como internet, los teléfonos móviles, los ordenadores personales, etc., etc., hubieran parecido fantasías propias de las mentes más calenturientas. En fin, habrían constituido sin duda la más alocada de las fantasías. Pues bien, increíblemente, ahí están algunas de esas *disparatadas fantasías* del pasado, convertidas en una prosaica realidad de nuestro presente. La Medicina no será la excepción y conocerá importantes avances.

Como ya expuse en capítulo 4 ("El Futuro"), podrán curarse muchos aspectos de la agresividad violenta (es decir, la agresividad no sublimada hacia fines adaptativos, respetuosos con el prójimo).

Evocando el comentado fenómeno del mecanismo artificial de la evolución humana que sostengo, no olvidemos el sumun de la artificialidad:

la Medicina, gracias a la cual se han salvo muchos millones de vidas, que dejadas en manos de la cruel naturaleza, o sea de la feroz evolución natural, se hubieran extinguido a temprana edad.

Por ello concluyo que **la evolución humana es enormemente artificial.**

POST SCRIPTUM

Este libro lo terminé de escribir, y lo edité, en septiembre de 2007 en su primera versión, pero ahora, en 2012, con ocasión de la publicación inminente del mismo, y al proceder a repasarlo a efectos de realizar las lógicas actualizaciones correspondientes a estos cinco años transcurridos desde el primer libro, he aprovechado también para efectuar en él modificaciones y algunas ampliaciones tras la reflexión que proporciona la perspectiva del tiempo.

Dichas transformaciones lo convierten en un libro diferente al de 2007, por lo que no se puede hablar de una segunda edición de aquél, sino de la primera edición de esta nueva obra al estar, repito, modificada con respecto a la referida de 2007.

No obstante, desde entonces hasta hoy (agosto de 2012) no han cambiado mucho las cosas, y no se prevé que cambien en los próximos años.

De cualquier modo, entre las varias actualizaciones que añado en este trabajo de 2012 recojo una novedad positiva que, si bien aparentemente superficial, tiene su pequeña importancia, aunque sea a título meramente simbólico, y que incluyo en el capítulo 7, al final del apartado "El aumento del contacto físico agresivo entre los contendientes y el nivel de violencia entre los deportistas", donde hago mención a la caballerosidad presente en el rugby reseñando algunos ejemplos de la misma, la cual, entre otras muchas manifestaciones, se expresa en el hecho de "hacer el pasillo" el equipo ganador al perdedor en señal de respeto, lo que es impensable en el futbol. Esta última frase relativa al fútbol la repito en esta versión de 2012 como reseña de que lo decía yo en la versión de 2007 pero, afortunadamente, tengo que rectificar, lo cual me alegra mucho, rectificación que he incluido en este libro en la referida zona del capítulo 7 y consiste en lo siguiente:

Al final de la Liga 2007-2008, el Barcelona F.C. "hizo el pasillo" al Real Madrid (loable actitud) y desde entonces se produjo en el fútbol algún que otro "pasillo" brindado al perdedor, si bien sigue siendo una situación muy poco frecuente.

Hay otra esperanzadora noticia ocurrida justo nada más terminar este libro, y que justifica el añadido de este post scriptum:

El viernes 26 de octubre de 2012 Iker Casillas, guardameta y capitán del Real Madrid CF y su amigo Xabi Alonso, mediocampista del Barcelona FC, reciben el premio Príncipe de Asturias al Deporte por "simbolizar los valores de amistad y el compromiso más allá de la máxima rivalidad de sus equipos" (palabras textuales).

La candidatura al premio fue promovida por el presidente de la FIFA, el suizo Joseph Blatter. El jurado del premio manifestó, entre otras cosas: "... el paso del tiempo **ha fortalecido esa relación por encima de choques y pasiones"**.

Además de sus cualidades humanas, ambos futbolistas tienen un palmarés impresionante de triunfos deportivos. Pese a ello son dos personas sencillas sin vanidad alguna. Iker Casillas es un ser comprometido en la ayuda a las personas más necesitadas, por lo que creó la "Fundación Iker Casillas" para promover y desarrollar actividades que potencian la salud y la calidad de vida de la infancia. Asimismo, promueve activamente la igualdad de género. También es Embajador de Buena Voluntad del Programa de Naciones Unidas para el Desarrollo (PNUD). Por añadidura, colabora en campañas solidarias de varias organizaciones.

La admirablemente buena relación existente entre estos dos jugadores de equipos de eterna rivalidad es un encomiable ejemplo que deberían seguir sus respectivas aficiones, *a imitación de sus "ídolos"*.

Madrid, octubre de 2012

BIBLIOGRAFÍA RECOMENDADA

Albanidis, Evángelos: Istoría tis áthlisis ston archeo Elinikó kósmo. Tesalónica-Atenas 2004, pp.65 y ss.

Allport, F. (1924). *Social Psychology.* Cambridge Houghton Mifflin.

Anguera, M.T. (1985). *Reducción de datos en marcos de conducta mediante la técnica de coordenadas polares.* Barcelona: Mimeografía, Ejercicio de oposición a cátedra

Anguera, M.T. (1988a). *Observación en la escuela.* Barcelona: Graó.

Anguera, M.T. (1990). Metodología observacional. En J. Arnau, M.T. Anguera y J. Gómez, *Metodología de la investigación en Ciencias del Comportamiento* (pp. 125-236). Murcia: Secretariado de Publicaciones de la Universidad de Murcia.

Apolonio de Rodas El viaje de los Argonautas (libroII). S. III a.C.

Apter, M.J. (1982). *The experience of motivation: The theory of psychological reversals.* London: Academic Press.

Apter, M.J. (1989). Reversal Theory: motivation, emotion and personality. London : Academic Press.

Apter, M.J. (1992). *The dangerous edge.* New York: Free Press.

Aristófanes. "Las ranas".

Asch, S.E. (1952). *Social Psychology.* New Jersey: Prentice Hall. (Traducción al castellano, *Psicología Social.* Buenos Aires: Editorial Universitaria de Buenos Aires, 1962)

Auguet, Roland: Crueldad y civilización. Los juegos romanos. Barcelona 1972;

Aigner, Heribert: "Zuschauer, Schiedrichter, Veranstalter. Ihr Einfluss auf Gestaltung und Ausgang von Wettkämpfen im Altertum", en: Günter, Bernhard (ed.): Sport in unserer Zeit. Viena 1986, 67-80;

Bandura, A y Ribes, E. (1980). Modificación de conducta. Análisis de la agresión y la delincuencia. México: Trillas.

Bandura, A. (1973). *A social learning analysis.* Englewood Cliffs. NJ: Prentice-Hall.

Bandura, A. (1979). *Agresión.* Klett- Cotta, Stuttgart.

Bandura, A. y Walters, R.H. (1963). *Social learning and personality development.* Nueva York: Holt, Rhinehart y Winston.

Bardín, L. (1986). *El análisis de contenido.* Madrid: Akal.

Baron, R.A. (1977). *Human Aggression.* New York: Plenum

Baron, R.A. & Byrne, D. (1998). *Psicología Social.* Madrid: Prentice Hall.

Baumeister, R.F.; Smart, L. y Boden, J.M. (1996). Relation of theatened egotism to violence and agresión: The dark side of high self-esteem. *Pychological Review,* 103, 5-33.

Becker H.(1963). *Outsiders: Studies in the sociology of Deviance.* Nueva York: Free Press.

Benjamin, W. (1991). *Historias y relatos.* Barcelona: Península.

Berelson, B. (1952). *Content Análisis in communication Research.* Glencoe: The Free Press.

Berk, R. (1974). *Collective Behavior.* Dubuque: Wm. C-Brown.

Berkowitz, L. (1962). *Aggression: A social Psychological Analysis.* Nueva York: McGraw-Hill.

Bernardini, Paola A.: "Esaltazione e critica del atletismo nella poesia greca dal VII al V secolo a.C. Storia di un'ideologia", en: Stadion (1980), 81-111;

Betancor, Miguel Ángel & Santana, Germán & Vilanou, Conrado: De spectaculis. Ayer y hoy del espectáculo deportivo. Las Palmas-Madrid 2001.

Blanco, A. (1989). Fiabilidad y generalización de la observación conductual. *Anuario de Psicología,* 43 (4). pp.5-32.

Blanco, A. (1993). Fiabilidad, precisión, validez y generalización de los diseños observacionales. En M.T. Anguera (Ed.), *Metodología Observacional en la Investigación Psicológica. Vol. II.* (pp. 149-261) Barcelona: PPU.

Blanco, A. (1998). *Evaluación predictiva de la variabilidad y generalización de conductas de juego en tenis.* Comunicación presentada en el V Congreso de Evaluación Psicológica. Benalmádena Costa (Málaga). 30 de abril al 3 de Mayo de 1998.

Blanco, A. y Hernández Mendo, A. (1998). Estimación y generalización en un diseño de estructura espacial defensiva en el fútbol. En J.M. Sabucedo, R. García-Mira, E. Ares y D. Prada, *Medio Ambiente y Responsabilidad Humana* (pp.579-583). A Coruña: Libro de Comunicaciones-VI Congreso de Psicología Ambiental.

Blumer, H. (1951). Collective behavior. En A. Lee (Ed.), *Principles of Sociology.* New York: Barnes & Noble.

Blumer, H. (1975). Outline of collective behavior. En R. Evans, *Readings in collective behavior,* Chicago.

Boletín Oficial del Estado núm. 249, de 17 de octubre de 1990: Ley 10/1990, de 15 de octubre, del deporte, título X.

BOE núm. 313, de 31 de diciembre de 2002: en su redacción dada por el artículo 115 de La ley 53/2002, de 30 de diciembre.

BOE núm. 166 de 12 de julio de 2007, páginas 29946 a 29964. *Ley 19/2007, de 11 de julio, contra la violencia, el racismo, la xenofobia y la intolerancia en el deporte.*

Bourget, P. (2003). *El discípulo.* Barcelona: Debate.

Braathen, E.T. y Sveback, S. (1992). Motivational differences among talented teenage athletes: the significance of gender, type the sport and level the excellence. *Scandinavian Journal of Medicine and Science in Sport,* 2, 153-159.

Brown, R. (1954). Mass Phenomena. En G. Lindzey (ed.), *Handbook of socialpsychology* (pp.833-876). Cambridge: Addison-Wesley.

Brown, R.I.F. (1991). Gaming, gambling and other addictive play. En J.H. Kerr and M.J. Apter (Eds), *Adults play* (pp. 101-118). Amsterdan: Swets and Zeitlinger

Buck, "The Greek dialects". Chicago 1955, nº 50 p.239

Cagigal, José Mª *"Agresividad en el Mundo del Deporte".* 1975 y 1981 (son dos textos).

Cagigal, José Mª (1978). *"Agresión y Violencia en el Deporte".*

Cameron, Alan: Circus factions. Blues and Greens at Rome and Byzantium. Oxford 1976.

Canter, D. Comber, M. & Uzzell, D. (1989). *Football in its place.* London: Routledge.

Cardinet, J. & Torneur, Y. (1978). *Le calcul des marges d'erreur dans la thèorie de la gèneralisabilité* (Doc. 780.410/CT). Mons: Universitè de l'Etet, Service d'étude des mèthodes et des mohines d'enseignement.

Casals, X. (1995). Neonazis en España: de las audiciones wagnerianas a los skinhead. Grijalbo

Castro, Lorenzo. *"Encuesta Sociológica sobre la Violencia en el Deporte Español, 1975-1985".* 1986.

Castro Moral, Lorenzo (1986)."*Violencia en el Deporte de Competición (1975-1985)"* (Encuesta Sociológica sobre Violencia en el Deporte Español entre 1975 y 1985). Madrid. Instituto de Ciencias de la Educación Física y del Deporte (no publicado).

Clarke, J (1978). Football and working class fans: tradition and change. En R. Inghem (Ed.), *Football hooliganism: The Wider Context* (pp. 37-60). London: Action Imprint.

Clarke, J. (1973). *Football hooliganism and the skinhead.* Birmingham: Centre for Contemporary Cultural Studies, university of Birmingham.

Clarke, R.V.G. (1977). Psychology and crime. *Bulletin of the British Psychological Society, 30* (p.p.280-283).

Clemente, M. y Vidal, M.A. (1994). La violencia simbólica: la televisión como medio generador de delincuencia en niños. *Apuntes de Psicología, 41-42,* (p.p. 47-60).

Cloward, R. y Ohlin (1960). *Delinquency and opportunity.* New York: Free Press.

Cohen, A.K. (1955). *Delinquent boys: the culture of the gang.* New York: Glencoe.

Cox, T. (1985). Repetitive work: occupational stress and health. En C.L. Cooper y M.J. Smith (Eds.), *Job stress and blue collar work (pp. 85-112).* Chichester: John Wiley & Sons.

Cronbach, L.J.; Gleser, G.C.; Nanda, H. & Rajaratnam, N. (1972). *The dependability of behavioral measurements: theory of generalizability for scores and profiles.* New york: john Wiley and Sons.

Cronbach, L.J.; Rajaratnam, N. & Gleser, G.C. (1983). Theory of generalizability: a liberalization of reliability theory. *British journal of Mathematical and Statistical psychology,* 16, 137-163.

Crowther, Nigel B.: "Sport violence in the Roman and Byzantine Empires: a modern legacy?" En: 13IJHS (1996), 445-458.

Davies, J. (1962). Toward a theory of revolution. *America Sociological Review,* 27, 5-19.

Davies, J. (1969). The J-curve of rising and declining satisfactions as a cause of some great revolutions and a contained rebellion. En H. Graham & T. Gurr (Eds.), *The history of violence in America.* New York: Parager.

Decker, Wolfgang: Sport in der griechischen Antike. Múnich 1995, p.49. 24 Cf. Etymologicum Magnum 72.13 ss. (sub voce "alytárches");

Decker: Sport, 126-129.

Dembo, R. (1974). The media and violence in society. *Internacionale Zeitschrift für Komunikationsforschung, 1.*

Demóstenes (Contra Midias, (8) 21.175 ss., especialmente 178-179).

Diodoro de Sicilia (14.109)

Dionisio de Halicarnaso. "Lisias", 29.

Dollard, J.; Doob, L.; Miller, N.; Mowerer, O.H. y Sears, R.R. (1939). Frustration and aggression. New haven, CT: Yale University Press.

Dostoievski, F. (2001). *Crimen y Castigo.* Barcelona: Planeta. Internet: casadellibro.com y otros.

Dunning, E. (1986). Lazos socials y violencia en el deporte. En N. Elias y E. Dunning, Deporte y ocio en el proceso de civilización (pp.271-293). Madrid: Fondo de Cultura Económica.

Dunning, E.; Murphy, P. & Williams, J. (1984). *Hooligans Abroad: the Behaviour and Control of English Fans in Continental Europe.* Londres: Routledge and Kegan Paul.

Dunning, E.; Murphy, P. & Williams, J. (1988). *The Roots of Football Hooliganism. An Historical and Sociological Study.* London : Routledge and Kegan Paul.

Durán González, Javier (1995). *"El fenómeno de las jóvenes hinchadas radicales en el fútbol: un análisis sociológico figuracional sobre una forma de conflicto social: su situación en España".* Tesis Doctoral dirigida por el Catedrático D. Manuel García Ferrando. Facultad de Ciencias Políticas y Sociología. Universidad Complutense. Madrid.

Durán González, Javier. (1996). *El vandalismo en el fútbol: Una reflexión sobre la Violencia en la Sociedad Moderna.* Madrid: Edit. Gymnos.

Durkheim, E. (1895) *Les regles de la methode sociologique.* Paris: Alcan. [Traducción al castellano, *Las reglas del método sociológico.* Barcelona: los libros del Plon, 1983]

Echeburúa, E. y Corral, P. (1998). *Manual de violencia familiar.* Madrid: Siglo XXI.

Edgar, P. (1977). *Children and screen violence.* Queensland: Queensland University Press

Elias, Norbert. (1978). *The Civilizing Process.* Oxford: FCE

Elias, Norbert.(1988). *El proceso de civilización.* Oxford: FCE

Eneas el Táctico. Poliorcética (17). La estrategia militar griega en el siglo IV a.C. Madrid 1991.

Envisionoglogy (1992). *Cvideo. User Guide.* San Francisco, CA: Autor

Eysenck, H.J. (1964). *Crime and Personality.* London: Routledge and Kegan Paul. [Traducción al castellano, *Delincuencia y Personalidad.* Madrid: Morova, 1976]

Fenton, F. (1910). Theory of networks and management science. *Management Science 17,* 1-34, 1354-1371.

Festinger, L.; Pepitone, A. & Newcomb, T. (1952). Some consequences of de-individuation in a group. *Journal of abnormal and social psychology,* 47, 382-389.

Filóstrato. "Descripciones de cuadros "(1.6.4): "Amores".

Filóstrato. "Sobre la gimnasia", 45.

Filóstrato: *Vida de Apolonio de Tiana* (1.15).

Finley, Moses I. & Pleket, Henri W.: The Olympic Games. The first thousand years. Nueva York 1976, pp.54-55;

Flacelière, Robert & Chambry, Émile &Juneaux, Marcel, Plutarque. Vies II, París 1968, p.228;

Fragmento cerámico de ca. 580 a.C., que se guarda en el Museo Arqueológico Nacional de Atenas y representa la carrera de carros narrada en el canto 23 de Ilíada. El público aparece muy excitado sobre una tribuna, e incluso uno de los espectadores agita una especie de bastón o cetro. Cf. García Romero, Fernando: Los Juegos Olímpicos y el deporte en Grecia. Sabadell 1992, ilustración n° 11.

Freud, S. (1921) Psicología de las masas y análisis del yo. En S. Freud, *Obras completas.* Madrid: Biblioteca nueva

Friedrich Fetz. Viena 1987, 43-59 (recogido en Mauritsch, Peter & Petermandl, Werner & Mauritsch- Bein, Barbara: Ingomar Weiler. Die Gegenwart der Antike. Ausgewählte Schriften zu Geschichte, Kultur und Rezeption des Altertums. Darmstadt 2004, 133-149);

García Romero: Los Juegos Olímpicos, 205- 208;

García Romero, Fernando: "La buona salute degli atleti di Crotone (o delle zecche): su un proverbio greco antico", en: Teja, Angela & García Romero, Fernando & Mariano, Santino (eds.): Sport e culture. Atti del IX Congresso Internazionale di Storia dello Sport. Crotona 2005 (con bibliografía).

García Romero, Fernando: "Ancora sullo sport nei proverbi greci antichi", en: 16 Nikephoros (2004);

García Romero, Fernando: Los Juegos Olímpicos, 75-84 y 162-170.

García Romero, Fernando: Los Juegos Olímpicos, 69 ss.

García Romero, Fernando: "Violencia de los espectadores en el Deporte Griego Antiguo". Cuadernos de Filología Clásica: Estudios Griegos e Indoeuropeos. ISSN 1131-9070, N° 16, 2006, págs. 139-156.

Gardiner, E. Norman: Athletics of the Ancient World. Oxford 1930 (reimpreso Chicago 1979), pp.33 y 103.

Glueck, W. & Glueck, E. (1956). Physique abd Delincuency. New York: Harper and Row.

Goottfredson, M.R. Y Hirschi, T. (1990). A General Theory of Crime. Stanford: Stanford University Press.

Grawitz, M. (1975). Métodos y técnicas de las ciencias sociales. Barcelona: Hispano Europea.

Gualazzini, Ugo: Premesse storiche al diritto sportivo, pp.1 y ss. (las fuentes son latinas en su gran mayoría). Milán. 1965.

Guiddens, A. (2001).Delito y desviación. En A. Guiddens, *Sociología* (pp.265-316). Madrid: Alianza Editorial.

Gurr, T.R. (1970). *Why men rebel.* Princeton, N.J: Princeton University Press.

Guttmann, Allen: Sport spectators. Nueva York 1986, pp.19-34; Guttmann (Sport spectators, 17) Guttmann: Sport spectators, 14 ss.

Halloran, J.D.; Brown, R.L. y Chaney, D.C. (1972). *Fernsehen und Kriminalität.* Berlín: Spieb

Harris, Harold Arthur: Sport in Greece and Rome. Ithaca 1972; Harris (Greek athletes and athletics. Londres 1964, p.158),

Hernández Mendo, A. y Gómez Jacinto, L. (2003). Comportamiento de las masas en el deporte. En A.

Hernández Mendo, *Psicología del Deporte (Vol.1): Fundamentos 2* (pp. 135-164). Buenos Aires: Tulio Guterman (http://www.efdeportes.com/).

Hernández Mendo, A., Maíz Rodríguez, J. Molina Macías, M. I. (2004). Debate conceptual abierto: violencia y deporte. *Lecturas: EF y Deportes. Revista Digital, 70, marzo.* http://www.efdeportes.com/efd70/violen.htm [Consulta: 28 de marzo de 2004].

Hernández Mendo, A., Molina, M., Maíz, J. (2003). Violencia y deporte: revisión conceptual. *EduPsykhé. Revista de Psicología y Psicopedagogía,* 2(2), 183-220.

Hesse-Bier, S. (1991). HyperResearch: A computer program for the analysis of qualitative data with an emphasis on hypothesis testing and multimedia analysis. *Qualitative Sociology, 14,* 325-348.

Hirschi, T. (*Causes of Delinquency.* Berkeley: University of California Press. 1969.

Hodge, J. (1992) Adicction of violence: A new model of psychophaty. *Crimen Behavior and Mental Health,* 212-223).

Homero. "La Ilíada"

Homero. "Odisea" 18.55-57.

Howitt, D. y Cumberbatch, G. (1975). *Mass media violence and society.* Londres: Elek.

Huston, A.C. y Wright, J.C. (1982). Effects of communication media on children. En *child, development in a social context.* Boston: Asisson-Wesley.

Hyman, H.(1942). Yhe psychology of status. *Archives of Psichology, 269.*

Javaloy, F (1996). Hinchas violentos y excitación emocional. *Revista de Psicología del Deporte, 9-10,* 93-102.

Jiménez Burillo, F. (1981). *Psicología y medio ambiente.* Madrid: CEOTMA.

Jones, R. & Heskin, K.J. (1988). Towards a Funcional Análisis of Delinquent Behaviour: a pilot study. *Counselling Psychology Quarterly,* 1, (1), 35-42.

Kagelmann, H. y Wenninger, G. (1986). *Psicología de los medios de comunicación.* Barcelona: Herder.

Kazdin, A.E. (1986). *Tratamiento de la conducta antisocial en la infancia y la adolescencia.* Barcelona: Martínez Roca.

Kelmer, O. y Stein, A. (1975). *Fernsehen: Agressionsschule der Nation? Die Entlarvung eines Mythos.* Bochum: Brockmeyer.

Kerr, J.H. (1989). Anxiety, arousal and sport performance: An application of reversal theory. En D. Hackfort & C.D. Spielberger (Eds.), *Anxiety in Sport: An international perspective* (pp. 137-151). New York: Hemisphere Publishing.

Kerr, J.H. (1994). *Understanding soccer hooliganism.* Milton Keynes, UK: Open University Press.

Kniveton, B.H. (1978) Angst statt Aggrssion -eine Wirkung brutales Kilme. *Fernsehen und Bilgung, 2.*

Krippendorff, K. (1990). *Metodología de análisis de contenido. Teoría y práctica.* Barcelona: Piados.

Krishnamurti, J.(1980). *Más allá de la violencia.* Barcelona: Edhasa

Kyle, Donald G.:"Non-competition in Homeric sport: spectatorship and status", en: 10 Stadion (1984), 1-19.

Kunczik, M. (1975). *Gewalt im Fernsehen.* Colonia-Viena: Böhlau.

Kunczik, M. (1978). *Brutalität aus zweiter hand.* Colonia-Viena: Böhlau.

Laemmer, Manfred: "Spectators and their behaviour at contests in Ancient Greece", ibidem, 232-235.

Laemmer, Manfred: "Der sogennante Olympische Friede in der griechischen Antike", en: 8-9 Stadion (1982-1983), 47-83 (traducción italiana en Bernardini, Paola A. (ed.): Lo sport in Grecia. Roma-Bari 1988).

Lannucci, Alessandro: "Euripide (satiresco) e gli 'sportivi': note di lettura a Eur. Fr.282 N, en: Quaderni di Filologia di Torino (1998), 31-48.

Lavrencic, Monika, Georg Doblhofer, Peter Mauritsch, Ursula Schachinger, Theodor Aigner, Barbara Mauritsch-Bein y Werner Petermandl: "Quellendokumentation zur Gymnastik und Agonistik im Altertum", serie de volúmenes dirigida por Ingomar Weiler y realizada por (Diskos, 1991; Weitsprung, 1992; Speerswurf, 1993; Boxen, 1995; Pankration, 1996; Ringen, 1998; Laufen, 2002).

Lee, Hugh M.: "The sport fan and 'team' loyalty in Ancient Rome", en: Arete. The Journal of Sport Literature (1983), 139-145 ;

Lemert, E. (1972). *Human Deviance, Social Problems and Social Control*. Englewood Cliffs: Prentice Hall.

LeUnes, I.D. & Nation, J.R. (1989). *Sport psychology: An introduction*. Chicago: Nelson-Hall.

Luciano de Samosata. **"Sobre la muerte de Peregrino"**, 32.

Lucilio (poeta epigramático): "Antología Palatina" 11.316)

Malalás, Johannes: Cronografía 12.44 y 46, 17.13;

Marr, J.L.: Plutarch: Lives. Themistocles. Warminster 1998, ad loc.

Marsh, P. (1978). *Aggro: the illusion of violence*. London: Dent and Soons.

Marsh, P. (1982) El orden social en las tribunas de los estadios de fútbol británicos. *Revista internacional de Ciencias Sociales, XXXIV(2)*, 279-288.

Martin, E.D.(1920). *The behavior of crowds*. Nueva York: Harper.

Mathews, B.C. (1910). A study of a New York daily. *Independent*, 68, 82-86.

Mena, E. (2001). *Nuevas estrategias de análisis aplicadas a la comunicación audiovisual: una experiencia con informativos de televisión*. Universidad de Málaga: Tesina de licenciatura inédita.

Merton R.K. y Kitt, A.S. (1950). Contributions to the theory of reference group behavior. En R.K. Merton & P. Lazarsfeld (Eds.), *Continuities in social research. Studies in the scope and method of "The American soldier"*. Glencoe: Free.

Merton, R. (1957). Social Theory and Social Structure. Glencoe: Free Press. [Traducción en castellano, *Teoría y estructuras sociales*. México: Fondo de Cultura Económica].

Miguel Tovar, Francisco. Clases de Sociología Deportiva en la especialidad médica de Medicina de la Educación Física y el Deporte impartida en la Escuela de dicha especialidad de la Universidad Complutense de Madrid, durante el curso 2006- 2007 (no publicado).

Millán Garrido, Antonio. "Legislación sobre Violencia en Espectáculos Deportivos". Sevilla, 2005.

Millán Garrido, Antonio. "Régimen Jurídico de la Violencia en el Deporte". Editorial Bosch. Barcelona. 2006.

Miller D.(1958). Lower-Class culture as a generating milieu of gang delinquency. *Journal of Social Issues,* 14, 5-19.

Molina Macías, María Isabel. "Aproximación a la violencia en el deporte: análisis del contenido en la prensa escrita" http//www.efdeportes.com Revista Digital-Año 10 n° 78-noviembre de 2004.

Morales Sánchez, V. (2003). *Evaluación psicosocial de la calidad de los servicios municipales deportivos: aportaciones desde el análisis de variabilidad*.

Universidad de Málaga: Tesis doctoral (http::/www.efdeportes.com/efd72/ munic.html).

Morris, D. (1994). *El mono desnudo.* Barcelona: Plaza & Janés.

Moscovici, S. (1976). *Social Influence and Social Change.* London: Academic Press. (Traducción al castellano, *Psicología de las minorías activas.* Madrid: Morata, 1981).

Mühr, T. (1991). ATLAS/ti: A prototype for the support of text interpretation. *Qualitative sociology, 14,* 349-371.

Müller, Stephan: Das Volk der Athleten. Untersuchungen zur Ideologie und Kritik des Sports in der griechisch-römischen Antike. Trier 1995, pp.135 y ss.; Müller, Das Volk.

Parsons, T. (1951). *The social system.* Glencoe: Free press.

Pastor, G. (1988). *Conducta interpersonal. Ensayo de psicología social sistemática.* Salamanca: Universidad Pontificia de Salamanca.

Patrucco, Roberto: Lo sport nella Grecia antica. Florencia 1972, pp.399-400;

Pearl, D.;Bouthelet, L.& Lazar, J. (1982). *Television and behavior.* Washington: US Government Printing Office.

Pfuhl, E.H. (1970). Mass media and reported delinquent behavior: a negative case. En M.E. Wolfgang, E. Savitz, y N. Johnston (dirs), *The sociology of crime and delinquency* (509-523).

Plutarco: "Máximas de espartanos" (55, 235c-e).

Plutarco. "Sobre la demora de la justicia divina" 7, 553[a]

Plutarco. "Vida de Temístocles 25.1".

Real Decreto 75/1992, de 31 de enero, sobre la Comisión Nacional contra la Violencia en los Espectáculos Deportivos.

Reicher, S.D. (1984). The St. Paul`s riot: An explanation of the limits of crowd action in terms of a social identity model. *European Journal of Social Psychology, 14,* 1-21.

Reicher, S.D. (1987). Crowd behaviour as social action. En J.C. Turner, M.A. Hogg, P.J. Oakes, S.D. Reicher & M.S. Wetherell, *Rediscovering the social group: A self-categorization theory.* Oxford: Blackwell.

Reicher, S.D. (1996). The Battle of Westminster: developing the social identity model of crowd behaviour in order to explain the initation and development of collective conflict. *European Journal of social Psychology, 26,* 115-135.

Reisch: los artículos: "alýtai" y "alytárches" en la Real-Encyclopädie der klassischen Altertumswissenschaft I.1 (1894), columnas 1711-1712;

Robert, Louis: "Les épigrammes satiriques de Lucillius sur les athlètes: parodie et réalités", en el volumen colectivo L'épigramme grecque. Vandoeuvres-Ginebra 1968, 246-254).

Rojas Marcos, L. (1998). *Las semillas de la violencia.* Madrid: Espasa.

Rodríguez Delgado, José Manuel. "El control físico de la mente. Hacia una sociedad psicocivilizada". Harper & Row, 1969.

Rodríguez Delgado, José Manuel. "El control de la Mente" Edit. Espasa-Calpe, 1995.

Rougemont, Georges: Corpus des inscriptions de Delphes. I: lois sacrées et réglements religieux. París 1977, no 3 pp.11-15.

Rutter. M. y Giller, H. (1983). Delincuencia juvenil Barcelona: Martínez Roca.

Salas, A. (2003). *Diario de un Skin. Un topo en el movimiento neonazi español.* Madrid: Temas de Hoy.

Sánchez Soler, M.(1998). *Descenso a los Fascismos.* Ediciones B

Sanmartín, J. (2002). *La mente de los violentos.* Barcelona: Ariel.

Sarriá, E. y Maciá, A. (1990a). Metodología observacional y psicología evolutiva (II): recogida de análisis de datos. En J.A. García Madruga, *Psicología Evolutiva (I).* Madrid: U.N.E.D.

Schwyzer, Eduard: Dialectorum Graecorum exempla epigraphica potiora. Leipzig 1923, reimpr. Hildesheim 1960, no 321; Brodesen, Kai & Günther, Wolfgang & Schmitt, Hatto H.: Historische griechische Inschriften in Übersetzung. Darmstadt 1992, I 46;

Searle S.R.; Casella, G. y McCulloch, C.E. (1992). *Variance Components.* New York: John Wiley and Sons, Inc.

Seidel, J.V.; Kjolseth, R. y Seymour, E. (1988). *The Ethnograph: A User`s Guide.* Amherst, MA: Qualis Research Associates.

Sheldon, W.A. (1949). *Varieties of Delinquent Youth.* New York: Harper

Shelly, A. y Sibert, G. (1985). *The QUALOG user`s manual.* Syracuse, NY: Syracuse University, School of Computer and Information Science.

Sherif, M. (1936). *The Psychology of Social Norms.* Nueva York: Harper.

Silva, J.M. (1979). Assertive and aggressive behaviour in sport: A definitional clarification. En C.H. Nadeau, W.H. Halliwell, K.M. Newell and G.C. Roberts (Eds.), *Psychology of motor behavior and sport- 1979* (pp. 199-208). Champaiign, IL: Human Kinetics

Singer, J.L. y Singer, D.G. (1980). Television viewing and aggressive behaviour in preschool children: A field study. *Annals of the New York Academi of Sciences,* 347, 289-303.

Smelser, N. (1962). *Teoría del comportamiento colectivo.* México: Fondo de Cultura Económica.

Sokolowski (Lois sacrées des cités grecques. París 1969, p.76),

Speed, G.J. (1893). Do newspapers now give the news?. *Forum 15,* 705-711.

Stouffer, S. (1949). *The American soldier: Adjustment during army life (Vol. 1).* Princenton: Princenton University Press

Strecker, E.A. (1940). *Beyond the clinical frontiers: A psychiatrist views crowd behavior.* Nueva York: Norton.

Street, A.T. (1909 julio). The truth about newspapers. *Chicago Tribune,* 25.

Summers, J. y Stewart, E. (1993). The arousal performance relationship: examining different conceptions. En S. Serpa, J. Alves, V. Ferreira & A. Paula-Brito (Eds.), *Proceedings of the VIII World Congress of Sport Psychology* (pp. 229-232). Lisboa, Portugal: International Society of Sport Psychology.

Sutherland, E.H. (1949). Principles of Criminology. Chicago: Lippicott.

Suttles, G. (1968). The Social Order of the Slum: Ethicity and Territory in the Inner City. Chicago: University of Chicago

Szegal, B. (1985). Guerra y paz en los animales y en el hombre. En Lorenz, *Hombre y animal.* Barcelona: Orbis.

Tácito (Anales 14.17)

Tajfel, H., Billig, M., Bundy, R.P. & Flament, C. (1971). Social categoritation and intergroup behaviour. *European Journal of Social Psychology,* 1,149-178.

Tajfel, H.y Turner, J.C. (1986). The social identity theory of intergroup relations. En S Worchel & W. Austin (Eds.), *Psychology of intergroup relations.* Chicago: Nelson Hall.

Taylor, I. (1971) Football Mad: A Speculative Sociology of football Hooliganism. In E. Dunning (Ed.), *The Sociology of Sport* (pp.352-377). London: Frank Cass.

Taylor, Class, Violence and Sport, 1982.

Terkel, S. (1973). *Working.* New York: Pantheon.

Thomas, W. & Thomas, D. (1928). *The child in America.* New York: Knopf.

Thuillier, Jean-Paul: Le sport dans la Rome antique. París 1996, pp.155 ss., 165 ss.;

Thuillier: Le sport, 156-157;

Tripett, N. (1898). The dynamogenic factors in pacemaking and competition. *American journal of Psychology,* 9, 507-533.

Turner, R.H. & Killian, L.M. (1957). *Collective behavior.* Englewood Cliffs: Prentice Hall

Turner, R.H. & Killian, L.M. (1987). *Collective behavior.* Englewood Cliffs: Prentice Hall

Valverde (1988). *El proceso de inadaptación social.* Madrid: Popular.

Vlaswinkel, E.H. y Kerr, J.H. (1990). Negativism dominance in risk and team sports. *Perceptual and Motor Skills,* 70, 289-290.

Villalba, Pere: Olímpia. Orígens dels Jocs Olímpics. Barcelona 1994, pp.360 ss.

Walbank, Frank William: A historical commentary on Polybius. Oxford 1979.

Weeber, Karl-Wilhelm: Die unheiligen Spiele. Das antike Olympia zwischen Legende und Wirklichkeit. Zúrich-Múnich 1991, pp.174-175, 182 ss.

Weiler, Ingomar : Der Sport bei den Völkern der Alten Welt. Darmstadt 1988, pp. 248 ss.;

Weiler, Ingomar: "Zum Verhalten der Zuschauer bei Wettkämpfen in der Alter Welt", en: Kornexl, Elmar (ed.): Spektrum der Sportwissenschaften. Festschrift zum 60. Geburtstag vom Weiler, Ingomar: "Zuschauerverhalten bei antiken Wettkämpfen", en: Mangan, J.E. (ed.): Proceeding of the XI HISPA International Congress. Glasgow 1987, 322-325;

Weiler, Ingomar: Der Agon im Mythos. Darmstadt 1974, p.223;

Weiler, Ingomar: "Solidarität mit einem korrupten Athleten. Eine Verfallsercheinung aus sporthistorischer Sicht?", en: Günter, Bernhard (ed.): Sport in unserer Zeit. Viena 1986, 88-103, y "Korruption in der olympischen Agonistik und die diplomatische Mission des Hypereides in Elis", en: Rizakis, A.D. (ed.): Achaia und Elis in der Antike. Atenas 1991, 87-93.

Weiler: Der Agon, 177.

Wells, W.D. (1973). Television and aggression: replication of an experimental field study. Chicago: University of Chicago.

Willis, P. (1978). Profane Culture. Londres

Zanjon, R.B. (1965). Social facilitation. Science, 149, 269-274.

Zimbardo, P.G. (1970) The human choice: individuation, reason and order versus desindividuation, impulse and chaos. En W.J. Arnold & D. Levine (eds), Nebraska Symposium on Motivation, 17. Lincoln: University of Nebraska Press.